The
Chinese
Historical
Review
8

二〇一五年四月

中國歷史評論

第八輯

上海文化出版社

图书在版编目(CIP)数据

中国历史评论.第8辑/王育济主编.—上海：
上海文化出版社，2015.5
 ISBN 978-7-5535-0398-1

Ⅰ.①中… Ⅱ.①王… Ⅲ.①中国历史—研究
Ⅳ.①K207

中国版本图书馆 CIP 数据核字(2015)第 121997 号

出 版 人　王　刚
责任编辑　林　斌　张荣波
装帧设计　汤　靖

| | |
|---|---|
| 书　　　名 | 中国历史评论　第八辑 |
| 主　　编 | 王育济 |
| 出　　版 | 上海世纪出版集团<br>上海文化出版社 |
| 地　　址 | 上海市绍兴路 7 号 |
| 邮政编码 | 200020 |
| 网　　址 | www.cshwh.com |
| 发　　行 | 上海世纪出版股份有限公司发行中心 |
| 印　　刷 | 上海天地海设计印刷有限公司 |
| 开　　本 | 787×1092　1/16 |
| 印　　张 | 16 |
| 版　　次 | 2015 年 6 月第 1 版　2015 年 6 月第 1 次印刷 |
| 国际书号 | ISBN 978-7-5535-0398-1/K·043 |
| 定　　价 | 58.00 元 |

敬告读者　本书如有质量问题请联系印刷厂质量科
T：021-54743397

# 《中国历史评论》编审委员会

**主任委员：**

张海鹏　中国史学会会长，中国社会科学院学部委员，山东大学一级教授

**委员**（按姓氏笔画排序，带 * 者为学术统筹）：

李守信　山东大学教授，中国墨子学会会长
陈祖武　中国史学会副会长，中国社会科学院学部委员
陈其泰　北京师范大学教授
张广智　复旦大学教授
张椿年　中国史学会原副会长兼秘书长，中国社会科学院荣誉学部委员
钱乘旦　北京大学教授

于化民*　中国社会科学院近代史研究所革命史研究室主任、研究员
王新生*　北京大学历史系副主任、教授
王晓毅*　清华大学历史系学术委员会主任、教授
王育济*　山东省历史学会会长，山东大学教授
方　辉　山东大学历史文化学院院长、教授
刘长允　山东大学兼职教授、博士生导师
齐　涛　山东大学兼职教授、博士生导师
孙占元　中共山东省委党校副校长、教授，《理论学刊》主编
宋文瑄　山东大学兼职教授、博士生导师
余世存　作家
陈谦平　南京大学历史学系主任、教授
陈尚胜　山东大学历史文化学院学术委员会主任、教授
姜　生　四川大学教授
孟德楷　山东大学兼职教授
傅克辉*　山东大学兼职教授、校董事会董事

**《中国历史评论》基金**
国际历史科学大会筹备基金
韩连琪学术基金
王仲荦学术基金
东方历史文化基金

**《中国历史评论》编辑部**
主　　　　　编：王育济
本辑执行主编：赵兴胜　党明德
组　成　人　员：（山东大学）任相宏、郑　群、张友臣、赵兴胜、解玉军
　　　　　　　　（山东省历史学会）刘大可、党明德、李炳印、李勇慧
地　　　　　址：山东省济南市山大南路 27 号
　　　　　　　　山东大学中心校区知新楼历史文化学院
联　系　电　话：0531—88364974,88364067
电　子　邮　箱：chr@sdu.edu.cn
传　　　　　真：0531—88564974
邮　　　　　编：250100
网　　　　　址：http://chr.sdu.edu.cn

# 《中国历史评论》编辑部谨启

一、《中国历史评论》由国际历史科学大会筹备基金、韩连琪学术基金、王仲荦学术基金、东方历史文化基金等提供经费支持,上海文化出版社出版,每年六期,面向海内外公开发行。编辑部设在山东大学。

二、《中国历史评论》刊发有关中国史和世界史的重要研究成果,设有国际历史科学大会、学术集成、经典重温、史家与著述、新研究与新观察、影像史料、新著新译、海外译稿等栏目。

三、《中国历史评论》除秉持一般学术通则外,另有以下五点特别说明:

1. 偏重学术研究的思想性、经世性与公共性,关注历史学对价值、秩序与发展的正向导引,关注历史学对知识群体和精英阶层的影响力。

2. 偏重中国史、外国史,或古代史、当代史等不同专业中彼此互为兴趣的话题,关注此类话题中的主流观点与权威论述。

3. 原创、转载与观点集成并重。其中,重要话题的学术观点集成,是一种较新的学术体裁,可集中反映史学界在相关研究领域的学术进度。

4. 尊重作者的行文风格与注释习惯,篇幅则服从作者的整体构思,长文可至四五万字。

5. 尤为重视学术短论,除推崇读史札记等传统短论外,亦特别关注课堂、会议、各类即席发言,以及各种课题设计中的精粹观点。

四、敬请海内外学者关注《中国历史评论》,推荐选题,惠赐原作或符合本刊转载风格的佳作。来稿一经刊用,即按国家出版规定付酬。

五、联系方式:

电　　话:0531—88364974,88364067

传　　真:0531—88564974

电子邮箱:chr@sdu.edu.cn

邮寄地址:山东省济南市山大南路27号,山东大学中心校区知新楼历史文化学院《中国历史评论》编辑部收,邮编:250100。

敬请尽量使用电子稿件赐稿。除手写稿外,其余纸稿一般不予退还。

# 目 录

## 【特稿】

1950 年代中国人文学科的重建（二）
　　——朱维铮、王兴运访谈录 ………………… 王维江、[德]舒秦玉凤等 / 1
青春编年：一个班级的历史 ………………… 山东大学历史系 77 级编写组 / 27

## 【国际历史科学大会】

第 22 届国际历史科学大会新闻发布会实录 ………………… 解玉军整理 / 57
历史上的战争、和平、社会和国际秩序
　　——第 20 届国际历史科学大会的讨论 ………………… 徐　蓝 / 70

## 【新研究新观察】

中华文明如何复兴？——欧洲文艺复兴运动的启示 ………………… 刘明翰 / 74
评三位诺贝尔奖获得者对"李约瑟难题"的探讨 ………………… 马保玉 / 84
说"一" ………………… 谭世宝 / 97
中国早期的导引术 ………………… [法]戴思博 / 105
地方精英的博弈：马克思主义是如何生根中国的？
　　——以山东为例 ………………… 闫化川 / 119

## 【学术话题集成】

英雄美人的历史模板：蔡锷与小凤仙 …… 曾业英、谢本书等/王　娜整理 / 146
重写电影史？——近 15 年来民国电影研究的转折 ………………… 刘　磊 / 165

## 【史家与著术】

一个平淡年份的大历史
　　——《万历十五年》评价集成 ………… 傅璇琮、商　传等/景凯东整理 / 186

岁月褶皱中的历史:评侯仰军《历史真相与文化反思》 ……………… 孙天胜 / 212
"西狩获麟",孔子究竟看到了什么?
　——《历史真相与文化反思》中的一节 ………………………… 侯仰军 / 220

**【史学新著新译十种】**

《悠悠长水:谭其骧传》(修订版)/葛剑雄著 / 230　《中国思想与宗教的奔流:宋朝》/[日]小岛毅著　何晓毅译 / 231　《明代社会转型与文化变迁》/陈宝良著 / 232　《权势转移:近代中国的思想与社会》(修订版)/罗志田著 / 234　《教会大学与民族主义——以齐鲁大学学生群体为中心(1864—1937)》/徐保安著 / 235　《红雨:一个中国县域七个世纪的暴力史》/[美]罗威廉著　李里峰等译 / 237　《叶:百年动荡中的一个中国家庭》/[美]周锡瑞著　史金金、孟繁之、朱琳菲译 / 238　《民国时期济南同业公会研究》/马德坤著 / 239　《姊妹革命:法国的闪电与美国的阳光》/[美]苏珊·邓恩著　杨小刚译 / 241　《多面普京》/郑建新著 / 243

# Contents

## Special Contributions

The Reestablishment of Humanities in the 1950s in China (Part Two)
Interviews with Zhu Weizheng & Wang Xingyun
............... Wang Weijiang, [Germany] Yvonne Schulz-Zinda etc. / 1

The Youth Annal: The History of a Class
............... The Drafting Group of the Department of History of the Year 1977,
Shandong University / 27

## The International Congresses of Historical Sciences

The Memoir on the Press Conference of the 22nd ICHS
............... The Editorial Office / 57

The War, Peace, Society and International Order in history-A Discussion
of the 20th ICHS ............... Xu Lan / 70

## New Researches and New Observations

How can the Chinese Civilization be Revitalized? -The Enlightenment
from the European Renaissance ............... Liu Minghan / 74

Comments on Three Nobel Winners' Discussion of *the Needham
Problem* ............... Ma Baoyu / 84

On "One" ............... Tan Shibao / 97

Early Chinese *Daoyin* ............... [France] Catherine Despeux / 105

The Game of Chance among Local Elites: How did Marxism take
root in China? -A Case Study of Shandong ............... Yan Huachuan / 119

## Research Collections

The Historic Hero-beauty Prototype: Cai E and Lady Balsam
................ *Zeng Yeying, Xie Benshu etc., ed. by Wang Na* / 146

The Cinematic History Rewritten? -The Research Transition of the
Republic of China Films in the past 15 years ................ *Liu Lei* / 165

## Historians and Works

The Big History of An Ordinary Year-the Collection of Comments on
*1587, a Year of No Significance*
................ *Fu Xuancong, Shang Chuan etc., ed. by Jing Kaidong* / 186

Wrinkle of Years in History: A Comment on Hou Yangjun's
*The Historical Truth and Cultural Reflection* ................ *Sun Tiansheng* / 212

"Get a Chinese Dragon When Hunting West", What did Confucious
see on Earth? - One Section from *The Historical Truth and Cultural
Reflection* ................ *Hou Yangjun* / 220

## Introduction to New Books

*The Endless Flow: The Biography of Tan Qixiang* (Revised Edition)
................ *Ge Jianxiong* / 230

*Chuugoku Sisou to Shuukyou No Honryuu-Sou Chou*
................ [Japan] *Kojima Tsuyoshi, tr. by He Xiaoyi* / 231

*The Society Transformation and Cultural Changes of the Ming Dynasty*
................ *Chen Baoliang* / 232

*The Power Transfer: The Thought and Society of Modern China*
(Revised Edition) ................ *Luo Zhitian* / 234

*Christian Colleges and Nationalism-Focusing on the Students
of Cheeloo University* (1864 - 1937) ................ *Xu Baoan* / 235

*Crimson Rain: Seven Centuries of Violence in a Chinese County*
................ [U.S.] *William T. Rowe, tr. by Li Lifeng* / 237

*Ancestral Leaves: A Family Journey through Chinese History*
... [U.S.] *Joseph W. Esherick, tr. by Shi Jinjin, Meng Fanzhi, Zhu Linfei* / 238

*A Study on Jinan Trade Associations in the Republic of China* ...... *Ma Dekun* / 239

*Sister Revolutions*: *French Lightning, American Light*
................ ［*U. S.*］ *Susan Dunn, tr. by Yang Xiaogang* / 241
*Multi-faceted Putin* ................................................ *Zheng Jianxin* / 243

# 1950年代中国人文学科的重建(二)
## ——朱维铮、王兴运访谈录

王维江* ［德］舒秦玉凤** 等

【编者按】 中华人民共和国成立之初的1950年代,政治经济发生了巨大变革,人文学科也在步履维艰中恢复和重建。

2006年夏,在时任汉堡大学教授的傅敏怡(Prof. Dr. Friedrich)和已故复旦大学历史系教授朱维铮的建议下,由汉堡大学教授舒秦玉凤(Prof. Yvonne Schulz-Zinda,课题负责人)、时任上海社会科学院历史研究所副研究员的王维江(现任复旦大学历史系教授)和汉堡大学博士候选人韦凌(后期替换为柏林自由大学博士候选人陶阿美, Marie-Theres Strauss)组成"五十年代中国人文学科的重建"课题组。该课题获得德国研究基金DFG(Deutsche Forschungsgesellschaft)的资助,计划从文、史、哲三个层面考察1950至1959年,中国的学术与政治的关系、大学学者的命运、人文学科的变迁。

自2007年起,课题组对28位学者做了访谈,以期通过亲历者的口述历史,展现共和国初期人文学科重建的诸多面相,再结合文献,进行双重考证。在征得被采访人的同意后,课题组根据录音整理成文字。

本刊2014年第6辑曾以《1950年代中国人文学科的重建(一)》为题,刊登了对田余庆、蔡美彪、张传玺三位先生的访谈,在学术界引起很大反响。此次刊发对朱维铮、王兴运两位先生的访谈,其中,朱先生的访谈录曾在《史林》2012年增刊上发表过。

被访者简介由课题组撰写,访谈录中的小标题则由编辑者添加。

---

\* 王维江,男,1963年生,祖籍安徽巢湖,出生于新疆乌鲁木齐,2004年获德国汉堡大学汉学系博士学位,现为复旦大学历史系教授。主要从事中国近代史研究。
\*\* ［德］舒秦玉凤(Yvonne Schulz-Zinda),女,德国汉堡大学汉学系教授。

# 朱维铮：复旦学的是列宁格勒大学

采访时间：2009 年 8 月 13 日下午 3：00—5：00
采访地点：上海复光苑朱维铮先生寓所
被采访人：朱维铮，复旦大学历史系教授

**朱维铮**

1936 年生，江苏无锡人。

1955 年考入复旦大学历史系，1960 年留校任教，师从陈守实先生和周予同先生。同年与师友共同撰写论文，1961—1962 年协助周先生编《中国历史文选》，1963 年在《历史研究》独立署名发表论文。

1978 年参与筹建复旦大学历史系中国思想文化史研究室，1986 年组织召开"文革"后首届国际中国文化学术讨论会。长期主持《中国文化》研究集刊、"中国文化史丛书"的编辑，并主编《学术集林》、"中国近代学术名著丛书"十种，《传世藏书》经学史类二十一种、诸子类五十种。

主要著述有：《走出中世纪》（1987，增订本 2007）、《走出中世纪二集》（2008）、《音调未定的传统》（1995，增订本 2012）、《求索真文明：晚清学术史论》（1996）、《壶里春秋》（2002）、《中国经学史十讲》（2002）、《重读近代史》（2010）。编辑校注：《周予同经学史论著选集》（1983，重版 2010）、《梁启超论清学史二种》（1985）、《马相伯集》（1996）、《中国历史文选》（修订本，2002）、《利玛窦中文著译集》（2007）、《徐光启全集》（全十册，与李天纲合作，2010）。

朱先生是复旦大学特聘资深教授，长期担任历史系中国思想文化教研室主任、文史研究院及高等社会科学研究院学术顾问，是复旦史学传统的继承人。朱先生是复旦历史学对外交流的主要推动者，担任海外十余所研究机构的客座教授或访问学者。2006 年七十岁生日之际，获汉堡大学荣誉博士学位。

朱先生治学涉及中国经学史、中国史学史、中国思想文化史、中国史学史、中国学术史、中西文化交流史、中国近代史，被公认为是上个世纪 80 年代以来中国文化史、思想史和学术史的开拓者之一。被誉为"低调大师"和"不懈探索真理的纯学者"。

朱维铮先生于 2012 年 3 月 10 日病逝于上海。在生命的最后阶段担任《大师》栏目学术顾问，去世前两个多月，仍带病给本科生上完 52 年教书生涯的最后一课——"历史上的中国与世界"。

## 一、苏联政治与复旦学术

问：您是什么时候进复旦的？

朱：我 1955 年进复旦大学历史系。9 月进来，复旦开始改制，当时复旦属于全国最主要的综合性重点大学，北方是北大，南方就是复旦。1952 年院系调整以后，复旦由 15 个大学的文理学院并起来。经过三年思想改造，以后又是乱七八糟的政治运动。

问：是不是正好赶上学苏联？

**朱**：我一进来就开始学苏联，当时定的目标是，北大学莫斯科大学，复旦学的是列宁格勒大学，所以我们这里的苏联专家是两种人，一种是苏共中央派过来的，还有一种就是列宁格勒来的，专家组的头姓科契托夫（音）。我进大学的时候，复旦历史系的学生每一届招90人，我们是五年制，最多的时候学生总数达到450人。

当时学苏联，第一个要学的就是它的体制，完全参照列宁格勒大学历史系来改造复旦历史系：列宁格勒大学历史系有哪些东西，我们这里也得有；按照教学研究室进行分科，分成中国古代史教研室、中国近代现代史教研室，还有世界史教研室，这也来自苏联。列宁格勒大学实行系主任负责制，这个我们没有照搬，因为苏联的党组织没有像我们搞得这么厉害，中国的党组织从延安时代就有，军队里面支部建在连上，当时毛泽东有这个口号。解放以后，我们的党支部就开始建在系里，然后一直贯彻到班上。这是我们学苏联而比他们厉害的地方。但是我们的教学体制基本上是按照苏联来做的，我们的课程也基本上是参考他们的，他们有些什么课程，我们对应的也有，比如基础课，他们有俄国史、苏联史，那么我们这里就有中国通史，中国通史好像要学三年，像苏联通史那样来教，连课时多少也要相对应，不同的是他们以俄国为主，我们这里是以中国为主。

再有就是学制，我们原来是四年制，从1916年蔡元培改组北大始，就学英美体制，大学一般来讲是四年，只有医科大学特别长，培养一般的医生是四年，培养高级医生要八年，这一点上跟苏联不太一样。但很快医学院学制也学苏联，把最好的协和医学院撤销，并到所谓的中国医科大学去了。所以我进校时学制已是五年，五年分成两段，前三年学基础课程，后两年就开始分，像我这个班是第一届，分"专门化"——奇怪的名字，所以现在我讲"专门化"，包括我们本校的年轻教师都听不懂，因为"文革"打掉了这一套东西。我记得第一次分出"专门化"是1958年，就是我们这一届开始，高年级有三个"专门化"：一个是中国史专门化、一个是中国近代现代史专门化，还有一个是当时特别重视的亚非拉专门化——亚洲、非洲、拉美，所谓第三世界。世界史是没有的，尽管当时我们系世界史是很强的，我们系的世界史教授在国内都是属于比较顶尖的人物，很多都是从美国留学回来的。但是——我记得很清楚——原来教英国史的老师，改行去教印度史——我就学过印度史。五年分两段，这是苏联体制。到后来才知道，列宁格勒大学和莫斯科大学是一样的，一个模式，就像我们跟北京大学是一个模式一样。

我们原来是百分制，学苏联改成五分制。美国是两种，一种是百分制，一种是AB制，分成A、B等级。苏联是五分制，但是苏联阵营包括东德也都是五分制。我们的教授都很不习惯，但是没办法，只能照着做。

最奇怪的是，我们的教学大纲也是参照他们的样子做。在1955年以前，特别是在 1949 年以前,我们的大学讲课还是比较自由的,同样一门课,不同的教授可以有不同的讲法,讲自己的东西。比如讲中国史,没有统一的教科书,虽然也是基础课,但是允许自成风格。学苏联后,就要制定教学大纲。我记得 1956 年由高等教育部开会决定,委托大学起草教学大纲,我们系被委托起草的教学大纲就是中国历史文选,所以后来教科书就由我们编,我编了很多年的教科书,最早被委托起草教学大纲的就是周予同先生。

问:除了专业课外,还有政治课吧?

朱:最重要的是政治课。我们进来以后,全校规定统一上四门政治课,一门叫做马列主义基础,第二门叫作辩证唯物主义和历史唯物主义,后来改成哲学,第三门是政治经济学,第四门是中共党史。全校都要学,就是我们历史系例外,只学三门,因为我们的现代史也就是以党史为主,而且全校要学中共党史课程的时数,理科每个星期两小时,文科学半年,每个星期三小时,我们现代史要学一年,所以我们没有党史,就学三门政治课。其他不管文科、理科,都学四门。这四门政治课中,最重要的是马列主义基础,马列主义基础的教科书就是号称斯大林主编的《联共(布)党史简明教程》。一个星期四节课,学两年,两年下来,我这个历史系学生对苏共党史比对中共党史还要熟。当时非常重视,给我们上马列主义基础的老师是校党委常委兼宣传部长,他是从延安来的老干部,延安时候就在延安的马列学院干过。但是最奇怪的是,马列主义基础学到最要紧的章节是辩证唯物主义和历史唯物主义——据说斯大林自己写的章节——只有两节,谁来给我们上呢?是苏联专家组长,就是刚才我讲的科契托夫,他自己来给我们讲。

问:说明这段重要?

朱:号称斯大林主编的《联共(布)党史简明教程》,据说斯大林只写了那两节,是不是如此,我也不知道。总而言之,后来我们的哲学就是对那两节内容的扩大化。尤其是到我们开始学哲学的时候,已经是 1957 年以后,康生自己主管,要搞中国式的哲学,所以我们 1958 年才建立哲学系,原来哲学系都撤销了,只有北大保留了哲学系,因为他说从前我们的哲学系都是资本主义哲学。到了 1958 年复旦又重建哲学系,完全按照苏联体系来做。好像 1958 年上海只有复旦恢复了哲学系,人民大学叫作马列主义哲学系。你们要到北京大学、人民大学或者复旦大学找一份当时的课程表,看看当时的课程名称、课时、授课老师。政治课和基础课是必修课,专门课是选修课。人民大学的课不典型,因为那里是教条主义大蜂窝,弄了一百多个苏联专家,他们自己搞一套。复旦有十几个苏联专家,也就是科契托夫一度成为我们学校的"太上皇",权力大得很,但是到 1957 年中国和苏联出现分歧,苏联专家就撤走了,具体什么时候撤退的,要到校史馆去查一下,我记得是 1957 年。

问：复旦的这十几位苏联专家都是文科的吗？是不是俄文的重要性凸显出来？

朱：不，文理都有。他们的主要任务就是指导教学体系的改造。还有一门就是外语，复旦保留了外国语言文学系，主要学英文，还有就是俄文。我们所有的1955年进来的学生都学俄文，不管文科理科，于是俄文教师成为大问题！俄文教师异常缺乏。怎么办呢？就把一批包括在使馆里面当过翻译的，或者是给苏联专家当过翻译的，甚至工厂里的俄文翻译都弄来，结果俄语教研室成为学校最大的公共外语教研室。从1955年到1966年"文革"开始，这期间的大学生全都学俄语，哪怕中学学的英语，进大学也得自愿改

青年时代的朱维铮

学俄语。大概从1956年开始设有第二外语——英语、日语，但是大家都不重视，因为那是选修，最主要是学俄语。当时学俄语累得不得了，我进来的时候，规定学三年俄语，从字母开始学，一个星期四个学时还是六个学时，我忘记了，我们每天早上起来，第一件事情是背外语，这个外语就是俄语。当时把人文学科改成社会科学，理科改叫自然科学。1952年以前，我们的文科分成三类，一是人文学科，一是社会学科，还有一个是经济学科，这时统统都简称为文科，正式的名称都叫社会科学。因为"人文"这两个字是资产阶级的，其实我们中国汉朝就有人文的区别。

问：赫鲁晓夫上台后，是否也影响到中国高校学苏联的进程？

朱：我们在改制的时候，苏联已经在反斯大林，1955年，苏共二十大，他们那里在反斯大林，我们这里还在拼命学斯大林，这是一个很古怪的现象。后来毛泽东说，他们丢了两把刀子，一把刀子是列宁，一把刀子是斯大林。因此苏联反斯大林越厉害，我们这里讲斯大林越厉害。这给苏联专家造成很大问题，他们都是斯大林体制里出来的，这也就是你们在北大听到的他们说苏联专家不活跃的非常重要的一个原因，他们背后有一些自己国内的问题。在苏联的研究机构和大学，反斯大林最大的冲击就是社会学科，教学体系、特别是教科书体系都要改，当然改还是换汤不换药，可是至少有一点，斯大林时代的教科书都在换，我们相反，所以奇怪得不得了，他们在反斯大林，我们的马列主义基础正是斯大林体系，一直到"文化大革命"。我们从六十年代开始反对修正主义，用斯大林给外国的修正主义划线——反斯大林，就是修正主义；坚持斯大林的那一套东西，就是马列主义。这是对待外国，中国国内不一样，开始谁反斯大林，谁就是右派，所以1957年很多人当了右派，没有别的

理由,当然很多人当右派有其他的原因,但有一条,就是在理论上表示斯大林那一套是教条,这就不行,就是右派。这是我记得很清楚的一个尺度。到了"文革"初期,开始反修是造反的一个尺度。报纸上说苏联坚持斯大林做得还不够,特别是研究自然科学的那些人不学马列主义,所以出现了一批在自然科学领域的权威起来反体制,比如苏联的氢弹之父萨哈罗夫,他成为我们批判的对象,报纸上警告说,即使是自然科学,也会出修正主义,萨哈罗夫就是一个典型。至于说当时被流放在古拉格群岛那批人,我记得在文学领域最大的修正主义者是爱伦堡,他写过《解冻》,在我们这里影响极大。该作品翻译之后在内部流传。所谓内部流传,就是党员或者有一定级别的人,比如人大代表、政协委员这些人才能够看得到,但是很快就流传出来。我最早看到《解冻》是1956年初,大学一年级下学期。

## 二、马列主义中国化从延安时期就开始了

问:马列主义中国化是否在延安时期就开始了?

朱:对。中国这套马列主义教育体系应当算到延安时代,1942年延安整风,这个问题应该请高华讲,因为他的《红太阳是怎样升起的》就是研究延安整风。

问:印象最深的政治课是什么?

朱:1957年以后,摇摆得厉害,马列主义基础还在坚持教,文理科都要学,但是苏联政治经济学那套东西有点糟糕了。当初复旦四门政治课里面,最强的一门是政治经济学,因为有一批教授过去研究过资本主义经济学,还有一批人从三十年开始就研究马克思主义经济学,所以我们印象最深的是政治经济学。给我们教课的,有刚去世的蒋学模,跑到外国去的苏绍智,还有右派教授洪文达,他当时被认为是比蒋学模要强得多的政治经济学教授,还有一位现在还活着,叫张什么(此处所指应为张薰华教授——编者注),研究《资本论》的,跟我做过邻居,我一下子想不起来他的名字。八十年代的时候,还是用蒋学模编的教科书,他的经济学理论,主要强调计划经济,批判资本主义,而批判资本主义最大的问题就是搞自由化,搞市场经济。我们学的时候,就是讲为什么资本主义跟市场经济连在一起是错的。政治经济学学一年,每个星期四个小时,我们听下来,反而觉得比马列主义基础印象深刻,因为四个教授轮流给我们上,确实使我们学到一点马克思主义。

当时复旦政治经济学授课的阵容最强,没有经济系,只有一个政治经济学的教研室,担负全校政治经济学课程的讲授任务,以后才建立经济系,很荒唐,本来复旦有经济系,比我们历史系要古老得多,被取消了。哲学后来不叫辩证唯物主义和历史唯物主义,我们开始上课时也不叫马列主义哲学,就叫哲学。我记得最后上哲

学,那是1958年以后,天天劳动,经常下乡,教授都不肯到乡下给我们上课,反正我们哲学念得很差,也没有好的教科书。我的一点哲学是自学出来的,读马克思恩格斯读出来的,不是上课学来的。我记得有个家伙后来变成了复旦著名的造反派头目,他到乡下给我们讲哲学,我们整个年级在1958年底到1959年初去农村劳动了一年多,就在上海的大场边上,天天辛苦得不得了,要上课了,每个人就从农民家里弄个小板凳坐在场地上,他在上面讲,我们在底下打瞌睡。

问:停课搞运动也是从苏联学来的吗?

朱:不是。苏联到了五十年代,搞运动基本上不停课。1953年斯大林死了以后,政治运动比我们要少得多,所以他们大学五年都是在念书,我们五年是政治运动不断。我刚进大学是1955年,第一个运动是反胡适,第二是反胡风,当时叫批"二胡",中文系重点反胡风,我们历史系着重反胡适。反胡适运动到1956年有点淡化,因为1956年下半年到1957年上半年,中央提出正确处理人民内部矛盾以后,有一阵子学校里空气也比较自由。虽然教学体系还是四门政治课,可是另外一些东西确实在那一年里有回潮,像是回到1952年院系调整以前的轨道上去。回潮的一个重要特征就是开选修课,教授有比较大的自主权,不被强迫跟着教学大纲走。

记得1956年下半年,我上大学二年级,系里开了一些选修课,还允许先自由听讲两个星期,然后再确定选什么课,于是学生来劲了,奔到这边,奔到那边,到处去试听。像谭其骧先生的"中国历史地理"、周予同先生的"教育史",非常成功。记得最轰动的是美国史,开始在一个小教室,因为试听者包括我们这一届和上一届,上一届是四年制,我们是五年制,大家一起听,教室坐不下,但是讲课的教师陈仁炳先生——他后来当了上海著名的右派,也是邓小平改正右派时全国留下的不予改正者之一,他上课不行,一塌糊涂。他是美国留学生,美国留学生未必能够讲美国史。开始很轰动,还有外系的也都去听,先是小教室,变成大教室,最后听讲者一个接一个地逃走,逃到最后,又把大教室换回到小教室,最后逃得只剩下学习委员和课代表。课代表制也是学苏联,每一门课每一个班都要推选一个学生,负责和教师联系,这个人就叫课代表,其职责是帮助组织课堂讨论等,大部分时间没事可干。我们班还有班委会——班级委员会,也是苏联学过来的。有班主席,还有不同的委员——学习委员、生活委员,也是从苏联体制搬过来的。

后来看翻译过来的讲苏联大学生活的小说,一看熟得很,因为我们都经历过。但有一点,我没有发现苏联的大学班上有党支部,也没看见学生里有党员,小说里描述的多是理工科的大学生活,那时就觉得学生是不是党员似乎不是很重要。但在我们这里,是不是党员重要得很。高中就有班级委员会,但课代表是大学才有的。1952年院系调整以前,大家都自由听课,没有什么班长、课代表,学生自治。

1949年以前,复旦闹事是很厉害的,学生里面各种各样的组织很多,有国民党的三青团组织,有共产党的地下组织,还有一些自己成立的结社。1949年以后就不允许结社了。

问:大学里也不允许结社吗?

朱:对。金冲及先生就是吃了结社的苦,他大概没有跟你们说。1949年前,他参加了一个地下组织,公开名义叫"红社",他从红社变成了地下秘密党员,他是解放以前的党员,是从红社过渡过去的。1955年底"肃反",开始查过去大学结社的性质,查出红社里面有一个三青团分子,就怀疑每一个人,所以金先生被审查了好多年。

记得1957年开始上近代史的课,原先是胡绳武先生一个人上,忽然增加了金先生,校长办公室还专门在全校贴了一张布告,任命金冲及为历史系的讲师。后来我才知道,这个安排是审查他在红社问题的结果,他不能再做党委秘书,改行做教师。他这个人一向忠诚老实,校党委书记杨西光找他谈话,要他准备好被开除党籍。所以"肃反"是很厉害的,每一个人都被追究。尤其是参加地下党的人,本来是进步的,结果一审查,问题反而来了。这完全是重复延安时代的做法,延安整风有一条,就是查来历,从国统区去的人没有不受审查的。还有就是从苏联回来的人,要查你同托洛斯基的关系、跟斯大林定的反党集团的关系,比如柯庆施,在延安整风时被刘少奇整得一塌糊涂,由此跟刘少奇结下仇恨。柯庆施是从莫斯科东方大学回来的,他在校时就跟刘少奇不恰,延安整风时他就变成了重点审查的对象。他的第一个妻子跟他一道从苏联回来的,被整得跳井而死。所以从1942年开始一直到"肃反",再到"文革",共产党内部先后搞过三次审查,个人被隔离,隔离时间长短不一。我的经历应该算是单纯的,考进中学已解放,从初中到高中到大学单纯得很,我1955年到复旦读大学,工作时间基本是在复旦,到现在快55年了,这是在共产党国家才会有的经历。

## 三、因为功课好,所以学历史

问:1949年后就是国家统一分配工作吗?

朱:我分配工作的时候是1960年的7月。统配以前开始学习、听报告,大家要表示态度,服从祖国分配,准备到任何地方去。毕业时我们班上还剩下八十多个人,大概只有新疆、青海没有名额,全国都有分配,虽然去的单位基本上是大学和研究所,可是你只能服从。我们当时还有个特殊的体制,好像美国也有,"二战"以后,美国高等学校改革,"二战"士兵受优待可以读大学,史华慈就是这样上了大学,他对东方感兴趣,就是因为"二战"时他在美国部队里面是特种兵,负责破译日本人的密码,所以他学了日语,因为学了日语,又对中国感兴趣,投在费正清门下念研究生,开始学中文。奇怪的很,他的道路和我们很多人相反,他先研究毛泽东,认为毛泽东受严复的影响很大,就去研究严复,再从严复倒过去研究孔夫子。我们院系调整以后,学苏联,没有经济系,取消了社会学系和哲学系,所以文科主要就是文史,还有外语。

问:那读文科的人就很少了,对吗?

朱:从1954年开始,一届招90人,生源不足,就招三类人进大学:一是部队里复员的干部,二是机关里愿意再去念书的,三是工厂里出来念书的,在工农速成中学读书后,再进大学念书,复旦附中原来就是工农速成中学。一般来讲,这批人数理化不行、外语也不行,所以他们进了大学大多选择念文史。这批人是单

1970年代,朱维铮(左一)在复旦大学第一教学楼前。

位推荐来的,考分要求非常低,他们被通称为调干生。我们一届开始进来的90人里面,大概有一半以上是调干生。因为缺生源,我们高中生的选择余地很大,几乎没有考不上大学的,同我一起高中毕业的那些人,180个人中只有一人没有考上大学,没有考上的原因是说他有流氓行为,政治上通不过。我在中学里成绩一直是班上第一名,但是我的家庭成分不好,父母在国民党军医院里做过,所以我没有被推荐留学的资格,中学里推荐生都要看成分,有的功课蹩脚得不得了的学生,因为成分好就能到苏联或者东欧留学。我也没资格报考涉外的专业,比如北大的东方语言系,主要培养外交人才。我同班的就有去东方语言系的,有的念朝鲜语、蒙古语,那也要经过很严厉的政治审查。复旦的外语系有点两样,因为是学西方资产阶级的语言——主要是英文,所以叫作外国语言文学系。不像北大,既然有东语系,那么原来就有的外国语言文学系就变成了西语系。西语系是可以报考的。读外国语言文学系的好处是出来可以当教师,可以做文学翻译。像我这样的高中生,最热门的选择就是推荐留学,其次是推荐到特殊的学校,比如哈尔滨军事工程学院,那也要经过很严厉的政审。但是读一般的工科大学,比如清华,我要是愿意报清华的话,一定会被录取。当时哈尔滨有两个大学是很奇怪的,都是苏联帮助建立起来的,非

常有名,一个叫哈尔滨军事工程学院,高干子弟念书的地方,我们现在第二代领导人,很多都是哈军工出来的,比如刘少奇的孩子都是到那里去念书的;另一所就是哈尔滨工业大学。当时哈工大和清华大学是同一个级别,我要考的话,不难,但我选择了文科。高中毕业出来读文史的是两种人,一种是自己有兴趣的,再有一种是数理化差的。高中生一类,调干生一类,这是我们学生的结构。从1954年开始,一直到"文化大革命"以前,生源就是这样。

问:复旦理科学生也是这种结构吗?

朱:复旦大学当时是纯理科,所谓纯理科,就是数学系、物理系、化学系、生物系。生物系比较容易考,因为要跟动物植物打交道,有些人不愿意,但复旦的数理化很难考。很奇怪,数理化的系没有调干生,调干生主要集中在中文系和历史系。调干生也进不了外文系,因为外语基础不行。"文革"冲击得最厉害的是外文系,说他们是资产阶级化的系,当时在读外语的确实很多是上海资本家的子女。外文系很奇怪,基本没有调干生,干部子女也很少,因为他们都跑到哈军工或者部队院校去了。

问:当时是不是觉得复旦的文科很没趣味?

朱:复旦文科还有一个系很重要,这就是全国独一无二的新闻系,是陈望道先生搞起来的。北大只有在中文系里有个新闻专业,复旦当时文科有新闻系,进去大量的调干生。但是我不要念新闻系,因为新闻系没有多少好的教授。五十年代高中生考新闻系的很多,考分要求相应也高。想当记者就报考新闻系,进去以后大失所望,因为新闻系没有自己的专业课程,基本上学中文和历史。

问:您为什么选择读历史系呢?

朱:别人很奇怪,我怎么进了历史系,因为我功课很好,人家认为我一定会读工科大学。我知道新闻系没出息,也不愿意读理科,也不愿意读工科,所以我的父母气得不得了。他们是医生,使劲动员我学医。学医有两个选择,一是上海的第一医科大学,现在并成了复旦的医学院,当时第一医科大学是最好的一些医学院系并起来的;再有一个选择,念北京的医科大学,它是在协和医学院的基础上建起来的。但我不干。我有个弟弟,比我低两班,因为我不肯学医,后来父母就要他学医,结果他考进了第一医科大学,大学里非常用功,他真的对医学产生了兴趣。现在他已成为福建全省最好的骨科医生,到现在还没退休。说远了。

我们当年的生源就是这样,有大量的调干生,调干生带工资来上学的,部队里的工资比较高,即便是工资低的,大概也有二十几块钱,当时二十几块钱已很厉害。我们这些中学里来的只有助学金,分成等级评,按照人口平均收入评级,上海家庭平均收入每人12块钱就没有资格申请助学金。助学金最高的是12块钱一个月,刚好够吃饭,吃饭一个月要交12.5元。最低的一个月4块钱。住宿不要钱。

**问**：如何评价复旦五十年代的这些变化？

**朱**：五十年代学苏联，一是把体制简单化，原来的很多系科都取消了；再有就是完全分成综合大学、工业性大学、医科大学，还有一些很特殊的如哈军工。所以说，1952年院系调整把原来的体制完全摧毁。复旦在解放以前有名气，但并不是最好的学校，抗战时复旦大学搬到重庆去，变成国立大学，稍稍有点钱的，或者知识分子的子女都不肯念复旦。复旦迁回上海才变得很有名，因为国立大学由国家补助，学生进来以后基本上不要学费，政府每个月供给一

1980年代，朱维铮先生给复旦大学历史系学生授课。

些配给米，一般进来的都是穷学生，食堂的饭很坏，里面有老鼠屎、小石子，学生一吃就生气，一生气就在一块闹，所以复旦大学有名，是闹学潮厉害，这也是后来考虑变成综合大学的原因。当时南方的综合大学，最好的是浙江大学——东南第一校。另外就是一些教会大学，比如圣约翰（今华东政法大学）大学、东吴大学（今苏州大学）比它差一点，还有沪江大学（今上海理工大学），这些都是比较有名的教会大学。还有一个在南方非常有名的综合大学——但有名的是理工科——交通大学。但是院系调整弄得很糟，浙江大学本来文理科最强，结果文科一部分留在浙江变成师范学院的底子，很多好的教授都到复旦来了，复旦大学由此在院系调整中受益，最大的受益就是引入了一批浙大、交大和一些教会学校的文理科好教授，复旦一下子在综合大学里变得很强。当年复旦迁到重庆以后没有饭吃，脱离了上海的环境，得不到上海资本家的支持。

创办复旦的是马相伯，但在复旦做校长时间最长的是李登辉。李登辉是美国留学生，他的那套美国的实用主义非常厉害，接办复旦以后，上海的资本家希望他办什么院系，他就办什么院系。所以很奇怪的是，在解放以前，复旦外语很强，因为马相伯重视。李登辉感兴趣的是很实用的经济系、银行系、会计系这种系科。另外还有一些很奇怪的系，上海丝织很发达，丝织要从养蚕开始，所以复旦有蚕桑系，那是老的复旦。还有就是法律系，那时的法律系跟以前的法学系不一样，像北大有法学系，那是培养法律学者，我们这边叫法律系，就是培养打官司的律师。复旦2005年庆祝建校100周年，但是有两个系只能够庆祝80周年，就是中文系和历史系，还有数学系。复旦的文学院、理学院都是后来成立的，比复旦校龄要年轻20岁。

# 王兴运：从苏联，到东北，到西南

采访时间：2009年8月1日上午9：00—11：30
采访地点：重庆西南大学外事服务接待中心紫藤苑专家楼
被采访人：王兴运，西南大学历史文化学院教授

王兴运
1930年生。祖籍山东掖县（今莱州市）。
1955年毕业于东北师范大学历史系世界古代史专业研究班。同年分配到西南师范学院（今西南大学）历史系，历任助教、讲师、副教授、教授。1994年退休。曾任中国世界古代史研究会副理事长。长期从事世界古代史研究与教学。
著有《伯罗奔尼撒战争》（1963）、《汉谟拉比和他的法典》（载《外国社会政治制度史话》，1993）、《古代伊朗文明探源》（2008），编写过《古希腊史》、《世界古代中世纪史》等教材。

## 一、东北师友

问：上东北大学之前，您在哪里读的中学？
**王兴运**（以下简称"王"）：牡丹江市立中学。
问：那个时候是传统的教育方式吗？
**王**：我们东北变化很大。我们家乡解放得早，1946年就解放了。1945年苏联红军把日本人赶跑，苏联红军进东北，我是亲眼看到的。1945年以前，我在伪满的"牡丹江国高"就读，国民高等学校，那也是牡丹江最高学府，实际上就是个中学，它是四年制的。牡丹江一光复，就有国民党的地下组织冒出来，建立了牡丹江市中，这些人也没有武装，八路军一来，他们就跑了。当时八路军叫民主联军，都是从山东过来的。民主联军来了以后，市中被停了一段，改成了联合中学，我就在联合中学就读。为什么叫联合中学呢？因为和朝鲜人合校。朝鲜人一半，我们一半，上课

是分开的。伪满的"牡丹江国高"是跟日本人合办的,上课一般都是用日语,物理是日本帝大毕业的一个三等兵给我们上的。光复以后,有几个"国高"里的中国老师来上课。到联合中学,那就是共产党的学校了。我被联合中学保送到东北大学。当时的东北大学在佳木斯,校长是张如心,据说是毛主席的秘书,留苏的。我是1947年被保送去的,1947年末吉林解放,1948年学校迁到吉林。1948年长春也解放了,又从吉林迁到长春。我在吉林读预科,搬到长春以后,我就进了本科,历史系本科。学校改名为东北师范大学。本科四年,到1953年毕业,直接进入研究班。都不经考试,根据平时的成绩,学校保送。当时做了林老师——林志纯(日知)——的研究生。当时班上十个人,现在最少已逝世五个,除一个无消息,健在的有四个,这是我们那个班的情况。

**问**:您什么时候来西师的?

**王**:1955年,我被分配到这儿来了。从1955年到1957年年底,我跟吴宓接触非常密切。1958年3月,我被下放劳动,到1959年7月回来,吴宓已调到了中文系,很少接触。他不太适合在历史系,他的专长不是世界史,他本来就是学文学的。到中文系后,他的观点可能也没有多大变化,可能学生、教师都对他有意见。

**问**:您在联合中学读书的时候,有没有接触马克思主义?

刚上大学时的王兴运

**王**:接触到一些,不多。我自己读过社会发展史,还没有直接看马克思、恩格斯原著。看了一些杂书,像《八月的乡村》等等。我们的校长李先民是延安来的,后来我在长春读书的时候,他已经调到长春省委(还是市委)工作。教导主任于守朴也是延安来的,是个女的,上海人,她从上海到延安。她给我们讲一些延安的故事、她到延安去的情况,后来就是她和李先民推荐我到东北大学的。

**问**:推荐生多不多?

**王**:不多,我们那一期只推荐了两个人。另一个姓黄,黄庆林,是我小时候很好的朋友。我们两个到东北大学,1948年在政治班毕业后,黄庆林直接入关,很快入党,在湖北的黄石(不确定的语气)工作。工作一段时间,又读工科大学,后来大概分配到甘肃。他享受离休待遇,我一直读书,反倒没有享受到离休的待遇。照理说,我在东北大学读的是政治班,也应该算离休,但是没有。1948年从关内接收一批学生(包括部分原长春大学的学生),都是在建国以前接收过来的,这一批学生也是直接分配到本科学习了,这样人太多,不可能都离休,所以我也就"沾光"了,没有享受离休待遇。

问:您是什么时候入党的?

王:我没有入党,到现在也没有入党。

问:不是党员,也能作为推荐生到大学?

王:那个时候,不是党员,只要思想进步,表现好,就可以被推荐读大学。我在中学参加了一些活动,慰问伤员、搞宣传。我还参加了其他一些活动(如护校等),如果什么表现也没有,不可能被推荐。到西师来以后,跟领导的关系搞得不好,另外我不会附炎趋势,也不会写小报告、汇报,我就凭自己的工作热情,把工作做好。

问:进中学的时候,您家境怎么样?

王:我的家庭情况不好。最早是一个小商人,有一个小木厂,到伪满后期就倒闭了,我父亲就到农村种了两年地,光复以后又回到牡丹江。进过农村,就是磨刀石,离牡丹江上边不远有一个叫磨刀石的地方。到光复回牡市以后,家境就更不好了。父亲做点小买卖支持我。我也不知道学校是不是去了解过,我估计肯定是会了解的。

问:去联合中学,是您自己的决定?

王:我自己决定的。家里先是想让我学点手艺,我想还是继续读书好。我也去学过一点手艺,学什么呢? 就是化工,做雪花膏啊,做肥皂啊,学了一两个月,不行,我干不了那个事情。最后想去造纸厂,那个时候的造纸厂很落后,是暂时留华的日本人修建的,生产的纸都不是现在的这种纸,像草纸,工艺很落后,我没看好。

问:进入东北师大以后,林志纯先生对您有影响吗?

王:林老师是一个好老师,非常热心,非常细心,他的话我永远都记得。"非不能也,而不为也。"这是他常说的一句话,意思是并不是你不能做,而是你不想去做,你想做就能做好。再有一句话:"人一能之,己十之;人十能之,己百之。"即人家一次就懂了,学会了,你用十次的时间,十倍的时间,你肯定也学得好。他培养学生,很有办法。他还训练学生翻译,让大家互相校对。

问:翻译什么呢?

王:翻译苏联大百科(全书)。他讲专业俄语,讲《前资本主义生产诸形态》,后来改成《资本主义以前生产各形态》,这是马克思的原著。他从俄文翻译过来由人民出版社出版。我在班上俄语也算学得好的。我们翻译的东西,他都一字一句地改,他的工作量很大。除上课以外,他每一周都能翻译四五万字。他睡眠时间很少,每天就是四五个钟头。当时他也没结婚,副教授。

**问**：您觉得苏联专家的水平高呢，还是国内老师的水平高？

**王**：1955年后到东北师大的苏联专家不是莫斯科来的，是西伯利亚的一个师范大学来的，是搞埃及学的。他培养的教师进修班的那些学生，实际上是林老师带出来的。他的讲义我都看过，并不是很神的。他的讲稿翻译后，打印成中文。但有些知识，我们当时还不知道。有些知识很一般，讲一些东方、西亚和埃及古代史。像刘家和的毕业论文，也是林老师指导的，除俄文书刊外，也让他参考英文材料。

**问**：就是说林老师并不完全用苏联的那一套方法，他同时还给你们讲西方，建议你们参考英美学术界的成果？

**王**：那些英文好的学生，林老师就尽量让他们看英文材料。

**问**：那个时候能看到英文文献吗？

**王**：能看到，有希罗多德、修昔底德的英文书籍。东北师大图书馆有"劳易布丛书"，不是很全。我刚到西南师范学院的时候，也发现几本残缺不全的。后来我建议学校买了一套"劳易布丛书"。我还建议学校买《亚述学词典》，美国芝加哥大学出版的，学校没有外汇，没有买，很遗憾。

林志纯（1910—2007），福建福州人，笔名日知，历史学家、历史教育家。生前为东北师范大学世界古典文明史研究所荣誉教授、博士生导师、荣誉所长、中国世界古代史研究会荣誉理事长。他是中国世界古代史研究的主要奠基人，中国世界古代史研究会创办者，兼任中国社会科学院古代文明研究中心学术顾问，中国社会科学院世界历史研究所兼职研究员。

图为东北师范大学校内的林志纯塑像。

**问**：在东北师大念书的时候，学生参与批胡适、批胡风、批《红楼梦》等运动吗？

**王**：参与的不多。没有参加批《红楼梦》、批俞平伯，因为和世界古代史挂不上钩。听了批胡风的报告，因为和胡风也挂不上钩，仅此而已。"镇反"、"肃反"倒是参加了，国民党区来的同学，他们写了揭发材料，但我从老解放过来的，不用参加。还参加了一两个月学校内部的"三反五反"运动，那个时候学校食堂管理比较混乱，我们搜集和整理原始单据，从早到晚，到夜里一两点钟还在算账，天天如此，搞得很疲劳。这是本科时候的事。还有就是抗美援朝时期，我们上火车站抬伤员、抬担架，不管白天晚上，只要来了，我们学生六个人一组，一副担架，把伤员从火车站抬到医院。为了支持志愿军，我们还到附近山上打柴、炒麦面。这也是本科时期的事。不多，反正还是参加了一些。

**问**：回到刚才的苏联专家话题上来。您能否对学习苏联做个整体的评价？

**王**：我们当时不学习苏联的话，就没有可学习的东西，因为西方封锁，没有书进来，必须走这一步棋。但学习苏联，也出现了一些偏差，苏联也并不是什么都好。像世界古代史，苏联的说法不是很全面。讲到希腊、罗马的城邦危机和奴隶制危机，这是两回事情，城邦危机应该是古典所有制的危机。按照苏联的教材，因为古典所有制的破坏，中小奴隶主土地所有制受到破坏，罗马也是中小土地所有制。后来出现了大奴隶制的农场，这样就出现古典所有制的危机。这一危机在罗马来说，就是公元前一二世纪，在希腊来说，就是伯罗奔尼撒战争后期。这一段时间，公民破产，变成游民无产者，但是苏联把中小奴隶主的破产失地估计得过高。当然苏联的理论也是有系统的，比较贴近马克思主义。但是苏联讲述得并不全面，所以后来西方驳斥，用了很多材料来证明，罗马中小奴隶主所有制的破坏，并不是像苏联估计得那么高。这是苏联失误的地方，但是，从理论体系上讲，苏联力图用马克思主义科学的思想和方法分析问题，这一点比西方好。西方的观点，有马克思主义的，也有非马克思主义的，大杂烩，什么观点都有，材料、论点五花八门，要把西方的东西整理成一个体系，不太容易。研究世界古代史，很吃力，没有一两种外语不行，会一两种外语也不够，还得懂一点希腊文、拉丁文之类。

问：您在东北师大有没有学希腊文、拉丁文？

王：没有。我学了一点希腊文，我也教过学生（研究生）希腊文。那是在"文化大革命"以后，从科学院廖学盛处得到一个本子（《Greek for Beginners》），自学不难，再教研究生，退休以后好久没摸了。

问：除了林志纯先生以外，东北师大还有哪些教师对您影响较大？

王：那就是郭守田吧。他讲中世纪，这个人中外贯通，不得了，英文好得很，给我们本科生上课。他不怎么提辩证唯物主义、历史唯物主义，他的观点都是新的，和吴宓截然不同。北方的教授，都经过思想改造，经过历次的运动，所以他们思想变化很大，有点像北京大学，甚至比他们还要进步一些。特别是东北师大，它是从佳木斯搬到长春的，东北大学改为东北师大。第一届校长张如心，第二届校长成仿吾，现在你到东北师大去看，成仿吾的坐像还在大门口。成仿吾也确实是个专家，很不得了，他留的助教和西师留的助教不一样，我来西师后发现，这里留下的助教水平都不高。张永青是西师的第一任校长，延安来的老干部，我们系的书记季平，这些人理论水平

大学毕业时的王兴运

都不行,更不懂专业,也不懂用人。对学校里的老先生,开头不讲思想改造,一味照顾,偏右。一个"反右"啊,又过"左"了。

## 二、西南师友

问:当时系主任是孙培良吗?

王:我来的时候,孙培良先生是系主任。他是自学成才的,担任过中国古代史的教学,也担任世界中世纪史的教学。我来的时候,他教世界中世纪史。他中西贯通,学术成就很突出,最早研究丝绸之路,最后写中国画法西传,受到国内学术界的很高评价。

问:孙先生对吴宓先生是什么态度?

王:他对吴宓很尊重,他们两个关系很好。我当时比较年轻,有些观点跟吴宓有冲突,当然他站在吴宓先生一边。当时我虽然是研究生毕业,但只不过是个助教。

问:西师历史系的老先生,除了吴宓和孙培良以外,还有哪些?

王:老先生多。比如邓子琴,他是搞中国史的。你看《吴宓日记》就知道,他有点支持我。还有郭豫才,接任孙培良的系主任,他也支持我。《吴宓日记》提到,"阳刚之良对阴柔之豫"。阴暗的阴,温柔的柔,阴柔之豫,指郭豫才。他觉得孙培良一定要失败。(笑)因为郭豫才在系委会上,提到孙培良治系无方,吴宓认为他们两个是笼中鸡,互相斗,马厩中的马互踢。最后孙培良被下放,系主任不干了,继任者就是郭豫才。他是河南人,开封市河南大学毕业的。他年纪和孙培良差不多大,老先生。

问:郭豫才为什么支持您呢?

王:邓子琴认为我写的教学检查很周全,《吴宓日记》上有这样的记载。郭豫才大概听吴宓在系委会读过我写的教学总结。当然系委会上也有不支持我的。

问:教学总结会上这种批评与自我批评方法,您是在东北佳木斯时期学的吗?

王:是。那个时候经常开民主生活会,民主生活会就是以小组为单位,互相提意见,互相批评,自我检讨。有什么思想问题,要自己暴露。当然大部分都是形式主义。但是这种训练有好处,别人提出意见,你总会想一想,自己做得对不对。在学习期间,从本科到研究班,有一种制度叫"习明纳尔"(Seminar),就是互相讨论,可以发表针锋相对的不同意见。

问:那个时候给吴先生提意见的助教不只您一个,还有一个叫孙甫儒吧?

王:如果说当时有个阵线的话,孙甫儒跟我是一个阵线的。

问：是单纯的学术观点之争吗？

王：在观点上有一点。特别是经过教学期中检查后，吴宓先生本来建议让我们来上课，他不上了。当时管教学的副院长姚大非还是让吴宓来上，但要集体备课，这就发生了冲突。我和孙甫儒都是从东北大学来的，东北大学原来是个革命学校，我们与吴宓在政治理论方面发生了碰撞。你看吴宓日记，很有意思。

问：什么地方有意思？

王：教学期中检查，我们不能不表达我们的意见，吴先生就很生气，当然他后来还是理解了。当时他对世界古代史的好多知识都不知道。比如说群婚，什么是群婚？他不知道。他来问我，我把自己知道的讲给他听。我翻译过《族外婚问题》的文章，对群婚比较了解，另外对中国少数民族的一些风俗习惯，我也了解。我都是无私奉献，都给他看，但是我们在观点上是有矛盾的。到后来，我们两个的关系还比较好，我向他学习，向他请教。他的英文非常好，当时《亚历山大远征记》都没有翻译本，我读"劳易布丛书"的本子，请教他。他根本不用查字典，有许多解释不是一般字典上有的。比如马其顿"方阵"，吴宓一看就知道，我在《韦氏大字典》也查不到。

1954年西南师院历史系教师合影（左起：郭豫才、张东晓、姚大非、吴宓、杜钢百、孙培良）。图片来源：《吴宓日记续编（1954—1956）》，三联出版社，2006年3月。

问：您向他请教英语是在什么时候？

王：五十年代，都是五十年代。

问：哪一年？

王：记不清楚了。

问：那是在您跟他冲突之后？

王：冲突以后。后来他也感觉到，我对他没有什么恶意，我愿意把我知道的都奉献给他。他讲课，我写讲义，我把自己知道的东西写下来，发给学生。他没有成套的讲义，他主要在信封、破纸片上写一点提纲。过去教授都这么上课，有的上课什么也不带，他在纸片上还是写几个外文字。有的时候写个题目就上课，没有讲义。但学生要求发讲义，所以我一面听他的课，一面写古代东方史，后来我上希腊史时，又边上课边编写希腊史讲义，做到课前发给学生，油印的。五十年代，全国高校教材交流展览时,我还拿去交流。1955年到1957年,是一段稳定的时期。到1958年,我就下放了,下放到附近农村。下放时连户口都迁下去了。

问:全家都迁到农村吗?

王:我老婆没去,老婆在中学从事医务工作,她没去,她有时候来看我。

问:1958年为什么要下放?

王:下放是根据所谓政治表现的,因为我跟老先生关系不好,我这个人也不是爱去靠近领导。我从来不去找领导做个人的思想汇报,也没汇报过任何人。跟吴宓发生冲突,都是在会场上。反右以后要划左中右派,最初把我划成中右,那时已经从乡下回来了,中右(后改为中中)还不是右派,打不成右派。为什么打不成右派?"鸣放"的时候,我去鸣放,我首先提出反对教授治校,为什么反对教授治校?我就知道吴宓他们不能治校。在会上我发表了这样的讲话,那时的院长叫王逐萍,是个老革命,1927年入党,坐过国民党的监狱,在延安的时候是个保卫科长什么的,后来到重庆当公安局局长。

问:他怎么到西师来做院长?

王:我不知道他犯过什么错误,第一次接触他,我就感觉他的理论水平和政策水平都不够。我在会上明确反对教授治校,坚决拥护党委领导。我这一条站得非常正,我不知道要打右派,党委又派了一个姓吴的到我家来,让我把我的发言稿写成文字。我说好,就很快把发言整理成文字拿上去,白纸黑字,你想打右派也打不成,打不成右派,就弄去下放。别人下放一年,我下放一年半。

问:是"反右"之后下放的?

王:和"反右"差不多同时。在农村干了一年半,1957年"反右",我1958年3月就下去了,到

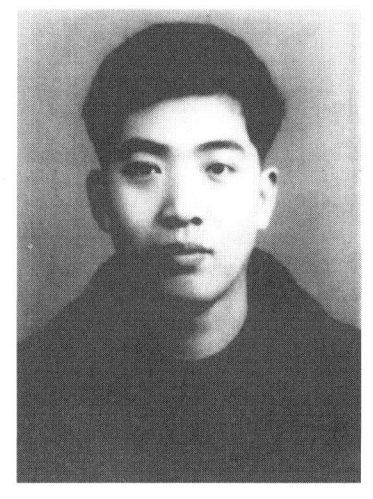

初到西南师范学院时的王兴运

1959年7月才回来。下去的人,一般都是1958年年底都回来了,有些人下去没有参加几天劳动,搞宣传什么的,我踏踏实实地干了一年半,这个地方的劳动和东北不一样,全靠肩担背扛。

问:历史系下放了几个?

王:好几个,有马超群、罗洪彰,还有孙培良。

问:孙培良为什么下放?

王:可能他在历史系当系主任的那一段时间,粗暴,脾气不好,他动不动就骂人,驱逐出会场,不尊重教师,就是这样。吴宓还赞扬他的阳刚之气。阳刚太盛,孙

1956年王兴运与西南师友游重庆古钓鱼城。

培良有阳刚之气。(笑)

问：孙甫儒呢？

王：孙甫儒是第二批下放，我回来以后，他就下放到长寿。孙甫儒下放到长寿后就更困难，一天连半斤粮都保证不了，确实挨饿。我下去的时候，就已经相当饥饿了。他们最后要回来的时候，当地党委请他们吃饭，招待一下。孙甫儒吃得太饱，又出来表演节目，这一跳，肠扭转，在当地县医院截断了七米长的小肠，回来又进医院手术，身体就坏了。从那以后他的工作就很差，不能上课，科研也上不去。"四清"后被赶到中学，他的爱人是生物系的，在川大进修了三年，刚回来还没有使用，就一起下放到中学。"文化大革命"以后，我建议把孙甫儒从中学要回来，但他不大愿意，觉得没面子，就到川外教日语。他以前曾在伪满的"建国大学"学习，日语很好。他爱人的日语也不错。一直到退休，结果职称反倒耽误了，没上去。他爱人提了个副教授，他连副教授都没搞上去。去年还是前年，去世了，在东北去世的。

问：那时候历史系还有一位陈济沧先生？

王：他是广东人。表达能力不行，有一点英语基础，但是也不行。看希罗多德的英文本子，还要请教吴宓。上课也不行，所以他没上几天课，在"反右"以后调到内蒙古。当时他跟吴宓站在一条线上。后来我在《吴宓日记》里看到，陈济沧到北京开会，讨论日知翻译的《世界古代史》，他的发言人家不愿意听，当时东北师大的郭守田(会议主持人)也是参加翻译的一个，打断了他的发言。他回来很不满意，怀疑我或者孙甫儒汇报了他在西师的情况。其实他完全不了解，我根本没把自己在西师跟他的碰撞、跟吴宓的碰撞，向我的业师林老师汇报，也从来没有向郭守田写一个字，没有说过这样的话。他回来很不满意郭守田(认为林志纯还好)，把这个情况跟吴宓说了，这个在吴宓日记里有记载。

问：孙甫儒先生给陈济沧先生提意见，也是因为学术观点不一样？

王：主要是这样，没有任何私人恩怨或者其他意见，一点儿也没有，都是教学内容上、教学观点上的冲突。陈济沧先生和吴宓先生都认为我们要求多，想多上课，跟着苏联的教材走，他们根本就看不起苏联教材，而且还觉得翻译的文字也不行。为什么呢？因为他们用的文字，是半文半白的，和我们通用的语言不一样。

## 三、我们与吴宓在政治理论方面发生了碰撞

问：您看到过《南方周末》上的文章《助教教吴宓讲世界古代史》[1]吗？

王：没看到，有这么一段啊？

问：就是上一个礼拜的《南方周末》里的一篇文章，里面提到您、孙甫儒、陈济沧、孙培良、姚大非，作者叫陈仲丹。他主要根据《吴宓日记》写的。

王：哈哈，一看这题目肯定有我，跑不了。

问：为什么您与吴宓等老先生的冲突那么严重？

王：我给你讲一个事情。就是讨论中学教材，要到中学去实习，这本来不属于古代史，是中世纪史。讨论什么呢？查理曼帝国，我提出，应该把查理曼分裂的原因说清楚。我说，斯大林有一段论述，就是这个帝国没有统一的经济基础，是一个军事行政的联合，应该把这个观点加进去。吴宓说我说的是题外话，他不愿意听斯大林的话。先是孙培良站起来说："我以系主任的身份，命令王兴运退出会场。"吴宓也站起来说："我以教研室主任的名义，命令王兴运退出会场。"我刚分配到这里工作，也没害怕，我也站起来说："你们没有这个权力，应该平等讨论问题。"我就坐下来了。《吴宓日记》里有这段记载。我下来就跟书记季平汇报了，季平说你不能退出会场，应该回去。我汇报完，又进去坐在那里。我知道这是他们借题发挥，反对马列，恐吓我，恨不得把我赶出学校。这个事情闹到院里，大概省里也知道了，闹得很大。当时我带了一本书，就是《马克思语言学问题》，其中有斯大林的这个论断。《吴宓日记》里说我带的书和这个题目无关。

问：闹大以后，院里是什么看法？

王：我估计院里看法可能有分歧。姚大非是支持还是不支持不知道，张永清可能支持，但是评价我骄傲自大，不尊重老教师，所以弄去下放。

问：季平是什么态度？

王：季平不高兴，所以把我弄去下放。本来是两种观点、两种分歧，我觉得自己没有责任，完全是他们的错，他们只不过借这个机会发泄。还有一次是期中教学检查，大家讨论吴宓先生上课存在的问题，都提了意见。当时孙甫儒是教研室的教学秘书，要写个总结交给教务处，应该他来执笔，这老兄有点滑头，让我写，我就写了。当时我想写一写也好，应该让上面知道。写出来以后在教研室通过的时候，问吴先

---

[1] 此处略有误，文章题目应为《背诵助教的讲稿：吴宓教"世界古代史"》，载于《南方周末》2009年7月15日"文化"版。——编者注

生有意见没有,他很长时间不吱声,最后说了一句,"我就想杀王兴运"。《吴宓日记》里没有这句话,(笑)日记里写的是"欲除之而后快",写了这么一句话。这句话我不愿意再提,你也不要再宣传了。当时作为一个助教,在这里立足是很不容易的。

问:这篇文章里面还说到,孙甫儒先生,还有您,那个时候的年轻助教因为不能上课,所以才跟老先生起冲突,是这样吗?

王:我们绝不是要把他们赶下来,取而代之。绝没有这个意思。当然,课,后来还是让我上了,孙甫儒也上了。孙甫儒上"罗马史",我上"原始社会"、"古代东方史"和"希腊史"。关键就是当时年轻,有点年轻气盛。

如果学了《易经》,潜龙勿用,就知道应该怎么对待这些事情。那时不懂如何处理人际关系,因为在东北师大受到的教育,在佳木斯政治班学习的东西,与西师根本不同。当时过民主生活,大家都可以互相批评、互相提意见,我是从那样一个环境当中成长的,遇到这么一个环境,怎么处理?不知道。自己无心,愿意奉献,想为教学、为党多做点事情,因为党培养了这么多年,光大学研究班就是六年,政治班又是一年,我是这么一个心情。而且觉得对学生负责,对教学、对党要负责。他那个讲法,政治、经济都不行,他知道一点文化,就是讲《荷马史诗》,讲点希腊神话。他的知识太陈旧,他又不想吸取新的东西,他不像东北师大的郭守田、林志纯这些人,吸收苏联新的东西,他完全是吃老本。

问:这是您当时的看法?还是现在这样看?

王:当时和现在没有太大的差别。我到现在也不后悔,我不在乎受到的打击。下放回来,我仍不在意。我这个人,很开放、很豁达,不在乎这些。

问:下放回来以后,跟吴宓先生还有来往吗?

王:一直到1957年,我们的关系相当好。吴宓日记里写道,我带着未婚妻去看他。我结婚时邀请他,他虽然没有参加我们的婚礼,他都记在日记上了。他后来也说,不再与我有争执,他的这些话,都记在他的日记里。从1955年到1957年,这中间他的态度有变化,我的态度也有变化,因为我逐渐认识到,还是应该尊重他,应该向他学习。所以他开英语课,他给江家骏这些人讲课,我都去听过。当时我的英语不行,只有点俄文基础,但是后来我英语基本上可以看书,基本上可以用。他从历史系调到中文系,他的观点不可能变,所以到中文系也是受冲击,最后在"文化大革命"中被整得很惨。中文系的红卫兵,把他弄到梁平(属于达县地区,靠近达县),从车上往下推他,一下把腿摔断了。他是84岁死的。他有一个观点,七年一运,他的第二个夫人死,刚好也是逢七(63岁),他七年一运,这是他直接跟我们说的。令人不解的是84岁也是逢七。

问：他那个学生是叫邹兰芳吧？

王：对。她是得脑结核死的。她如果及时治,不容易死的,她没有医科知识。

问：五十年代吴宓先生跟这个学生结婚,你们作为年轻助教是什么看法？

王：他结婚时我还没来,我是1955年到西师的,孙甫儒是1954年来的。

问：知道这事以后,影响到您对吴宓的看法吗？

王：没太注意和了解。后来我听说了《学衡杂志》对吴宓有一段评论,不大好的评论,这是对吴宓的了解。对他这位学生的情况,我只是听说,学生的家庭是地主,他帮助她,因为她家要退租什么的,最后这女的嫁给他了,但是身体很不好。我们去看他的时候,很少看到他的爱人,她都是在里屋不出来。他爱

西南师范学院历史系1956级毕业留念

人死了以后,他爱人家来了一个男的帮他,他要求院上把他的佣人,就是爱人家属,转成正式工作人员,学校不同意,他写了个报告,交到院上。后来报告处理了,被收垃圾的找了出来。小报上报道过这个事情。

问：还是回到《南方周末》的文章上来,文章里讲到,吴宓先生于1953年2月到西师历史系教世界古代史,到了11月,系里青年教师孙甫儒对陈济沧教授的课提了很多意见,尤其是对亚历山大的评价,孙甫儒认为陈济沧教授讲得不对,提了几条意见。您知道这件事吗？

王：我不知道,那时我还没来西师。

问：文章里还说,到了1955年,在系里期中检查会上,孙甫儒再次发难,主要矛头指向吴宓,说吴宓的每一段话、甚至每一个名词,都未能运用马克思主义立场观点,没有表现出阶级斗争之感情精神。吴宓承认自己学识、材料丰富而政治思想薄弱,所以他说,为国家计,为学校计,为本系学生计,最好教师各用所长而许其藏拙,和众美以成一全才,今后世界古代史可由吴宓提供史籍材料,由君运用体会酝酿编造,向学生讲出。实际上他主张自己退下来,让孙甫儒上。这个时候,你在系里吗？

王：我还没来,我是7月东北师大毕业,8月报到。

问：最后吴宓找到系主任孙培良,建议下学期的课由孙甫儒上,孙培良不同意,说年轻助教都急着要开课,请吴宓不必介意。

**王**：这个情况,我不清楚。

**问**：后面就与您有关了。8月份决定下学期的课,世界古代史由孙甫儒、您、陈济沧三个人分着上,吴宓做辅导。吴先生挺高兴,觉得这样好,但姚大非副院长不同意,最后决定,吴宓讲课,集体备课,讨论教材,下学期于四人中选一人讲授,目的是要压压年轻助教的气焰。"闻得消息,吴宓顿时感到不好办,职任繁重,讲授不能自由,日月与人争论实在困苦。"这就讲到9月份备课,大家在一起备课。"诸君",就是指孙甫儒和您,"不但熟读各书,且曾倍揽最近杂志中苏联学者之争辩与论定,实在宓上"。吴宓承认,你们备课准备比他好。最后决定,第一节由吴宓用您的讲稿,重视历史唯物主义,第二节孙甫儒照着自己的讲稿讲原始社会。后来上完课以后,据孙甫儒了解,学生反映教学效果不佳,吴宓讲得太快,引证马恩列斯之处太多,理论不易理解。吴宓很不高兴,觉着动辄……

**王**：其实引证的不多,主要在序言里引证了一段马克思关于生产力和生产关系、经济基础和上层建筑那一段话,那是《政治经济学批判导言》里的一段话,那段话不太好理解,所以学生有反映。

**问**：文章里还说,备课的方式也奇,9月25日晚,先是审阅吴宓的讲稿,有所改正,再加入王讲稿中的两段。不一会儿,孙甫儒又来,吴再复述一遍讲课内容,又有改动增加,孙主任称这种备课为车轮战。吴宓深以这样的上课方式为苦,第二天就向院方要求免去世界古代史大班主讲职位,转为辅导,甚至调走或退休也无妨。就在这天上课之后,两位助教提出吴先生讲述"古典"一词词义有误,概古典的classical一词之对译为Antique或者Ancient,对译这一词义探索与理论无关。吴先生还多少有些了解,就辩解俄文古代一词,可以做希腊罗马解,而中文古典的译词必须为classical之对译。

**王**：这个古典的(classical)是泛指的,有典雅、典型、优秀等涵义,在中世纪的文艺复兴都可以用这个古典一词,所以他不能专指希腊罗马。那俄文要是古代的话就是Древний,和英文Ancient类似,泛指古代的(如古代中国、古代印度等等),如果是专指古代希腊罗马,应是Античный,和英文Antique类似。古代的和古典的,这两个字不能对译。吴先生不懂俄文,所以他搞混了。

**问**：当时有这一争论吧?

**王**：有过争论。

**问**：文章里还讲,后来两辈人之间的争执暂时有所缓解,到期中教学检查时,您对吴宓的教学提出了尖锐的批评:"一个是否以历史唯物主义阶级斗争观点,是否流露出资产阶级观点,是否拥护科学真理,对旧历史之批评如何?"吴宓则诚恳接受,表示自己马列主义所学有限,愧未能自见其缺陷,仍望诸同志多次提出批评。

王：这个不大真实,当时他没有发言,后来问他有什么意见,他说了一句:"我就想杀王兴运。"他在日记里写到我,也是"欲除之而后快"。

问：那您记忆中的这个事件是……

王：期中检查我写了总结,本来应该由孙甫儒来写,他是教学秘书。我念了这个总结,他很不高兴。

问：文章接着说,第二天,系主任又带来了学生对他上课的意见,学生批评说没有系统,重点不突出,罗列事实而不加分析,无有次序,上课只是照讲稿读。吴宓看后,感到悲愤莫名。到了9月24号的教研组主任会议上,吴宓表达了他的愤慨,说我的内容及方法不能自主,为甫、兴等所挟持,唯命是从,觉得自己要被淘汰了。在25日晚的教学检查会,说您依照事先写好的稿子作了长篇发言,详尽批评吴宓讲课的缺点,具体内容有九条。

王：是,这还是那一次的会议上,问他有意见没有,他不说话,后来就说了一句,想杀我。后来他在讲英语的时候,还用英文举例句——"我想杀王"。

问：这篇文章的作者说,他的主要依据是《吴宓日记》,您觉得他写的真实吗?

王：基本上真实,有点出入。我还没看到这篇文章,我不好说什么,看一看吧!现在没几个人了,吴先生去世了,孙甫儒不在了,季平也不在了,陈济沧肯定也不在了,姚大非不在了,张永青也不在了,现在大概就剩下我了。呵呵!

问：您当时对吴宓的看法是很真实的吗?

王：对吴宓啊,要全面来分析。这个人有他进步的、好的一面。他抗日战争时期南下,从北京到云南。此外,他培养了一批很出名的学生,像季羡林、钱锺书等,都当过他的学生,当然不是他一个人培养的,这是他的贡献。另外,他还把所有的藏书都捐献给了学校,这也是他进步的一面。他有一句话,就是他的言行都是遵照孔夫子、释迦牟尼、基督,还有苏格拉底。

问：您与杨群章先生熟悉吗?他那时也在历史系教课。

王：我太熟悉他了,那个阶段他没教过课,他是1956年毕业的。

问：他在系里主要是做领导?

王："文革"后他当了副系主任。那时候孙培良还在,他申请了一个项目,就是伊朗史,让我参加,我不大愿意,我知道这个难度,后来还是参加了。因为他是副系主任,我是教研室主任,我又是这个学科的带头人。

问：这事发生在五十年代吗?

王：不是,"文化大革命"以后的时期。五十年代他帮助孙培良整理讲稿。

问：您跟吴宓冲突以后,他是什么态度?

王：他可能不太了解我们的情况,他1956年才毕业,毕业后留下来做助教,不在教研组,他不了解。他对这两位老先生是毕恭毕敬的。

问:后来外文系的张紫葛先生写过一本书,叫《心香泪酒祭吴宓》,您知道吗?

王:不知道。

问:张先生自称是吴宓的学生,这本书引起很大的争论。有人说,他不是吴先生的学生,书中有很多伪造。您不知道这事吗?

王:不知道,更不知道外语系有这个人。

[编辑　张荣波]

# 青春编年:一个班级的历史

山东大学历史系77级编写组*

【编者按】 1977年恢复高考,是中国当代史上的一件大事。它改变了中国,也改变了一代人,甚至是几代人的命运。那年冬天,全国被"文革"积压了10年的人才,包括13届高中生(从1966届到1978届,当时允许高二未毕业的同学报名)和部分具有同等学力的初中生共570万人参加了考试,最终有27万人被录取,录取率仅有4.7%。而山东省全省报考人数达到80万人,全国最高,录取的人数只有1万人,已经接近百里挑一。这种千军万马过独木桥的局面在中国乃至世界高考史上都是罕见的。

由于高考时间的推迟,"七七级"也成为新中国成立以来唯一一届冬天入学、冬天毕业的大学生(1978年2月至1982年1月),与后来入学的七八级仅相差半年。他们的生活和学习条件以今天的标准衡量可以说非常简陋,但他们却享受了那个时代所能提供的最好的师资和最精英化的教育。这一届大学生的成材率之高、在中国新时期历史发展中所起的作用之大,与其当年独具特色的大学生活是分不开的。

2011年12月10日,山东大学历史系七七级46名同学从全国各地汇聚海南,在三亚亚龙湾金茂希尔顿大酒店举行毕业30周年庆典,图为现场合影。

30多年后,山东大学历史系七七级同学集体编写了《青春编年:一个班级的历史》一文,以编年的形式描述了他们大学四年走过的历

---

\* 高建国、李运武撰稿;任孔闪、王大建、马素珍、党明德、郑群、朱佩峰、刘大可、沈国良、张敬忠、王大建、李炳印、陶卫东等修订;宋文瑄、王育济终审。

程,以生动的个案再现了中国高等教育史上的一段传奇,许多记载具有重要的史料价值和研究价值。比如班级成员之间相差悬殊的年龄,最年长的入学时已32岁,有的已有几个孩子,最年轻的入学时仅17岁,甚至还没获得公民选举权;比如同学们成分的复杂,有工人、农民、干部、教师、军人,也有应届的高中生;比如乍暖还寒的政治环境,频繁的政治活动和政治学习,历史研究和教学仍然受到政治的很大影响;比如操场电影和食堂里举办的文艺晚会;比如每学期一周的劳动;比如国家为大多数同学提供了助学金,满足大学生活最简单的需要;比如食堂的伙食从集体大锅饭到分餐制的演变;比如同学们极强的自我管理能力,党支部、团支部和班委会发挥了重要作用;比如学生们自办的油印学术刊物;比如同学们的刻苦学习,有着极高的考试优秀率,很多同学大学期间发表文章和作品,有的大二期间考上研究生;比如假期的社会实践和社会调查;比如毕业时的计划分配制度;等等。特别值得一提的是这届学生与大师的接触,山东大学历史系上世纪50年代八大教授(所谓"八马同槽")中有五位给七七级学生上过课(王仲荦、张维华、郑鹤声、杨向奎、赵俪生),当时全国一流历史学家中很多人给该班学生作过报告(如蔡尚思、孙思白、吴大琨、漆侠、田昌五、孙达人、黎澍、荣孟源、丁名楠、金冲及、戴逸、李时岳、茅家琦、罗竹风、邓广铭、孙祚民、胡华、车安世等)。七七级同学还以学生身份参加了多次全国性学术会议,如全国文科理论讨论会、义和团运动史学术讨论会、中国德国史研究会第一届年会等,同时参与了改革开放后最早的中外学术交流,今天享誉世界的一些国际史学大师,如周锡瑞、黄宗智、唐德刚、孔飞力、方纳等,当年都曾来山大讲课或举办讲座。加拿大里贾纳大学的谢培智副教授和日本学者童人美则担任了七七级的英语和日语的教学工作。这种得天独厚的学习环境让今天的大学生羡慕,恐怕也不可能再去复制。

当年幸运考入大学的这27万人,如今形成了一个特殊的群体。"七七级"如同他们之间的联络暗号,把彼此连接在了一起。"七七级的吗?""七七级的。"于是心领神会地点点头。以后的考生再也享受不到这种特殊的集体荣誉。作为20世纪中国唯一一次知识精英的超常规聚集,作为中国改革开放最早的受惠者、亲历者和见证人,"七七级"已经成为汉语中的专有名词,成为一个时代的符号和象征,成为我们这个民族

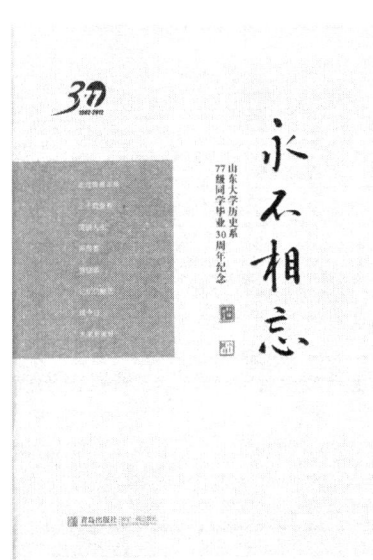

山东大学历史系七七级同学为纪念毕业30周年出版的文集《永不相忘》,青岛出版社,2013年11月。

的共同记忆。在中华民族伟大复兴的历史进程中,将永远留下他们的印记。

# 【1977年】

1977年8月23日—9月25日　全国高等学校招生工作会议在北京召开,讨论恢复全国高等院校招生考试事宜。

10月12日　国务院颁发[1977]112号文件,批转教育部《关于1977年高等学校招生工作的意见》,中断了长达11年之久的高等学校招生统一考试的制度重新恢复。

11月8日　《大众日报》刊发《山东省一九七七年高等学校、中等专业学校招生简章》。

11月20—24日　报考人员在自己所在的公社、街道、厂矿、企业、机关或学校申请报名。本班同学马福震、沈国良、陈冬生、党明德、扈晓敏、林明、李炳印、金之平、周一川、王新生、刘大可、田鹰、杜洪雁、马素珍、高建国、朱佩峰、周微静、刘绍刚、陶卫东在济南市报考;李宝金、马庚存、赵建国、修海涛、陈粹盈、郑群在青岛市报考;王启厚、王文恒、宋文瑄、王喜桓、王慧丽、胡鹏光、王大建、时述仁、王育济在烟台地区报考;傅克辉在潍坊地区报考;张敬忠、朱光夏、胡新生在临沂地区报考;孔凡岭、郝呈新、李肇翔、于化民在济宁地区报考;任孔闪、田浩存、刘长允、梁尔东、邹爱莲、周光远在菏泽地区报考;孟宪彬、李运武在泰安地区报考;郭宗强、孟祥生、潘志华在德州地区报考;马飞在枣庄地区报考;崔玉华在惠民地区[1]报考;魏梦太在聊城地区报考。

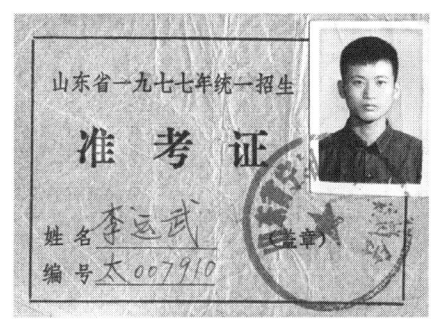
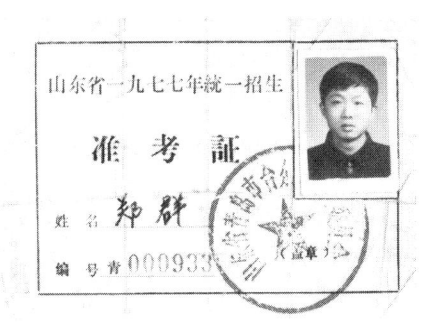

1977年高考,部分同学准考证。

---

[1]　1992年2月惠民地区更名为滨州地区,行署驻滨州市。

1977年高考山东语文试卷　　　　　1977年高考山东史地试卷

12月9—11日　山东省进行考试:9日上午语文,下午史地或理化;10日上午政治,下午数学;11日上午,报考外语专业者加试外语。1977年的高考是中外教育史上罕见的集13年人才于一考的考试,全国共有570万人报考,录取人数仅有27万人,录取率为4.7%,这一纪录至今未被打破。山东的比例更低,当年全省报考人数达到80万,而录取的人数只有1万。

# 【1978年】

1978年1月24日　山东大学寄出《高等学校新生入学通知书》,其中历史系的入学通知书为:"×××革命委员会转×××同志:经山东省招生委员会批准,你入山东大学历史专业学习,请于一九七八年二月二十七日至二十八日凭本通知到校报到。"

2月27—28日　山东大学77级新生入学报到,历史系有新生50名。3月,山东省动员省内高校挖掘潜力扩大招生,从本省1977年高考上线考生中又择优录取2000名;是月下旬,山东大学向扩大录取考生发出入学通知书。4月3日,6位新生入学报到,编入本班。至此,全班同学共有56人。身份有工人、农民、知青、干部、民办教师、高中应届毕业生等,年龄最大者32岁,最小者17岁。教室设在文史楼319教室。男女生分住新校4号楼、5号楼。

3月1日　上午,参加在老校礼堂举行的开学典礼,开始为期1周的入学教育。

会后,班辅导员于家福老师主持班会,宣布系里任命的班党支部、班委会和团支部名单。党支部由 5 人组成:于家福任书记,胡鹏光任副书记,李宝金任组织委员,邹爱莲任宣传委员,孔凡岭任青年委员;党员有 13 人,分为两个党小组。班委会由 3 人组成:胡鹏光任班长,李宝金任体育委员,邹爱莲任生活委员,全班同学共分成 5 个小组;孔凡岭任团支部书记,团员共有 28 人,分为 5 个团小组。于家福老师公布本班信箱:山东大学新校 59 号信箱,林明为信箱管理员。

3月2日　全班学习中央办公厅[1977]19号文件。

山大历史系八大教授群塑:20 世纪 50 年代,山东大学历史系进入非常辉煌的时期,汇集了杨向奎、童书业、黄云眉、张维华、郑鹤声、王仲荦、赵俪生、陈同燮等著名的八大教授,称为"八马同槽"。

3月3日　自学《教育革命学习文件》、《学生守则》。布置评定助学金事宜:国家按不领工资学生人数的 75% 核发助学金,每人 18.5 元,其中伙食费为 14.5 元,生活补助为 4 元。系里制定了评定办法:家庭人均月收入 30 元的可以不申请;其他按家中收入情况分为三级,分别享受不同数额的助学金,伙食费分 14.5 元、11 元、7 元三级,生活补助分为 4 元、3 元、2 元三级。有数位同学主动放弃助学金。

晚上,历史系举行迎新晚会,王仲荦、张维华、郑鹤声、韩连琪等老教授参加。

3月4日　上午,各小组评选助学金;发讲义 7 本:《中国古代史稿》、《中国古代大事年表》、《历史文选》、《中国历史文选》、《世界古代史》、《辩证唯物主义讲授提纲》和《学习恩格斯〈反杜林论〉辅导材料》。

时任山东大学历史系副主任陈之安,1988—1996 年任山东大学党委书记。

下午,参加在老校操场举行的全校"纪念毛主席光辉题词'向雷锋同志学习'发表十五周年大会"。

3月5日　召开班会,历史系党总支书记丁文方介绍本系及学校情况;系副主任陈之安介绍教育革命情况、为什么学习历史以及教育培养目标课程安排,并提出学习要求。下午,到老校礼堂参加"纪念周总理八十诞辰报告会"。

3月6日　参加学校组织的庆祝五届全国人大一次会议闭幕游行活动,从学校出发,经解放桥,向南经大众日报社、趵突泉公园、百货大楼等,11时返回学校。下午进行入学教育总结。

3月7日　新生体检。

3月8日　星期三,正式开始上课,进行入学测验。本学期开设中国古代史、世界古代史、历史文选、哲学、外语和体育6门课程。

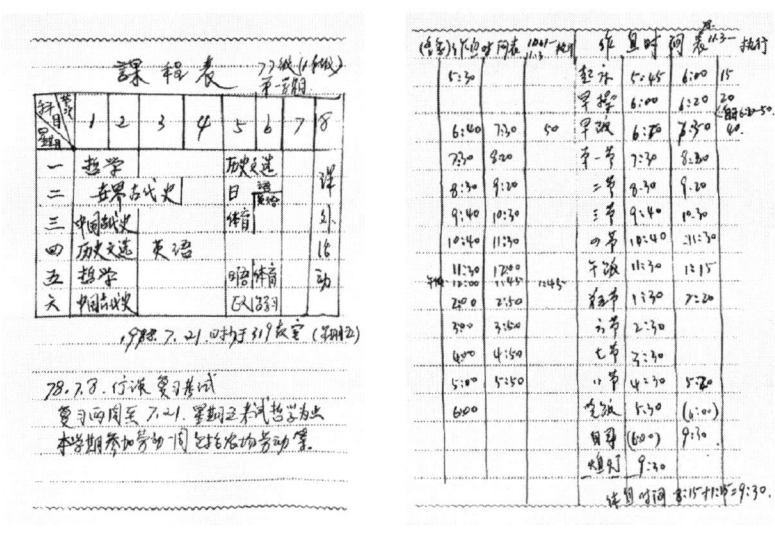

课程表　　　　　　作息表

3月9日　蔡凤书老师开讲中国古代史:原始社会史。

3月18日　上午,参观山东省历史文物革命文物展览,蔡凤书老师带队。下午,到老校参加学校召开的"向全国科学大会献礼,掀起教研工作高潮"动员大会。

3月22日　孟祥才老师开讲中国古代史:春秋战国史、秦汉史。

3月25日　以小组为单位学习邓小平副主席在全国科学大会开幕式上的讲话。

是月　刘坤众老师讲授世界古代史:原始社会史。自本月开始至1980年1月,徐连成、郑宜秀、陈之安、张知寒四位老师讲授古代历史文选。

3月—12月　钟邦秀老师讲授哲学。

3月—1979年12月　刘蔚兰、刘葆华、徐明玉、徐世琳四位老师讲授英语;李维周、童人美(外教)、金中、任明四位老师讲授日语;丛亚平老师讲授俄语。

3月—1979年12月 徐建芬和商桂红两位老师为女生、张高鑫老师为男生上体育课。

4月1日 下午,在老校大礼堂参加学校举行的"从理论上深入批判'四人帮'大会"。

4月4日 下午,到老校操场参加欢迎学校进京出席全国科学大会代表返回大会。

日籍童人美老师在上课。

4月5日 清明节,到英雄山革命烈士陵园扫墓。

4月6日 应山东大学历史系之邀,曲阜师范学院历史系王阁森老师讲授世界古代史:古代希腊罗马史。

4月13日 下午,听取孟祥才老师学术讲座:中国历史上的农民战争和农民起义。

4月15日 下午,全系师生在文史楼前召开批判"四人帮"大会,传达廖承志关于目前国际形势的讲话。

4月20日 下午,听取陈之安老师的学术讲座:关于中国古代史上的民族问题。

4月21—22日 参加学校春季田径运动会,班内9名同学担任记录员。修海涛获得男子110米高栏冠军。

是月 刘坤众老师讲授世界古代史:古代两河流域。

5月4日 上午,到老校参加学校纪念五四青年节大会。晚上,全班举行联欢会。

5月6日 历史系学生会增补本班李宝金、宋文瑄为成员;系团总支增补本班孔凡岭、周一川为委员。班级成立民兵连,胡鹏光为连长,孔凡岭为副连长;班委会增设学习委员,由陈冬生担任;班团支部增补扈晓敏为委员。

5月10日 投票选举山大所在选区的历下区人大代表(傅克辉、胡新生两位同学因年龄不满18岁未获得投票权)。

5月11日 下午,听取中文系侯民治老师讲座:写作基础知识。18日,再讲。

5月15日 《山东大学报》刊登历史系历史专业、考古专业简介,如下:

历史专业:历史科学是一门关于阶级斗争的科学,是研究人类社会发展规律的科学。它是向群众进行历史唯物主义、爱国主义和无产阶级国际主义宣传教育的思想武器。本专业主要学习马列主义、毛泽东思想政治理论基础,学习中国通史、世界通史、中国古代史、中国近现代史、世界史以及历史文选、古汉语、外语、体育等课程。培养学生比较熟悉马克思主义基本原理,能掌握历史科学的专业知识。毕业后能从事历史研究、教学和理论宣传工作。

考古专业:考古学是历史科学的重要组成部分,对于科学地恢复历史本来面目,证实和丰富马克思主义的社会发展学说,向群众进行唯物主义和爱国主义教育,具有十分重要的意义。本专业除学习政治理论、外语、体育共同必修课外,主要学习中国通史、世界通史、中国考古学、考古技术以及古文字学、陶瓷史、古建筑等课程。培养学生比较熟悉马克思主义基本原理,能独立进行田野考古调查、发掘和室内整理,具有初步的科研能力。毕业后能从事考古研究、教学和文物管理工作。

上述专业规定对本班大学四年的学习产生了直接影响,本班虽非考古专业,但四年中学习了数门考古课程。

6月3日　孟祥才老师组织课堂讨论:农民战争的作用——以秦末农民战争为例谈谈农民起义和新王朝政权的关系。

6月5—10日　参加为期6天的劳动,先后到市区清运护城河淤泥,在校农场和山东省农业科学研究所锄草、打麦子、拾麦穗等。

6月28日　郑佩欣老师开讲中国古代史:魏晋南北朝史。

是月　山东大学教务处制定《文科教材编写计划》,对历史专业的90多本教材作了编写调整。

7月1日　下午,听取吉林省军区副司令员、王尽美烈士长子王乃征报告:纪念王尽美烈士。

7月8—21日　期末考试两周。

本学期,学校在新老校操场组织多场露天电影:新校3月4日放映《三打白骨精》、18日放映《李双双》、21日放映《伟大的公民》、30日放映《十五贯》;老校3月9日放映《白求恩大夫》、16日放映《农奴》、28日放映《杨门女将》,4月4日放映《难忘的一九一九》,5月6日放映罗马尼亚故事片《爆炸》、12日放映《冰山上的来客》、14日

魏晋南北朝任课教师郑佩欣先生(1933—2010),时任讲师。

放映越剧《红楼梦》,27日放映《翠岗红旗》,7月8日放映《南海风云》。为配合教学,系里组织在教室看电影片:4月28日看《蔡文姬》,6月11日看《屈原》,6月18日看《空城计》。

7月22日—8月27日放暑假。暑假期间,7月24日、25日,济南同学为系资料室搬运、整理书刊资料。青岛同学到青岛市图书馆搜集关于汉代流民的资料。

是月　赵建国参加山东省第一届大学生运动会,获男子110米高栏第5名。

8月3日　学校教务处制定《山东大学八年发展设想》:1978年全校设11个系共26个专业,文科5个系共有7个专业,在校学生总数为2658人,其中历史系77级有56人;中文、历史及外文3个系准备在1979年各招120人;1980年3个系各招140人。就历史系招生规模逐渐扩大的趋势看,77级56人的规模所接受的是一种"准精英"式的小班教育。

8月28日　新学期开学。

8月29—30日　劳动两天,拔除校园内的杂草,整治校园环境。

9月1日　听取宋百川老师的讲座:从考古发现看隋唐文化遗存。

9月2日　到老校大礼堂参加"山东大学77级学生学军动员大会"。

9月4—22日　77级全体同学接受为期三周的军训,由济南军区空军官兵担任教官。本班被编为第2营第6连第2排,吴万卿任排长。训练教程为:政治学习两天,内容包括《中国人民解放军队列条令》、《中国人民解放军内务条令》、《中国人民解放军纪律条令》等;队列训练8天,射击训练4天;军训总结、整理内务、排练节目等6天。到济南钢铁厂南山脚下打靶,使用五六式半自动步枪,每人9发子弹;班内最好成绩获得者是李运武,为87环,获颁奖状。

游泰山留影

9月16日　全营在新校东食堂举行联欢晚会。本班同学演出女声四重唱、秧歌舞。由周一川、陈粹盈、杜洪雁、陶卫东表演的女声四重唱在军训联欢晚会上唱响,此后在学校各类演出活动中一再表演,直到毕业。秧歌舞借用《拥军花鼓》曲调,马庚存作词,宋文瑄编舞,宋文瑄、王新生、沈国良、马福震、马庚存、马素珍、周微静、王慧丽八人表演。

是月底　正式上课。本学期开设中国古代史、世界中世纪史、历史文选、哲学、外语和体育六门课程。

9月27日　张志宏老师开讲世界中世纪史(上)。

10月1日　李宝金、马庚存、王新生、王慧丽、马素珍、崔玉华、邹爱莲、郑群、修海涛、赵建国10位同学结伴登泰山。

10月5日　班党支部调整，于家福老师不再担任书记，胡鹏光任书记，李宝金任副书记，邹爱莲任宣传委员，孟祥生任组织委员，孔凡岭任青年委员；班委会调整，李宝金任班长，任孔闪任副班长，陈冬生任学习委员。

10月6日　召开班会，于家福老师不再担任辅导员，由孙海燕老师接任。

10月7日　张志宏老师辅导：关于中世纪开端问题。

是日　参加历史系召开的欢迎78级同学入学迎新大会。当晚，系里举行迎新联欢晚会。

1978年文科理论讨论会

10月21—30日　山东大学举办以"实践是检验真理的唯一标准"为内容的1978年全国文科理论讨论会，校长吴富恒主持会议。历史系"八大教授"中的杨向奎（时为中国社科院历史所研究员）、郑鹤声、张维华、王仲荦等教授参加了讨论会。全班同学参加了此次会议。这次讨论会对此后山东大学的文科教学、科研发展和本班同学的求学理念、求学目标等有重要影响。

10月23日　听取复旦大学副校长蔡尚思教授的学术报告：中国思想史的主要阶段和流派。

10月25日　听取中国社科院孙思白副研究员（山东大学历史系原副主任）的报告：关于青年学生怎样治学。

10月26日　上午，在济南军区第二招待所礼堂听取中国人民大学吴大琨教授（山东大学历史系原教授）的报告：学习科学社会主义与学习当代世界经济理论的关系问题。下午，听取河北大学漆侠副教授的学术报告：中国封建经济制度发展阶段分期问题。

10月27日　上午，听取复旦大学副校长蔡尚思教授的学术报告："四人帮"的假"左"实右与孔子思想评价。下午，听取中国社科院历史研究所田昌五研究员（后调入山东大学历史系）的学术报告：中国古史分期问题。

10月28—29日 参加校秋季田径运动会。赵建国同学获男子110米高栏第2名、男子400米中栏第3名。

是月 历史系举行系运动会，本班获得女子组4×100米接力赛第一名。成员是周一川、杜洪雁、陈粹盈、陶卫东。

11月7日 宋锡民老师开讲中国古代史：隋唐五代十国史。

同日 山东大学教务处上报教育部、国家计委《关于专业调查情况和调整意见的报告》。其中历史学的"专业力量"一栏显示：历史系有教授4人、副教授2人、讲师16人、教员7人、助教45人，共74人，另有实验人员8人；在"图书资料"一栏中列有"平装书22333册、线装书29711册，外文书6377册"。当时，历史系在校学生有167人，其中77级有56人。上述师资力量和图书资料设施，对本班的专业学习产生了直接的影响。

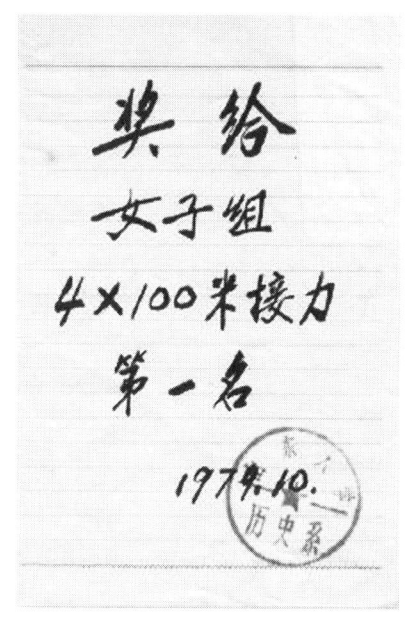

接力赛奖品（笔记本）扉页

11月14日 历史系举行教学工作座谈会。胡鹏光、宋文瑄、李宝金、陈冬生等作为学生代表参加了座谈会。宋文瑄为校报写了通讯。

11月17日 张志宏老师辅导：西欧封建制度的产生、东方封建制度的产生。

11月23日 听取孟祥才老师的报告：1978年山东大学文科理论研讨会史学讨论介绍。

11月25日 星期六，全班举行千佛山登山比赛活动，时述仁率先登顶。

11月29日 刘明翰老师开讲世界中世纪史（下）。

12月14日 召开班会，选举出席共青团山东大学第10次代表大会代表4名：崔玉华、扈晓敏、周一川、时述仁；选举出席山东大学第

我国世界中世纪史研究的开拓者之一
刘明翰教授。

18次学代会代表8名:李宝金、胡鹏光、田浩存、田鹰、王文恒、宋文瑄、王启厚、李运武。

12月15日 《山东大学报》发表宋文瑄的文章《这样的座谈会好》,该文对11月14日历史系举行的教学工作座谈会内容及影响作了简要介绍。

12月18日 钟邦秀老师辅导:《马克思致巴·瓦·安年科夫》(1846年12月28日于布鲁塞尔)。

12月19日 晚,本班以"唐代的均田制"为题举行课堂讨论。

历史系党总支书记丁文方(中)、徐绪典副教授(右)与来访的美国匹茨堡大学学者交谈。

12月22日 美国匹兹堡大学文学院院长舒曼教授一行16人访问山东大学,商谈两校研究合作之事,舒曼教授提出以"义和团之研究"作为交流内容。美国客人先后参观了历史系考古陈列室、历史系图书资料室。全班同学在化学楼前列队欢迎舒曼教授一行。

12月23日 山东大学举行1978年教学经验交流大会。此次大会首次采用电视广播方式进行,历史系副主任陈之安等七人分别介绍了搞好教学工作的经验。陈之安老师发言中多次提到77级的教学和培养问题。

# 【1979年】

1月7日 晚,在新校操场观看印度电影《流浪者》。

1月20日 寒假开始。

是月 王仲荦教授任历史系主任。

2月12日 新学期开始。次日正式上课。本学期安排六门课程:中国古代史、世界近代史、政治经济学、外语、古代历史文选和体育。

2月13日 黄冕堂老师开讲中国古代史:宋元明清史。

2月15日 曹淑珍老师开讲世界近代史(一);张钦先老师开讲政治经济学(上)。

2月19日 下午,听取中央民族学院副教授郭毅生的讲座:怎样学好历史。

2月24日 《山东大学报》刊登《山东大学1978年度三好学生、先进集体名单》。历史系77级15名同学被评为"三好学生",本班被评为先进集体。15名同学为周一川、邹爱莲、李宝金、孟祥生、田浩存、任孔闪、王启厚、王文恒、党明德、宋文瑄、胡鹏光、陈冬生、郝呈新、马庚存、赵建国。

同日 《山东大学报》刊发《中共山东大学委员会决定为历史系"思想史讨论班"平反》的文章。3月15日,《山东大学报》又刊发光明日报社记者调查采写的《山东大学历史系"思想史讨论班"冤案情况的调查》。这一事件在77级同学中引发广泛的讨论。

2月28日 晚,听取黄冕堂老师的讲座:宋元明清史自学辅导。

是月 由中文系、历史系筹办的以文艺为主的综合性学生刊物《春笋》创刊。

时任历史系主任,著名历史学家王仲荦教授。

王仲荦教授与学生们在一起。

3月3日 董伯先老师开讲世界近代史(二)。

班委会讨论成立学习兴趣小组。之后,成立了世界史学习兴趣小组,有郑群、修海涛、周广远、周微静、杜洪雁、陈梓盈、马素珍、陶卫东等参加。刘明翰老师就如何学好世界史作了两次辅导。

3月5日 曹淑珍老师开辅导课:世界史目前研究的重点。

3月7日 孟祥才老师开讲座:关于中越历史上边境关系的几点看法。

3月15日 宋文瑄以"史宣"为笔名,在《山东大学报》刊发文章《山大校歌应该唱》,该文对恢复传唱老校歌起到了推动作用。

3月18日 下午,参加学校组织的山东大学53周年校庆报告会,听取山东省革命委员会常委余修作报告:关于思想解放、打破禁区。

3月20日 朱懋铎老师开辅导课:关于第二次世界大战的几个问题。

是月　听取孟祥才老师讲座：试谈清官问题。

4月2日　政治经济系老师开讲座：关于无产阶级贫困化的问题。

4月16日　曹淑珍老师开辅导课：拿破仑帝国胜利的原因。

4月23日　部分同学到洪家楼历城影剧院观看电影《一江春水向东流》。

4月25日　历史系77级党支部召开全体党员座谈会，学习讨论《党内生活的若干准则》。《山东大学报》于5月8日做了《历史系七七级党支部召开党员座谈会》的报道。

4月26日　部分同学参加历史系接待日本东京访华团一行26人活动。

4月28日　曹淑珍老师开辅导课：恩格斯的《德国的革命和反革命》。

《山东大学报》关于七七级党支部的报导。

5月1日　学校食堂在各系同学的要求下，由小组集体大饭桌用餐改为饭票分餐制，每餐有七八个菜，有1角、2角、3角三种菜价。

5月8日　全班同学到历城柳埠考察隋代四门塔。行前，宋百川老师作了关于四门塔的专题讲座。

5月10日　张知寒老师开讲座：治学问题。25日再讲：明清的官制。

5月17日　《山东大学报》刊登历史系简介，配发系主任王仲荦先生与学生交谈的照片，其中有本班杜洪雁、王慧丽。

5月18—19日　参加学校春季田径运动会。赵建国获得男子110米高栏第二名。

四门塔合影

5月27日　《山东大学报》刊发历史系学生刘绍刚和张从军绘制、宋文瑄填词的连环画《独胆英雄——岩龙》。

5月27—31日　全班同学由黄冕堂、周祚绍、孙海燕三位老师带队，赴曲阜、邹县及泰安实习,住曲阜县委党校,考察三孔、三孟、少昊陵、周公庙、泰山、岱庙等。30日,听取曲阜师范学校教师卢兼三的讲座:曲阜的由来。

6月11—16日　全班在学校幼儿园、农场及山东省农业科学院劳动。

6月13日　上午,到济南军区八一礼堂听取中越自卫还击战英模报告团报告。下午,听取陕西师范大学副教授孙达人的学术报告:关于农民战争与社会规律。

这是"班主任制度"试点半年后,《山东大学报》刊登的有关报道(1980年4月27日)。"历宣"为本班宋文瑄笔名之一。

6月23日　部分同学参加1979级研究生招生考试。

7月18日　《山东大学报》刊发马庚存、刘绍刚合作篆刻作品四幅,题目分别是:《唱支山歌给党听》、《我把党来比母亲》、《母亲只生我的身》、《党的光辉照我心》。

暑假开始。调整宿舍:男生由4号楼调到新4号楼3层301—305房间,女生由5号楼调到3号楼1层、2层。

8月23日　开学,教室调整到文史楼211室。本学期开设中国近代史、世界近代史、政治经济学、外语、历史文选和体育六门课程。

8月24日　谭秉顺老师开讲世界近代史(二)。

同日　商鸣臣老师开讲中国近代史:鸦片战争、太平天国运动。

系党总支副书记许玉琪在班会上宣布:孙海燕老师不再担任本班辅导员。本

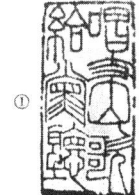

《山东大学报》刊发的马庚存、刘绍刚的篆刻作品。

班主任朱懋铎老师(1938—2011)，著名德国史专家，曾任中国德国史研究会秘书长。

班辅导员由朱懋铎老师接替，改称"班主任"。这是山东大学实行"班主任制度"试点的开始，曾引起广泛关注。

8月28日　朱懋铎老师开辅导课：关于第二次世界大战的问题。

传达教育部文件，要求加强大学基础课学习，规定以后在校大学生一律不准报考研究生。

8月30日—1980年1月10日　靳东来老师讲授政治经济学（下）。

8月31日　召开班党支部会议，孙海燕老师代表支部作报告，投票选举产生新的支部委员会。

9月1日　历史系党总支批准班党支部组成和分工：孟祥生任书记，李宝金任副书记，邹爱莲任宣传委员，孔凡岭任组织委员，李运武任青年委员。

9月4日　下午，班主任朱懋铎主持选举产生新的班委会：李宝金任班长，任孔闪任副班长兼文体委员，陈冬生任学习委员，田鹰任生活委员，郭宗强任劳动卫生委员。

9月7日　参加全校79级新生入校开学典礼。

9月12日　班党支部书记孟祥生主持投票，选举产生班团支部委员会：宋文瑄任书记，李肇翔任组织委员，赵建国任宣传委员。

9月18日　陈汉时老师开讲世界近代史（四）。

 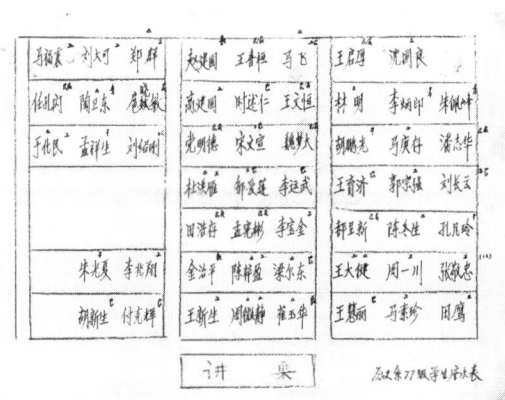

左图为"世界近代史"课程任课教师陈汉时老师，右图为陈汉时老师手抄文史楼211教室历史系77级班级座次表。（感谢陈汉时教授提供）

9月20日　商鸣臣老师开辅导课:关于太平天国运动的性质。

9月24日　晚,班里召开欢送会:修海涛、周广远被录取为本系世界史专业研究生,导师为刘明翰老师。

10月1日　《山东大学报》刊发马庚存书法作品一幅。

10月5日　召开班会,学习叶剑英委员长在国庆30周年大会上的讲话。

10月6日　朱懋铎老师开辅导课:关于治学问题。

10月8日　听取孟祥才、项观奇、官美蝶、黄冕堂、潘群等老师以及研究生张金光的辅导讲座:社会发展动力问题。

10月9日　听取美国匹兹堡大学教授的讲座:美国人对汉学的研究。

10月10日　朱懋铎老师开辅导课:世界人名特点。

10月13日　听取河南师范大学历史系黄元起教授的学术报告:民主革命和社会主义农民问题。

10月21日　星期天,部分同学勤工俭学,在数学楼基建工地搬运木头。每人得报酬4.8元。

10月25日　刘明翰老师开辅导课:世界史的研究和解放思想。

10月27日　潘群老师开辅导课:学史漫谈。

10月28日　陈月清老师开讲中国近代史:第二次鸦片战争、洋务运动、中法战争、中日战争、戊戌变法。

是月　陈汉时老师开辅导课:巴黎公社史料。

11月7日　班会,选举本班参加系学生会和团总支候选人。系学生会候选人为:李宝金、高建国;团总支候选人为:宋文瑄、周一川。30日,系领导宣布系学生会、团总支的组成和分工:李宝金任系学生会主席,高建国任系学生会体育委员;宋文瑄任系团总支宣传委员,周一川任系团总支体育委员。

11月15日　《山东大学报》刊登《我校提升64名副教授》的消息,其中历史系有五名:黄冕堂、葛懋春、郑佩欣、刘明翰、路遥。这五名副教授均为本班授课老师。

11月19日　听取云南大学历史系教授武希辕的学术讲座:英国统治时期印度的种姓制度。

12月1日　因副食品提价,学生伙食费补助

美国历史学家周锡瑞教授

每人每月增加 2.5 元,由原来的 14.5 元增加到 17 元。

12 月 7 日　听取美国俄勒冈大学教授周锡瑞的学术讲座:美国的中国近代史研究。

12 月 17—18 日　本班组织中国象棋比赛,朱光夏获冠军。

12 月 20 日　77 级文科历史系、中文系、哲学系、政治经济学系英语统考,作为毕业成绩。

12 月 24 日—1980 年 1 月 23 日　商鸣臣老师讲授中国近代史:义和团运动、辛亥革命。

12 月 27 日　历史系举办"关于中国资本主义萌芽问题"讨论会。美国俄勒冈大学周锡瑞教授、《文史哲》编辑部老师、山东师范学院历史系老师及本系部分老师和同学参加了此次讨论会。本班部分同学参加此次会议,听取了张维华、黄冕堂、刘明翰等老师的发言。

是月　本班被评为 1979 年度全校先进班集体。

# 【1980 年】

1 月 4 日　全系学生开会,学习《人民日报》元旦社论《迎接大有作为的年代》。

1 月　历史系团总支和学生会联合创办的学术性刊物《春秋》试刊,宋文瑄为刊物负责人之一。王育济在试刊上刊发《流民与农民战争的流动性》一文。

77 级学生自办的刊物《春秋》《沃野》,封面题字均为王仲荦教授。

2 月 5 日　系党总支副书记许玉琪在班会上宣布期末考试情况,提出假期社会调查、时事政策宣传等要求。

寒假开始。

2 月 28 日　开学。本学期开设中国现代史、世界现代史、逻辑学、考古学通论、马列著作选读、外语共六门课程。

2 月 29 日　王文泉老师开讲中国现代史(上)。

本班重新分组和调换宿舍。系党总支副书记许玉琪老师在班会上宣布:山东大学自 1981 年起实行学位制。

3 月 1 日　丁文方老师开讲形式逻辑学。

3月3日　尹兰亭老师开讲世界现代史（一）。

3月5日　许玉琪老师开讲马列著作选读。

3月11日　全班参观山东省博物馆和古生物馆。

3月14日　下午，听取美国加利福尼亚大学洛杉矶分校黄宗智教授的学术报告：美国学者关于中国明清史和近代中国史研究。

3月28日　《山东大学报》刊登《山东大学1979年三好学生、先进集体名单》，本班被评为先进集体，孟祥生、傅克辉、邹爱莲、李宝金、马庚存、宋文瑄、王文恒、陈冬生、孔凡岭、张敬忠、周一川、郑群、郝呈新、杜洪雁14名同学被评为"三好学生"。

美国历史学家黄宗智教授

《山东大学报》刊发本班朱光夏同学撰写的《关于自我批评与思想道德修养》一文。

孔飞力教授向历史系师生介绍美国的义和团研究情况。

3月31日　美国哈佛大学代表团来山东大学访问，开展学术交流。代表团成员孔飞力教授就义和团研究与路遥等老师进行了交流。本班部分同学参加了座谈。

3月—7月　项观奇、张知寒两位老师讲授史学概论。

4月3日　隋兆蔚老师开讲世界现代史（二）。同日，传达学习《中共中央关于认真传达好为刘少奇同志平反的决议的通知》（中发〔1980〕25号文件）和中共十一届五中全会通过的《关于为刘少奇同志平反的决议》。

4月14日　晚，听取王兆良老师的讲座：毛泽东同志的军事思想。

4月21—26日　到校农场劳动。

4月25日　全校学生听取华罗庚教授关于"优选法"的报告；历史系学生油印刊物《春秋》第一期（总第二期）出版，刊发了本班宋文瑄同学的《略论洋务运动与民族资本主义的关系》和郑群同学的《英国工业革命的上限和下限》两篇文章，马庚存和王喜桓同学担任了刻写工作。

4月27日 《山东大学报》刊发本班宋文瑄同学的文章:《历史系在学生中建立级委会设立级主任》。

5月17日 收看刘少奇追悼大会电视实况转播。

5月19日 朱懋铎老师开讲世界现代史(三)。

5月20日 《山东大学报》刊发本班朱光夏同学的《略论"嫉妒与毁谤"——学习〈论共产党员的修养〉札记》一文。

5月23—24日 到老校操场参加校春季田径运动会。

5月28日 晚,王文泉老师开辅导课:中国托派和陈独秀诸问题。同月,再开辅导课:1927年大革命失败的原因。

5月29日 听取北京大学王力教授的学术报告:古代的历法。

全班投票选举李宝金、孟祥生、宋文瑄、周一川、王文恒、陈冬生六位同学出席山东大学第19次学代会。

是月 朱懋铎老师开辅导课:关于国际经济术语、常识。

6月12日 为日语外教童人美老师举行送行茶话会。

6月19日 举办世界史课堂讨论:第二次世界大战的起因与性质。

7月7日 暑假开始,共50天。系里要求假期多读课外书,进行社会调查,准备学年论文。

7月24日 王育济在《大众日报》上发表《不为"世方雷同"所屈》一文,系其暑假读《宋史·忠义传·郭永传》札记。

8月 《山东大学报》对宋文瑄、刘绍刚、党明德等同学的暑期调研予以报道:有同学到河北威县调查赵三多、阎书勤所率领的义和拳的斗争情况,并写出学术论文。家在菏泽地区的部分同学考察了曹州一带早期义和团斗争情况。家在济南的陈

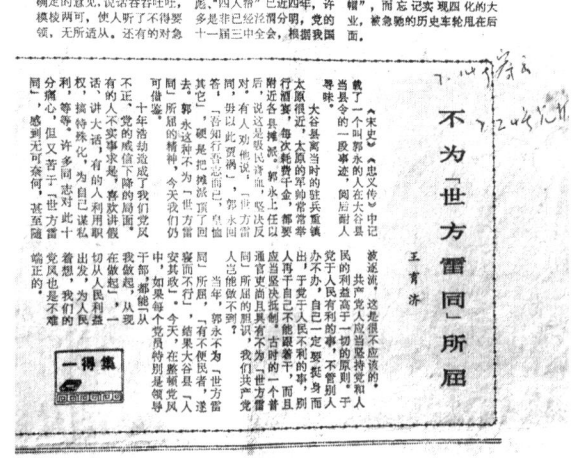

《大众日报》刊发王育济的文章。

冬生、朱佩峰在老师的指导下,到山东省政协文史委办公室查阅了明清时期章丘县旧军孟家的资料,翻阅了有关县志等。

8月6—12日 "中国德国史研究会"成立会议暨首届学术讨论会在青岛举行。

本班赵建国、扈晓敏、郑群、陈粹盈、周一川、刘大可、陶卫东等参会。

9月1日　开学。教室调整到公教楼202室。本学期开设中国现代史、世界现代史、外语、史学概论和史学专题共五门课程。

听取葛懋春老师的讲座：美国、中国台湾史学界研究中国史的现状。

9月1日—12月24日　吕伟俊老师讲授中国现代史（下）。

9月12日　班主任朱懋铎布置每位同学三年级写一篇学年论文，并公布48个题目：

1980年8月青岛海滨留影。左起：周一川、杜洪雁、陶卫东、陈粹盈。

### 学年论文题目

| 01 | 儒家"大同"、"小康"之说分析批判 | 02 | 批判"四人帮"极"左"思潮对商代殉人问题的批判 |
|---|---|---|---|
| 03 | 谈文景之治 | 04 | 论战国秦汉时期科学技术的发展 |
| 05 | 山东建党初期进步社团活动的调查 | 06 | 王尽美同志的教育思想 |
| 07 | 墨子思想评价 | 08 | 魏晋南北朝的役吏 |
| 09 | 论吴蜀联盟 | 10 | 论周公姬旦 |
| 11 | 甲骨文中所见殷代农业 | 12 | 齐桓、晋文之霸业 |
| 13 | 商鞅变法废除奴隶制度说质疑 | 14 | 商君书研究 |
| 15 | 论苻坚 | 16 | 论西汉的和亲 |
| 17 | 论党锢之祸 | 18 | 宋代三次主要农民起义研究 |
| 19 | 论明初的经济政策 | 20 | 论清兵入关和国内军民抗清之所以失败 |
| 21 | 祥字号调查 | 22 | 从封建隶属关系的变化看宋代社会 |
| 23 | 论陆贽 | 24 | 九一八事变后山东学生的抗日救亡运动 |
| 25 | 孟良崮战役 | 26 | 公元前2世纪中国为什么形成一个封建专制的强大的统一帝国 |
| 27 | 义和团的政治主张 | 28 | 义和团运动时期帝国主义之间的勾结与斗争 |

续表

| 29 | 义和团和清政府的关系 | 30 | 洋务运动与中国民族资本主义的发展 |
| 31 | 洋务运动与中国科学技术的发展 | 32 | 论魏源向西方学习思想的历史意义 |
| 33 | 试论五四运动在山东爆发的社会历史原因 | 34 | 五四时期马克思主义与反马克思主义思潮的斗争 |
| 35 | 论五卅运动在青岛 | 36 | 试论五四时期的胡适 |
| 37 | 陈独秀右倾机会主义路线是怎样形成的 | 38 | 陈独秀在五四前期新文化运动中的贡献 |
| 39 | 试论秋收起义的历史意义 | 40 | 中国新民主主义革命时期的民主党派问题探讨 |
| 41 | 日本明治维新前后武士阶级的地位与作用 | 42 | 1868年后日本怎样走向资本主义发展道路的 |
| 43 | 论共产主义问题 | 44 | 论德国统一问题 |
| 45 | 基辅罗斯封建制度的形成问题 | 46 | 美洲印第安人对世界文明的贡献 |
| 47 | 论战后美国霸权地位的衰落 | 48 | 论第二次世界大战中的第二战场 |

9月15日　听取葛懋春老师的讲座：美国社会见闻；听取谭风雷老师的讲座：韩非子的君主专制思想。

9月18日　听取陈之安老师的讲座：学习党的若干历史问题的决议。

9月24日　全系党员召开会议，选举参加校党代会的代表，本班同学孟祥生当选。

9月26日　公布班级新一届党支部、班委会组成。新支委成员：孟祥生、李宝金、邹爱莲、孔凡岭、李运武；新班委成员：李宝金、任孔闪、田鹰、陈冬生、郭宗强。公布考试成绩，上学期全优生为25人。

9月27日　班团支部换届。新一届团支部书记为宋文瑄，委员为赵建国、郑群。

9月29日　听取刘敦愿老师的学术报告：古史传说和大汶口、龙山文化。

10月2日　王育济在《大众日报》理论版发表《前事不远吾属之师》，系其读《资治通鉴》(卷一二九"唐记八·太宗贞观二年"条)札记。

10月4—13日　听取山东大学原历史系"八大教授"之一、兰州大学教授赵俪生的系列学术报告，共五讲。

10月6—11日　到校农场劳动，参加植树。

10月17—18日　参加校秋季田径运动会。

10月20日　听取王先进教授的学术报告：孔子问题。

10月27日 听取王先进教授的学术报告：孔子学说为什么能在中国发展起来。

是月 听取全国党史研究会副会长胡华教授的报告：关于康生的几个问题。

11月3日 历史系召开1979—1980学年先进集体、三好学生、模范干部、先进文体个人颁奖会，本班作为全校学生先进集体受奖（过去是每年年底评比先进和三好，从1980年起改为暑假评比）。

著名历史学家、山东大学韩连琪教授（1909—1990）

听取陈之安老师的讲座：访英美观感。

11月10日 听取韩连琪教授的学术报告：关于先秦田亩制度。

11月13日 《山东大学报》刊发本班朱光夏同学的《从"推事"遗风说起》一文。

11月14—20日 全班参加在济南召开的全国"义和团运动史学术讨论会"开幕式，听取《中国社会科学》杂志总编辑黎澍教授的学术报告：关于义和团运动。历史系郑鹤声、徐绪典、路遥、陈月清等老师参加讨论会。宋文瑄作为学生代表参会并在大会上发言。

著名历史学家黎澍教授（1912—1988）

11月17日 下午，听取中国社科院荣孟源研究员的学术报告：关于历史史料及史料的应用；听取丁名楠研究员的学术报告：帝国主义侵华史研究。

11月18日 在山东省教育厅礼堂听取中央党校张弓老师的报告：关于庐山会议的几个问题。

11月19日 下午，听取复旦大学金冲及教授的学术报告：关于资产阶级革命派的形成；中国第一历史档案馆朱金甫老师的学术报告：故宫明清档案情况。

11月22日 下午，听取中国人民大学清史研究所戴逸研究员的学术报告：怎样学习和研究

49

历史。

11月 加拿大里贾纳大学谢培智副教授为本班选学英语的同学开设专业英语课。

是月 历史系女子篮球队取得全校篮球赛女子组亚军。本班周一川、扈晓敏、杜洪雁为主力队员,王大建、陈粹盈、陶卫东为替补队员。教练:王文泉老师。

秋 历史系女子排球队取得全校排球赛女子组亚军,是历史系女排历史上取得的最好成绩。本班周一川、王大建、陶卫东、扈晓敏、杜洪雁、陈粹盈为队员。

为配合世界现代史教学,学校组织学生到历城电影院观看长达7个小时30分钟的苏联电影《解放》。

12月8日 听取吉林大学历史系李时岳副教授的学术报告:关于解放以来史论结合方面的争论回顾。

著名历史学家、山东大学郑鹤声教授(1901—1989)

12月13日 听取南开大学经济系教授易梦虹的学术讲座:中国近代经济思潮。

12月15日 听取南京大学历史系茅家琦副教授的学术报告:关于太平天国的历史作用及其失败原因。

12月17—27日 历史系团总支、学生会在新校8号食堂举办美术、书法、摄影展,展出历史系38位同学的280多件作品。本班马庚存、刘绍刚、李炳印等人的作品参展。

12月19日 听取中文系教师的讲座:文学欣赏。

12月22日 听取郑鹤声教授的学术报告:中国史部目录学。

12月 听取黄冕堂老师的学术讲座:从"让步政策"问题谈及明初的政策评价。

是月,《山东大学报》发表《历史系七七级学生撰写学年论文》,对本班学年论文情况进行了报道:

> 历史系各教研室根据七七级的实际情况,在继续加强基础课讲授的同时,共组织了30名有经验的教师开始指导他们撰写学年论文。几个月来,同学们在老师们的细心指导下,查阅了大量的历史资料,对所选专题有了较深入的研究,有的同学论文初稿已经写完。

是年。路遥老师讲授中国近代史文选。

# 【1981年】

1月2日　加拿大里贾纳大学谢培智副教授为全班同学拍摄彩照,并座谈交流。日后,照片经在北京冲扩后发给大家,此为大学时期全班第一张彩色合影。

图为谢培智先生拍摄的全班合影,前排右一和二排右一分别为谢培智的夫人和儿子。

1月25日　寒假开始。

2月16日开学。本学期开设中国古代史专题、中国近代经济史、中国现代史专题、世界史专题共四门课程。同日,胡汶本老师开讲中国现代史专题课:山东地方史。

2月21日　徐连城老师开讲中国古代史专题课:殷商史;孔令仁老师开讲中国近代史专题课:中国近代经济史。

2月26日　谢培智副教授为历史系做学术报告,77级同学听取了报告。

### 谢培智副教授为历史系作学术报告

【本刊讯】2月26日,加拿大里加纳大学历史系谢培智副教授为山东大学历史系师生作了题为"北美的汉学研究"学术报告。谢培智副教授在报告中首先回顾了欧美关于汉学研究的肇始以及在近代不断发展的概况,进而着重论述了在中华人民共和国成立后,北美关于汉学研究蓬勃开展的原因和特点,深刻指明中国从创造了灿烂古代文化的文明古国到发展为今天的"东方巨人",是促使北美加强关于汉学研究的根本原因之一。谢培智副教授的报告引起广大师生的极大兴趣,尤其他对中国的热爱和对中国未来的信心更给大家以感染。

（历史系供稿）

1981年3月1日《山东大学报》关于谢培智学术报告的报道。

是月　胡汶本老师开辅导课:关于五四运动在山东的一些问题。孔令仁老师开辅导课:关于洋务运动。

是月　王仲荦教授任校学术委员会副主任委员、文科学术委员会副主任委员。黄冕堂老师所编《宋元明清自学辅导书》内部刊印,广受77级、78级、79级同学欢迎。校外也多有索求此书者。《山东大学报》刊发学生的文章——《我们希望有山大自己特色的辅导教材》,高度评价这本辅导书在学生自学中的引导作用。

2月28日—4月8日　美国纽约市立大学亚洲系主任唐德刚教授做专题讲座:美国通史12讲;中华民国史3讲。

3月1日　蔡凤书老师开讲考古学通论:考古学绪论、旧石器时代、新石器时代。

3月3日　系里宣布:为加强思想政治工作,各班设辅导员,本班由孙海燕老师担任,朱懋铎老师继续担任班主任。

晚,听取系党总支副书记许玉琪的辅导报告:关于国民经济调整。

3月6日　到老校操场参加全校大会,听取吴富恒校长的报告:关于学习与精神文明。

陈粹盈同学(左)、杜洪雁同学(右)在老校第一宿舍与唐德刚教授合影。

3月15日　在老校操场参加山东大学建校55周年(1926—1981)庆祝大会。(当时定校庆为1926年3月15日,叫"26315")团校委在老校大礼堂举行校庆晚会,节目精彩纷呈。历史系的节目是大型诗歌联唱《民族魂》,由宋文瑄、许绍吉等同学策划、组织、创作,其中有根据屈原的《橘颂》、岳飞的《满江红》及《苏武牧羊》等谱写的古典歌曲,还有由宋文瑄作词的《腾飞吧,中华》。这些激昂雄壮的旋律配以诗朗诵,气势雄伟,赢得全场喝彩。演出获得成功,被评为全校演出、创作一等奖。该节目收入《山东大学在前进》校史纪录片中。本班陈粹盈、杜洪雁、陶卫东等参加了这场演出。

3月18日—5月3日　徐鸿修老师讲授中国古代史专题课:春秋史研究。

3月19日　下午,听取中国宗教理事会副会长罗竹风的学术报告:关于宗教问题。

3月30日　历史系成立体育委员会,高建国任副主任。

4月2日  晚,本班近20位同学到山东大学老校第一宿舍唐德刚教授住所拜访。

4月24日  历史系举行男子篮球比赛,本班获第三名。

4月27日  朱玉湘老师讲授中国现代史专题课:梁漱溟与山东的乡村建设。

是月  于海广老师讲授考古学通论:商周时代、战国秦汉。

5月6日  谭风雷老师开讲中国古代史专题课:先秦诸子研究——对春秋战国之际百家争鸣的几点分析。

5月10—24日  全班集体赴北京实习,结合毕业论文进行社会调查。行前,按照校教务处规定的总费用不超过2000元的限额,放弃了赴南京或西安,做到北京实习、总费用1980元的预算。实际参加者52人。朱懋铎、孙海燕两位老师带队。住北京大学学五食堂。

天安门广场合影留念

北京大学副校长王路宾为实习活动提供了帮助,并到住处看望实习师生。实习期间,5月18日,在北京大学文史楼听取中国社会科学院历史研究所田昌五研究员做学术报告:关于当前史学界理论争论的问题;5月20日,在中国社会科学院历史研究所礼堂听取牟安世研究员做学术报告:关于太平天国诸问题;部分同学拜访了在北京的谢培智先生。王育济、傅克辉前往《历史研究》编辑部拜访山大历史系校友沈元;王育济、党明德等在北京大学听取邓广铭教授为北大学生所做学术报告《关于岳飞〈满江红〉真伪问题》;师生考察了圆明园遗址、故宫、中国第一历史档案馆、中国历史博物馆、革命博物馆、军事博物馆、自然博物馆、天坛、香山、碧云寺、西山八大处、雍和宫、中南海、景山公园、北海公园、人民大会堂、毛主席纪念堂、北京图书馆、首都图书馆、中国美术馆、琉璃厂中国书店以及十三陵等名胜古迹,在天安门

北京考察留影(十三陵)

广场、八达岭长城、颐和园合影留念,部分同学参观了卢沟桥、周口店遗址和上方山云水洞。

5月29日 系副主任陈之安介绍学校研究生招生计划,历史系招8人,勉励大家积极报考。

6月3日 宋百川老师开讲考古学通论:三国、魏晋南北朝、隋唐。

6月11日 公布教育部1981年研究生招生方案:7月16日报名,9月12日考试。

6月22日 孙海燕老师在班会上布置三好学生评选、发展党员和思想工作。按学校通知要求,启动学术论文评奖工作。

6月30日 朱玉湘老师开辅导课:梁漱溟其人。

7月5日 暑假开始。

8月25日 开学。本学期开设中国近代思想史、宋元明清史学、中国现代史专题、世界史专题,共四门课程。

女子篮球队夺冠留影

8月27日—11月5日 路遥老师讲授中国近代史专题课:中国近代思想史。

8月29日 黄冕堂老师开讲中国古代史专题课:宋元明清史学。男生宿舍从4号楼调到10号楼,女生宿舍由3号楼调到4号楼。

9月2日 听取王先进教授的报告:治学道路经验谈。

9月7日 听取山东社科院历史所孙祚民研究员做学术报告:农民战争问题。

10月5日 王兆良老师开讲中国现代史专题课:毛泽东处理中国工农红军反"围剿"的辩证方法。

10月6日 系里举行颁奖大会。本班被评为1980—1981学年学校先进班级;本班有校级三好学生3人:李宝金、孟祥生、宋文瑄;有系级三好学生7人:邹爱莲、周一川、陈冬生、任孔闪、李运武、王文恒、郭宗强;有先进团员4人:郑群、高建国、赵建国、时述仁;获校五四科学论文二等奖5人:宋文瑄、于化民、马庚存、陈冬生、李运武。

10月7日 王仲荦教授讲授专题课:大唐帝国末日的挽歌——韦庄诗篇。

10月13日 班党支部大会通过决议,同意宋文瑄加入中国共产党。

10月22日 山东大学下发致77级毕业生家长的一封信。

10月27日　本班同学集体考察长清灵岩寺。

是月　王兆良老师开辅导课:诱敌深入的伟大意义。

11月13日　听取美国哥伦比亚大学德威特·克林顿历史学讲座教授埃里克·方纳的讲座:美国内战和农业经济问题。

毕业主题班会

11月26日　举行"振兴中华,志在四方——历史系77级毕业主题班会"。李宝金主持,孟祥生、潘志华、宋文瑄、崔玉华、田浩存等发言,王慧丽宣读全班同学决心书,同学们踊跃在决心书上签名。学校党委副书记戈平与会并致辞,历史系党总支书记丁文方讲话。活动结束时齐唱宋文瑄作词、许绍吉(78级)作曲的《腾飞吧!中华》。山东电视台作了现场采访。《山东大学报》12月6日对此事作了报道。

11月27日　历史系女子篮球队一举战胜历年"夙敌"——数学系女子篮球队,夺得本年度全校学生篮球比赛女子组第一名,周一川、扈晓敏、杜洪雁为主力队员,王大建、陈粹盈、陶卫东为替补队员。教练:高建国。

11月　国务院恢复学位(硕士、博士)研究生招生制度,山东大学成为首批博士和硕士授予权单位之一,有8个博士学位授权点、21个硕士学位授权点。历史系中国古代史专业成为博士授权专业,王仲荦教授为导师;中国古代史、专门史(中外关系史、中外交通史)为硕士授权专业,王仲荦、张维华、郑鹤声、韩连琪等教授为导师。

12月24日　下午,全体同学到山东体育馆参加由山东省文教委员会、省教育厅、省人事局等联合召开的"山东省驻济高等学校应届毕业生大会"。

12月25日　本班在新校教学楼前拍毕业照。

12月28日　上午,学校举行毕业生动员大会。晚,历史系举办欢送晚会。

12月30日　召开班会,系党总支书记丁文方讲话,写赠言:"为公、进取、求实、淡泊。"

12月31日　上午,历史系公布毕业生分配岗位计划,布置填写志愿表。

是月　于化民、王育济、胡新生、傅克辉、李肇翔分别考取本系中国古代史和专门史硕士研究生。王新生考取北京师范大学世界近代史专业日本史研究硕士研究生。

## 【1982 年】

1月1日　递交毕业分配志愿表。

1月3—6日　进行毕业鉴定。

1月9日　下午,举行毕业典礼,颁发毕业证书。全校77级同学在老校操场拍合影照。晚上,以系为单位在新校5号食堂举行毕业生聚餐。

1月10日　上午,在文史楼201教室公布毕业分配名单。

1月11日　办理离校手续,发放派遣证。

1月12日　结束大学生活,党明德、宋文瑄、周一川、金之平、林明、高建国、潘志华、郑群8位同学留校工作,除考取研究生的同学外,其他同学离校奔赴各自工作岗位。

[编辑　郑　群]

# 第22届国际历史科学大会新闻发布会实录

解玉军 整理

**第22届国际历史科学大会形象标识**

该标识由祥云、汉画像马车、ICHS以及2015 JINAN CHINA构成。祥云体现中国文化元素;汉画像马车寓意历史的车轮;ICHS为国际历史科学委员会的英文首字母缩写;2015 JINAN CHINA 表明了举办时间与地点。

在这个标志中,朱砂红是故宫城墙的颜色,也是山东大学的主色调,体现出内敛与稳重,象征着中国人对吉祥、美好的礼赞,也代表着中国人民对国际历史科学大会的盛情与祝福。

【提要】

一、新闻发布会简况

二、山东大学校长张荣致辞

三、国际历史学会主席玛丽亚塔·西塔拉致辞

四、中国史学会会长张海鹏致辞

五、联合答记者问

【图片】新闻发布会现场/《中国历史评论》主编王育济与中国史学会副会长于沛/与会专家阅读本刊编辑部编写的《国际历史科学大会简史》、《中国与国际历史科学大会》/与会各方代表在大会秘书处合影留念/山东大学校长张荣/国际历史学会主席玛丽亚塔·西塔拉/《时代周刊》封面上的俄国诗人叶甫图申科/中国史学会会长张海鹏/国际历史学会执行局秘书长罗伯特·弗兰克/新闻发布会主持人、山东大学副校长陈炎

## 一、新闻发布会简况

2015年1月21日上午,第22届国际历史科学大会新闻发布会在济南山东大学中心校区举行。山东大学校长张荣、国际历史学会主席玛丽亚塔·西塔拉、中国

新闻发布会现场

史学会会长张海鹏出席发布会并分别致辞。山东大学副校长陈炎主持会议。

张荣表示,第22届国际历史科学大会在济南举办,是中国综合国力和国际影响力的重要体现,也是一次展示华夏文明、推动中华文化走出去的绝好时机,更是山东大学国际化建设的一个重要里程碑,必将推动山东大学乃至中国历史学和整个人文社会科学的快速发展。作为大会承办者,山东大学备感荣幸,也深感责任重大,将会全力以赴办好此次盛会。他谈到,山东大学悠久的学科历史、深厚的学术积淀为大会提供了有力支撑,各级领导和政府的支持为大会提供了坚强后盾,多次重大国际会议的举办经历为山东大学提供了丰富的办会经验,因此学校有信心、有能力将大会办好、办成功、办精彩。他希望新闻媒体能够从国家和齐鲁形象、历史学科发展的高度,持续关注大会的一系列学术活动,多角度、全方位、深层次地宣传大会,与全球同行一起共同见证这一史学盛会。

玛丽亚塔·西塔拉代表国际历史学会欢迎大家参加新闻发布会。她表示,大会组委会工作效率极高,大会官方网站内容丰富,很高兴能通过各种渠道向世界传播大会信息。国际历史科学委员会的主要工作是体现全球化趋势,在本届大会议程中包含了很多贴近实际的主题。她认为,国际历史科学大会最好的成就是,可以为我们提供看待历史的新视角,还可以加强历史学科的国际地位。她回顾了与山东大学几次印象深刻的交往,对大会标识作了文化内涵、史学历程、男女平等方面的独特诠释,并以自己的译诗对历史作了精彩解读。

张海鹏重点介绍了中国史学会申办第22届国际历史科学大会的历程,表示这次大会的举办使中国学者可以在中国、在济南,与世界各国的历史学家共同商讨历史问题和历史学问题。他希望这次大会成为历届国际历史科学大会中出席人数最多、出席国家最多的一次,也相信这一定会成为一届成功的大会、一届有益于中国历史学家和国际历史学家广泛交流的大会,对推动中国历史学和国际历史学的交往将起到积极的正面作用。

发布会上,山东大学组委会秘书处秘书长、历史文化学院院长方辉就目前及未来7个月的大会筹备工作情况做了通报。随后,国际历史学会、中国史学会、专家咨询组、秘书处联合答记者问,回答了在济南召开这次大会的背景、山大采取的会务保障措施、港澳台学者参会情况、大会对中国史学界及人文学科发展的意义等方面的问题。

左图为《中国历史评论》主编王育济教授与中国史学会副会长、中国社科院世界史所于沛研究员;右图为与会学者在翻阅本刊编辑部编写的《国际历史科学大会简史》、《中国与国际历史科学大会》二书。

发布会由国际历史学会主办,中国史学会、山东大学承办。国际历史学会秘书长罗伯特·弗兰克,国际历史学会执行局委员、中国社会科学院美国研究所研究员陶文钊,中国史学会副会长于沛、马敏、郑师渠,中国史学会秘书长王建朗;山东大学总会计师曹升元;来自中国社会科学院、清华大学、南开大学、南京大学、中山大学、浙江大学等高校的学者;来自新华社、人民日报、中央人民广播电台、中央电视台、光明日报、经济日报、中国教育报、中国日报、中国新闻社、香港大公报、香港文汇报、大众日报、山东广播电视台、新京报、京华时报等40余家媒体的记者;第22届国际历史科学大会山东大学组委会专家咨询组组长王育济及其他师生代表参加会议。

下午,专家学者座谈会举行。国内20多个高校及科研机构的历史学院院长、系主任和负责人集聚一堂,为大会筹办献计献策,以发动更多学者参与到大会中来。

发布会透露,第22届大会的开幕式将在山东大厦举行,主题是"自然与人类历史"。大会将从亚、非、拉、大洋洲、欧洲等各邀请一位著名学者讲演。第22届大会共计80多个场次,包括主题

参加新闻发布会的国际历史学会、中国史学会和来自二十余所高校及科研单位的部分专家在第22届国际历史科学大会秘书处合影留念。

讨论、专题讨论、联合讨论、圆桌会议、特别会议、晚间讨论、平行会议等多种形式的学术交流活动。在山东大学组委会的建议下，这次大会还专门增设了青年学者墙报及评奖活动。在这众多讨论议题中，由中国史学会推荐并经国际历史学会通过的议题共有 10 个，其中，"全球视野下的中国"被列为大会四个主题讨论之首。中国学者参与这届大会的广度和深度均将超过历届。

此外，中国史学会和山东大学组委会与国际历史学会协商，就体现本届大会的中国特色方面达成了多项共识，从诸如所有参会流程都通过官网实现、提供一定数量的费用减免、鼓励青年学者尤其是在校学生参与、增设若干与山东省区域文化和历史有关的卫星会议等方面入手，着力体现大会的中国元素。

## 二、山东大学校长张荣致辞（节选）

山东大学校长张荣

这次大会的举办，是中国综合国力和国际影响力的重要体现，也是一次展示华夏文明、推动中华文化走出去的绝好时机，更是山东大学国际化建设的一个重要里程碑，必将推动山东大学乃至中国历史学和整个人文社会科学的快速发展。作为大会承办者，我们备感荣幸，也深感责任重大，将会全力以赴办好此次盛会。

山东大学素有"文史见长"的美誉，在我校 110 多年的办学过程中，历史学科始终是一门基础性和支柱性学科。山东大学创立之初，就建立了开放的历史学教学体系，"中外史学"与"中国经学"、"中外治法学"并列文科的三大主干，上个世纪 30 年代，一大批著名人文学者在校任教，奠定了学校"文史见长"的办学特色。上世纪 50 年代，全国高校院系调整后，山东大学历史系成为全国高校实力最强、影响最大的院系之一，当时的山东大学历史学名家荟萃，形成了"八马同槽"的人文学科盛景。杨向奎、张维华、赵俪生、童书业、王仲荦以《文史哲》为阵地，就古史分期、资本主义萌芽和农民战争等问题，发起了全国性的学术大讨论，山东大学的历史学研究迅速获得了全国学人的广泛赞誉和认同。

习近平主席指出，文明因交流而多彩、文明因互鉴而丰富。历史科学大会是学术交流、文明互鉴的一项重要活动，而传媒则是交流互鉴的一种重要媒介，而且是不受距离影响、不受山水阻隔的媒介。从这个意义上说,传媒本身就是大会的重要组成部分,是不可分割、不可替代的部分。本次新闻发布会也是首次对这次历史科学大会进行全面宣传报道,相信在新闻媒体朋友们的帮助下,一定会大大提升本次会议的国际、国内影响力,并对我们的后期工作产生积极的推动作用。

## 三、国际历史学会主席玛丽亚塔·西塔拉致辞(节选)

即将召开的第22届大会如果没有山东省政府的支持是不可能举办的,非常感谢你们的帮助和支持。是你们和中国社科院的合作、中国史学会的合作以及山东大学的合作使得我们这次大会成为可能。

实际上这是我第三次造访山东大学了。我非常高兴的是,在2011年首次访问山大时,我会见

国际历史学会主席玛丽亚塔·西塔拉

过非常多的历史学家以及国际事务部的同仁,也非常高兴地参观了一些设施,并且与组委会进行讨论。我了解到了中国一些留学生是如何认识中国文化,我也学到了很多关于朝代方面的内容,也了解到优秀的山大博物馆中馆藏文物的若干信息。印象深刻的是,当时我也看到了非常罕见的手本。2013年10月份再次访问,我与国际史学会的委员会开展了会晤,并且参与到了"区域文明以及齐鲁文明"相关的论坛。在2013年的时候,我们的委员会再次访问了孔孟之乡,我们在这里参观了许多优秀的博物馆。我也希望参会者在接下来的秋天里面,能够访问山东大学的博物馆以及山东省博物馆。

1995年,在蒙特利尔选择了奥斯陆作为2000年大会的举办地。当时中国落选,但是张海鹏教授2010年来到阿姆斯特丹,谈到关于山东省济南市作为我们22届大会备选会址方面的信息,给我们展示了一些图片。当时大会代表也是坚信这个大会可以在中国、在亚洲举办,这个梦想已然成真。

尊敬的各位同事,我们从未看到过有像22届国际历史科学大会会标这么漂亮的标识,我们可以在会议手册封面上和其他的宣传册上看到它。我这里可以引用一下手册中的话,"该标识包含了祥云以及汉代车马"。对我来讲,这里还有另外一个隐藏的信息,它非常清晰地向我展示了史学的变化与转折,这其中不仅是历史、

《时代周刊》封面上的俄国诗人叶甫图申科。
在西塔拉主席引用了这首诗之后,香港《大公报》以"美酒诗歌也是历史"为题进行了本次新闻发布会的报道。

政治以及一些像战争的历史,还有在我们日常生活及文化中的历史。作为一个女性史学家以及第一个国际历史学会的女性主席,我也能够看到这个马车上坐着一男一女,非常感谢汉朝有这么好的一个标识。

这里我想引用叶夫盖尼·叶甫图申科(*Yevgeny Yevtushenko*)的一首诗,给大家来分享一下他对历史的认识。我没有找到一个非常完美的翻译版本,所以我自己翻译了一下:

历史不止是战争、成就及发明,
亦是泥土与花朵盛开的芳香。
你或许认为它只是存于书本上的智慧,
其实它亦是唇上之吻、欢笑、美酒与歌唱。
它无处不在,遍布红尘,如马蹄回声。

非常感谢,欢迎大家。

## 四、中国史学会会长张海鹏致辞(节选)

在中国举办一次国际历史科学大会,可以说是中国历史学者很长时间以来追求的一个梦。中国史学会是 1949 年 7 月在北京成立,1980 年恢复重建。从 1980 年恢复重建开始,我们就关注、注意和国际历史学会的联系。1980 年,中国史学会派出代表团,作为观察员出席了在罗马尼亚布加勒斯特举办的第 15 届国际历史科学大会。1982年在当时中央书记处的支持和批准下,中国史学会正式加入国际历史学会,成为一个国家级会员。

上个世纪90年代,中国史学会开始筹划向国际历史学会提出申请,在中国举办一次国际历史科学大会。1995年在加拿大的蒙特利尔,中国史学会向国际历史学会的代表大会提出了举办大会的申请。但是不幸,中国史学

中国史学会会长张海鹏

会没有获得国际历史学会的批准,在以后的几年使得中国史学会感觉很郁闷,有点泄气,对我们的情绪有点打击。

但是从2004年开始,中国史学会再次把追求的梦做起来,从2004年我们加强了、抓紧了和国际历史学会的联系。我们多次邀请国际历史学会的主席、秘书长到北京来,我们共商举办国际历史大会的事情,我们请教、学习举办国际历史大会有些什么要求、有些什么主张,我们应该怎么做。而且我们从了解国际历史学会的章程开始,熟悉国际历史学会的历史开始,来探讨中国举办国际历史科学大会的一些办法。

2007年以后,我们在筹办、申请的过程中,加紧了步伐。

鉴于2010年召开国际历史科学大会、召开国际历史学会的代表大会,我们在2010年以前,就正式向这次代表大会提出申办第22届国际历史科学大会。我们选择了山东,选择了济南,首先得到了山东大学当时校长积极的支持和热烈的响应。同时我们又取得了山东省当时省长姜大明的支持,他真是有远见。同时,山东省政府作出了正式保证,来支持这次大会在山东召开。这样我们就有了信心。

所以2010年,在阿姆斯特丹举办的大会上,我们在代表大会讨论以前,举办了一百多人的酒会、招待会,向各国的历史学家介绍我们为什么要选择山东济南。尽管那时候还有很多历史学家对于我们选择山东济南并不很理解,有多个学者反复提问,为什么要选择山东济南,为什么不选择北京、上海,我们作了解释。最后在代表大会上获得了通过。这个"通过",我当时心情很激动,中国人在中国举办这次代表大会、这次历史科学大会,可以说是百年碰到的一次。我们终于有机会可以在中国、可以在济南邀请世界各国的历史学家到这里来,和中国历史学家一起,共同来商讨历史问题、历史学问题,这是一次成功。

我们争取在中国、在济南举办这次国际历史科学大会,也是为了加强中国历史学家和各国历史学家的联系,也是在响应国际历史学会的号召,使中国历史学更加国际化。

第22届国际历史科学大会几个月之后要在济南召开。在国际历史学会的有力引导下,山东大学全力以赴,又得到了山东省的大力支持,得到了社会各界的强烈关注,也得到了学术界特别是历史学界的广泛关注。我相信,2015年8月下旬在济南召开的第22届国际历史科学大会一定是一个成功的大会,一定是一个有益于中国历史学家和国际历史学家广泛交流的大会。对推动中国历史学和国际历史学的交往,一定会起到积极的正面作用。

## 五、联合答记者问(节选)

**《走向世界》杂志社记者**:我是致力于山东对外宣传的《走向世界》杂志社的记者。在近来的采访中我得知济南市委市政府对于此次大会能够在济南举办感到非常荣幸,而且也付出了大量的努力,也准备承担更多的工作。我想问一下,这个大会为什么最后选择由济南承办?因为我们也知道济南是一个文脉非常悠长的城市,是龙山文化的发源地,这个有没有关系?再一个问题,这次大会将对济南产生什么影响?谢谢。

**张海鹏**:国际历史科学大会是讨论历史问题的会议,山东具有非常悠久的历史渊源,是中华文化的发源地之一,尤其是孔夫子、孟夫子的故乡,这是我们考虑的第一点。

第二,山东省的经济是国内各省发展最好的省份之一,经济总量非常大,财力很雄厚。我们估计获得山东省政府的支持,应该不是很困难。这是我们考虑的一点。

第三,山东大学一向以"文史见长",历史文化学院有很悠久的历史,有很多很好的教授,他们对于从事这次会务的组织,会有丰沛的人力和经验。

第四,2008年以后美国金融危机引起欧洲的经济危机,经济问题是世界上的一个大问题。我们也考虑为各国的历史学家节省一点经费,如果在北京举办,经费会高得很多。在山东济南的举办,经费相对要低一点、便宜一点。

你提的另外一个问题,这次历史科学大会对于山东会起到什么作用?我觉得这是一个很好的机会,这次大会在济南召开,会有许多国家的历史学者在会议期间、在会议以后甚至在会议以前到山东各地去旅游,去考察山东各地的风景,考察山东各地的经济状况,这对于世界各国历史学家认识和了解山东是一个很好的机会。当然,我也希望山东的历史学家们借这个机会和国际历史科学大会期间各国来的历史学者广泛交流,交朋友,这样为以后进一步的交流打下一个很好的基础。

**罗伯特·弗兰克**:对于世界而言,对于世界的史学家而言,需要更多的了解山东、了解济南的机会。在文化方面,同时我们考虑到山东近代的一些历史也经历

国际历史学会执行局秘书长罗伯特·弗兰克

了全球化的过程,这种实际的全球化众所周知,如举世闻名的青岛啤酒,就意味着中国全球化的第一个标志。

当然还有其他的一些内容,也是非常重要的一点。我们这个大会需要很多的会场、会议,所以说彼此酒店之间,一个地方到另外一个地方最好只有5分钟的时间,在北京这不太可能。大家知道,北京和山东不远,1个小时40分钟高铁就到了。所以我觉得山东是非常好的选择。我们非常感谢中国史学会,也感谢中国政府以及山东省政府对我们的支持。

**《山东商报》记者**:我有两个问题,第一个问题要提给弗兰克秘书长,第二个问题要提给张海鹏会长。最近我在网上查了一些资料,发现国际历史学会到第16届为止是有53个成员国,这个数字是稳定的。我想知道国际史学会的加入是有什么门槛,还是自愿加入的?这是第一个问题。第二个问题想问下张会长,我想知道中国在史学方面的研究,在国际上能够数得上的比较顶尖的成就,近些年有没有能够数得出来的?谢谢。

**罗伯特·弗兰克**:感谢你的问题。是的,现在是有50多家的成员单位、成员国,你问有什么要求呢,有国别的历史学会首先要有足够数量的历史学家,而且要有足够数量的历史学家能够支付相应的会费来参加我们的学会和会议。如果你看这50家的话,你会看到,可能国际历史学会大多数成员国是在北美和欧洲,还有拉美。这也是因为我们历史渊源的因素,我们学会是1926年建立的,当时正好是在两次世界大战之间,欧洲是世界历史研究的中心,北美也很重要,拉美也刚刚开始研究。你得知道我们学会的形象就像是一个国际联盟的形象,而不是像联合国那样。

在济南召开这次会议,对我们来说很重要。这次会议使得我们变得更加全球化,我们有更多国家参与,包括非洲和亚洲国家的参与。要想建立一个国别的历史学会的话,其实并不容易,你需要有足够的人数。因此,在济南的会议将会有更多

的非洲历史学家注册参加，他们的人数将超过以往。将会有更多的来自亚洲、东亚的历史学家参与，这一点对于我们来说也很重要。

**张海鹏**：我顺便补充一下刚才两位提到的问题。据我所知亚洲国家现在加入国际历史学会的有印度、日本、韩国、中国、越南，其他的国家好像都还没有加入。国际历史学会有一个起码条件，要交会费，我印象是800瑞士法郎，好像不是800欧元。这是我补充的一点。

中国历史学家的历史著作都是用中文写作的，西方各国历史学家除了少数研究中国历史之外，绝大多数都不懂中文。所以有多少个外国学者真正读过中国历史学家的著作，我觉得现在不好作出一个肯定的评价，这也是我感觉到有一些遗憾的地方。我们现在讲话语权，讲历史学领域的话语权，中国历史学领域的话语权在国际上究竟有多高、究竟有多大，现在不能过高地评价。

**陶文钊**：我想给张教授作两点补充。第一，历史科学并不像科学技术那样，比如电子学或者哪个前沿的科学，很容易比较哪个国家居于领先的地位。因为中国历史学家关注的首先是我们中国的历史，就中国的历史来说，我们的研究当然比外国人对我们的研究要精深得多，但是你也不能拿这个东西说我们在世界上占有什么地位。有的时候是不太好比的。

第二，张教授提到的我们要走出去。我在国际历史科学执行局这几年跟各国历史学家有些接触，有个深深的体会：虽然我们改革开放已经36年了，但是外国学者、外国历史学家对中国的了解还是非常非常非常少的。我一个深深的感受是文化的交流、学术的交流，似乎比经济的交流、商品的交流，比做生意要困难得多。

我有时候讲一些中国很普遍的情况，人家听了以后都觉得很新鲜，人家了解中国就知道北京和上海。所以刚才秘书长也提到了，为什么到济南，我们甚至都必须跟人家解释济南在什么地方。我们中国的历史学也是这样，刚才张教授提到了，我们大部分的历史学家都只是用中文写作，虽然世界上说中文的人最多，但是坦率地说，中文没有成为世界语言。还不像英语那样，有这么多国家的学者懂得，或者说在这么多国际会议的场合可以使用。这一点，我想，对于我们年轻一代的历史学家来讲，对于我们的后辈来讲，条件可能会比老一代好得多。

我80年代初在美国学习的时候，非常吃惊美国搞历史、搞文学的人，甚至都不知道中国的鲁迅和郭沫若，而我们的中学生都会知道海明威，都会知道马克·吐温，起码你知道几个外国的作家。可是中国的作家，他们一个都不知道，甚至是搞文学的、搞历史的教授也是如此。这个怪不得人家，因为以前我们封闭了很多年，现在我们条件好了，但是还有许多许多的工作要做，确实是这样。

**《中国社会科学报》记者**：西塔拉主席，您好。在这里我有两个问题想请教几位专家。一个问题,这次我们看到第22届国际历史科学大会设计的四个主题里面,有一个是"全球视野下的中国",据您观察,新世纪以来西方学者对中国历史的研究,在研究方法、关注问题等方面呈现出哪些特点?第二个问题,当代政治文化经济领域出现了很多问题,您认为历史学家的工作对于解决这些问题有什么作为?谢谢。

**玛丽亚塔·西塔拉:** 我现在手里有大会议程,大家可以在网页上看到。你可以看出来到底我们准备了哪些有意思的话题,因为对于中国史而言,在全世界范围内都得到了广泛的研究,就像刚才我的同事也给大家解释了。不光是关于历史,包括很多语言方面的内容。我这里想传达的一个主要信息是,我们的研究方式是多层面的,并且在这些研究当中最主要的方面有哪些,这些都是我们的使命。我们希望能够进行更多的比较研究,研究不同的区域、不同的历史阶段;比如说拿中国古代史与欧洲中世纪史等各个不同时期作比较研究。

您还问了一个问题,在全球视角下的中国这个主题。当然,中国有悠久的历史,肯定有一些专家出版了类似于在中国的传教士这样的研究成果;还有类似于长期历史文化进程中关于欧洲和中国的研究成果。对于负责这些讨论的一些同事,比如我们的同事王建朗,还有来自美国非常著名的艾克密斯·普洛斯(音),他也是非常有名的一个专家,他们也会选择一些真正比较了解这方面话题、对于全球化有一些不同观点的学者。当然,可能别的专家比我更适合回答这个问题。

但是我觉得在我们的议程当中,这些方面包括比较史学方面的,比如说不同的时期、不同的阶段,我们真正希望能够使一些专家站上舞台,无论是在亚洲还是在西方世界都有这样的专家,每个阶段、每个区域都会有这样的专家,这样会使得我们这个会议更加有意思。我们不是说只专注于某一个领域,我们希望能够涵盖更广的面。如果我对您刚才讲过的内容解析的没错的话,应该就是这个样子。

**王建朗:** 再一个问题补充一下,刚才屡次讲到为什么要选择济南,几位都补充了,我还有一个细节补充一下。其实当时在我们第22届国际历史科学大会的考虑里面,不止是山东济南,最初的时候还有别的省份,而且也是相当不错的会议地点。之所以最后选择了山东,选择了济南,除掉刚才说的几个因素——历史的积淀等,另外非常重要的因素就是当时山东省人民政府、山东大学表现出比另一个省份更为积极的态度。刚才也讲了,山东省长亲自致函,当时的山东大学校长徐显明、历史学院王育济院长,几位都做了非常积极的努力,最后我们觉得山东济南,是一个非常好的选择。

**香港《文汇报》记者:** 我想请问张会长一个问题,我想知道港澳台学者参会的情况。另外,因为是在中国举办的大会,可能不可避免地会谈到中国的近代史。中国近代史上,有很多比如说在党史、在抗战史和内战史的研究方面,港台学者的观点差异可能比较大,也有一些敏感的区域。我想问一下,这次历史大会将如何以学术的态度对待这些敏感区域和敏感话题?谢谢。

**张海鹏**:到会议前夕注册终止以前究竟有多少港澳台学者参会现在还不好说,我们欢迎有更多台湾、香港、澳门的历史学家来出席。我知道以前几届历史科学大会都有台湾的学者,也有香港的学者出席。这次在济南召开,应该有更多的台湾和香港学者出席,这是没问题的。

你说到中国近代史研究当中的一些敏感问题,你说敏感可以,说不是那么敏感也可以。在这次大会上的4个主题和70多个分会场的议题当中并没有专门针对中国近代史提出一个议题来,所以这个问题我想你不需要过多担心。

新闻发布会主持人、山东大学副校长陈炎

**陈炎**:谢谢大家的踊跃提问,按道理作为主持人应该完成我的职责就完了,但是我在这很想谈点我的感想,跟大家分享。

虽然我不是从事历史研究的,但是我觉得有几个问题是非常重要的。首先中国是一个历史悠久的国家,是四大文明古国之一,我们现在有文字记载的历史已经有三千多年。第二,对于中国人来说,历史科学是非常重要的传统学科。我们过去叫经史子集,"史"是其中之一。而且这个民族有一个崇经重史的传统,我觉得这可能和我们中国人从普遍意义上不信宗教有关。可能西方人不大理解,中国人为什么不信宗教,你怎么去超越,其实我们的超越就超越到历史去了。就是把我们个人的心血、贡献,凝聚到我们族人的历史上。"人生自古谁无死、留取丹心照汗青",那个"汗青"就是历史。

环顾世界所有的国家,恐怕没有任何一个国家像我们这样完整保存了皇皇的廿四史。所以历史科学对我们来讲是非常重要的传统学科,崇经重史是中华民族的传统。但是像张海鹏教授说的那样,我们的历史研究虽然有很深刻的积淀,西方人却未必了解,因为有语言、文化的原因。但是由于最近30年来中国的崛起,所以西方人、外国人、全世界人关注中国了,除了关注中国现实之外,也应该关注中国的历史。所以,今天为什么在中国召开世界历史科学大会?首先是因为中国崛起了。第二,为什么在山东召开历史科学大会?我个人认为除了刚才说的技术性问题之外,还有一个很重要的原因是山东是孔孟故乡、是中国传统文化中主流文化的发祥地。第三,为什么在济南召开？我觉得还有一个原因,是因为山东大学在济南,山东大学有"文史见长"的传统。作为这次大会的承办者,山东大学为此而感到非常荣幸,我们也觉得责任在肩。因此,我们一定要把这个大会办成一个空前规模的历史盛会。我们想通过这个会议,让全世界的人了解我们中国的历史研究,也想通过这个会议,学习全世界人民在历史研究方面的方法、手段和模式。通过这个,来实现我们共同的进步。

[编辑　赵兴胜]

# 历史上的战争、和平、社会和国际秩序

——第 20 届国际历史科学大会的讨论

徐 蓝*

第 20 届国际历史科学大会讨论的第三个主题,是"历史上的战争、和平、社会和国际秩序"。对这个主题的讨论分为三部分:1. 正义的战争,非正义的和平? 概念与论证;2. 历史上不断变化的和平概念与和平条件;3. 战争、暴行与性。下面就针对这三个分课题作一些基本的介绍。

战争与和平是历史研究和文学创作的最重要的主题之一。托尔斯泰以拿破仑时期的俄国为历史背景,写了一部史诗般的同名巨著。近代的和平一般表现为一种国际关系体系、一种国际秩序,托尔斯泰名著涉及的和平是 1815 年建立的维也纳体系。

继悉尼史学大会之后,2015 年第 22 届济南国际历史科学大会还有一些关于战争、和平与国际秩序的议题,第一个联合讨论的议题就是"第一次世界大战的反响",主持人就是本文作者徐蓝教授。

本届大会的第七个联合讨论议题正是"旧世界的新秩序? 全球视野下的 1815 年维也纳大会"。

在"正义的战争,非正义的和平? 概念与论证"部分,学者们指出,自有历史记载以来,战争中的有组织的集体施暴就是社会和政治生活中的持续不断的特征。在战争中尽管许多士兵相互杀害,但他们也屠杀平民和战俘,并且认为可以随便去

---

\* 徐蓝,女,首都师范大学历史系教授,中国史学会副会长。本文原刊于《史学理论研究》2005 年第 4 期,本次重刊已征得徐蓝教授同意。

强暴敌方的妇女,将她们的孩子贩卖为奴。因此,自古以来,哲学家、神学家、战略家和政治家们就都在讨论战争中的强暴行为的合法性问题。对这个问题的最直截了当的提问是:我们能够合法地杀死谁?而且我们能在什么样的情况下杀死他们?人们也可以这样表述:在什么样的条件下人类社会能够在道义上诉诸战争手段解决问题?一旦进入战争,应当制定什么样的规则把施暴限制在以达到其合法目标的范围之内?

学者们认为,研究这些问题不仅仅具有学术意义。在美国国内和美国政府与其他国家之间对进攻伊拉克的合法性的争论,实际上就是关于在什么样的条件下人类社会能够诉诸战争的手段却又符合道义的问题。简言之,美国能够证明它反对萨达姆·侯赛因的战争是合法的战争吗?如果是这样,那么,它的理由是什么?另外,近年来发生在巴尔干和卢旺达的冲突,也产生了如何阻止暴行的问题,以及如何使不受限制的利用暴行受到制裁的问题。实际上我们每一天都面临着这些亟待解决的问题。

学者们通过对不同的宗教文化(如基督教和伊斯兰教)、不同的历史时期(从古代、中世纪末和近代早期到 20 世纪末)的战争的研究,讨论了这些人类社会从古至今一直存在的难题。这些论文表明,自古以来,对战争的正义性就没有取得一致的看法。一些新教徒的思想家将战争视为惩罚邪恶社会的一种手段,另一些神学家则为民族的甚至是殖民地的战争进行辩护,还有一些神学家采取更加反战的立场。对荷兰哲学家和法学家雨果·格老秀斯的有关战争的合法性问题的研究表明,他认为对战争的合法性的争论,实际上是关于是否一个特定的民族要有一个国家的争论,这也是形成社会契约理论以及更具普遍性的国际法的基础。

一些论文对战争中行为的合法性进行了分析,并认为要确保战争中行为的合法性,就要区分平民和士兵。因此有的学者对第二次世界大战期间同盟国对德国城市进行轰炸的合法性提出质疑:尽管破坏城市的轰炸能够摧毁敌人的士气并加速战争的结束,但是以伤害平民的生命为代价的城市轰炸政策是合法的吗?联系到今天的中东地区,人们再次提出:针对平民的暴行在何种程度上是情有可原的?2002 年美国提出先发制人的战略原则,其核心问题仍然是诉诸战争的正义性问题,并具有非常现实的意义。

在主题的第二部分"历史上不断变化的和平概念与和平条件"的讨论中,学者们认为,和平与现存的社会以及国际体系中的国家之间有着非常复杂的关系。在大多数情况下,和平与其他价值观及意识形态相联系,并具有积极的价值。和平所具有的积极意义具体体现在"和平进程"当中。但是和平的观念以及对待和平的态度因时间和地点而异。在许多情况下,和平并不被认为是国家之间或其他政治实体之间的关系的正常状态。伴随着日益增长的对以战争为手段的法律的甚至是道义的谴责,和平的局面才可能建立。

这里提交的论文通过对不同地区、不同时期、不同文化的宗教内涵的研究,探讨了从古至今的和平观念、缔造和平的过程以及国际秩序的建立。一位学者探讨了古代希腊的战争与和平问题,并认为,在早期希腊的历史上,战争是一种常态;但是公元前4世纪为获得持久和平而签订永久性条约的做法,成为一种重要的思想,并最终为人类社会所接受。一位学者讨论了欧洲11—13世纪东罗马天主教徒和穆斯林的关系,认为不同文化之间的碰撞和长期的相互影响会导致相互学习。另一篇论文讨论了19和20世纪国际关系中的两个原则:自由和民主的原则,并认为,当现代西方世界开始形成它的主要特征:自由市场经济、跨越国界的劳工流动、议会政治、一种开放的社会和民主的时候,"创造和平"的局面就出现了。但是作者也承认,尽管他所说的这种自由和民主的原则具有普世价值,但在现实中却几乎只限于西方。

在有关国际秩序的讨论中,一种看法认为,在16到18世纪的近代早期欧洲的国际秩序中,有两个主要概念:绝对王权和势力平衡(均势),为了均势、为了阻止或建立一个绝对王权而发动战争,这在当时是相当普遍的现象。随着时间的推移,均势思想的影响越来越大。

"和平是永久的还是暂时的?"在回答这一问题时,一些学者认为,为世界的国家体系建立国际组织,例如围绕联合国和它的分支机构建立的组织以及各大洲建立的地区组织,将会逐渐启动一种有效的和平战略。这一战略不仅建立在信赖和平的道义力量之上,即除了自卫之外不允许诉诸战争,而且能弥补政治现实与和平的价值之间的缺陷。这不仅是我们时代的历史经验,而且建立在其他时代和欧洲以外地区的经验之上。另一些学者认为,从古代希腊到20世纪甘地的非殖民化的努力,再到现代非洲的和解战略,和平是一种每天都在实践的处理战争、冲突以及各种紧急情况的模式和记号。今天,在一个全球化的世界中,和平作为一种积极的价值观是不明确的甚至是含糊的。和平的概念以及建立和平的复杂性,不仅对历史学家,而且对于分析问题的方法来说,仍然是一种巨大的挑战。

在"战争,暴行与性"部分,学者们认为,性不是一种状态,而是一种关系。它总是不断变动的。这些论文通过对性——男性和女性——的透视,改写了军事历史。换句话说,学者们分析了战争中军队暴行的多样性、个人在战争和暴行的环境中如何塑造自己,从而说明塑造人的社会能力也就是在铸造新的世界。

妇女在战争或暴行中扮演着什么样的角色?学者们对此进行了探讨。这些论文都认为,妇女是牺牲者,这与性相联系。例如,在19世纪的拉丁美洲,许多妇女对军队施暴有所体验。但是,在这里,同意(性交)的问题变得模糊不清:这是否意味着可以说,一个饥饿的妇女可以同意与一个愿意向她提供面包、柴火或提供保护的士兵性交?另外,在对12—14世纪的爱尔兰的历史进行考察时,也出现了同样不易判断的问题。当时妇女的身份和家族联盟以及土地相联系。当地的盖尔-爱尔兰家族和英格兰家族之间的暴力冲突通过男女关系来调解。正式的婚姻和非正式的性关系(私通)是政治的生命线。妇女们热情地接触殖民主义事务,(通过性交)生产混血儿,并在爱尔兰建立一个"中间国家",在那里盎格鲁-诺曼人和盖尔-爱尔兰人的边界是相互渗透的。在这里,妇女仅仅是牺牲者吗?

在妇女为什么参战的问题上,看法因时间和地点而不同。有学者认为,服务于19世纪的拉丁美洲军队中的妇女去为男人服务,并不是被革命的热情所激发,而是出于"'家庭的'母亲的义务",是出于传统的照顾她们的男人的责任。

然而,所有这些论文都提醒人们不要把妇女仅仅看作是牺牲者,并认为她们主动参与了流血大惨剧。例如,一位学者对第一次世界大战期间比利时的几千名抵抗女战士的研究表明,她们利用自己的才干去努力毁灭敌人,而不是去结束战争;这些妇女抵抗主义者把她们自己视为战士,并为这种身份而骄傲。另一位学者研究了1941—1945年的苏联妇女,认为在当时,大多数苏联妇女渴望成为战斗人员。

关于战争对战后妇女地位和角色的影响,看法也因国家而不同。一些学者指出,每一场冲突结束时,男人和妇女都希望重建在冲突情况下被扭曲的性别模式。一位学者认为,不能忽视拉丁美洲妇女在19世纪伴随着民族国家的建立而进行的战争中的贡献;然而,这些国家的妇女由于深深地陷入对暴力的"集体记忆"之中,从而使传统的性别角色被再次强调。另一个学者有同样的看法,认为在1914—1918年的战争中,欧洲妇女在战争中从事的工作和在以前的冲突中从事的工作相同,即护士、厨师、间谍以及妓女。所不同的是,到1914年,她们是在专业化的机构中从事这些工作。她们仍然是"辅助者",这在战争中和在战后都是一样。还有学者指出,在苏联,国家在战后不得不采取决定性的步骤重新强调传统的性别区分:由于战争中的苏联妇女可能已经"冲击了男性的最后阵地——军队战斗员",所以1945年她们被坚决地退回到厨房里。只有在赫鲁晓夫时期她们才作为女英雄而重新出现。

有一位学者的看法十分引人注意。她考察了第一次世界大战期间苏格兰流动野战医院中妇女的情况,认为战争有助于妇女的参政事业,并使一些妇女形成了女性公民的新意识,或至少,战争鼓励了妇女从她们的社会中得到更多的东西。

[编辑　解玉军]

# 中华文明如何复兴?
## ——欧洲文艺复兴运动的启示

刘明翰*

【摘要】 中华文明作为世界上唯一没有中断的古老文明,14世纪以前在科学技术、经济和文化领域的成就曾经长期领先于世界。但14至16世纪以后,西方文明不断上升、拓展,而中华农业文明却在不进则退的人类历史大潮中日渐衰落下来。之所以有这样的变化和差距,欧洲的文艺复兴运动起了重要作用,人的解放最终导致了生产力的解放。改革开放36年来,中国取得了飞速的进步,但也仍存在着许多问题,欧洲文艺复兴运动的历史经验很值得我们借鉴。只有破除迷信,解放思想,继承和发扬优秀的传统文化,加强政治文明和法制建设,中华文明的伟大复兴才能早日实现。

【关键词】欧洲文艺复兴;中华文明伟大复兴;人的解放。

　　从人类的历史进程看,并不是每个民族都能抓住历史机遇并促成自身的崛起或复兴的。欧洲文艺复兴是破除迷信、解放思想、提倡人性、以人为本的伟大的思想解放运动,自14世纪初至17世纪中叶历经300余年,开辟了近代科学的新纪元并复兴了西方文明,使世界上其他文明与之的落差日益明显。而后挟工业文明之威,完成了世界性传播,并在某种程度上改变了整个人类历史的轨迹。中华文明曾对世界文明作出过重大贡献,但鸦片战争后,中华儿女备受侵略、奴役,如此屈辱的命运已历百余年。中国人民在雄关漫道、充满牺牲的征途中,历经各种曲折,终于看到了祖国崛起的曙光。面对如此梦寐以求的历史机遇,中华文明如何实现伟大复兴是一个重大的问题。全球化的时代,对于任何民族与文明而言,都有如逆水行舟不进则退,我们是艰苦奋斗实现中华文明的复兴,在世界优秀民族之林中占有一席之地,还是在所谓现代化、全球化的进程中被日渐同质化、被一元化?这很值得

---

\* 刘明翰,1932年生,中国青年政治学院、湖南师范大学教授,北京师范大学、山东大学兼职教授。

中国的理论学术界充分研讨和争鸣。

## 中华文明曾长期领先于世界,给人类以巨大贡献

中国人早在商殷两周时期就逐渐形成了以华夏文明为中心,以四夷为四周的文化的天下观,并据此在秦汉时期建立起统一的多民族的国家,疆域日渐扩大形成汉唐盛世。汉朝和唐朝的盛世,它和当时世界上其他的强国来比较,是远远领先的,汉朝的时候,只有横跨欧亚非的罗马帝国可以相提并论。而唐朝的中国主盟东亚,中华文明圈包括中国、日本、朝鲜半岛及越南等地,唐代在世界上领先地位是独一无二的。因为此时的欧洲正处于中世纪的"黑暗时代",西欧的法、英、德、意等国直到9—10世纪才建立起分裂割据的早期国家。

中华文明作为世界上唯一没有中断的古老文明,14世纪以前在科学技术领域的成就曾经长期领先于世界。

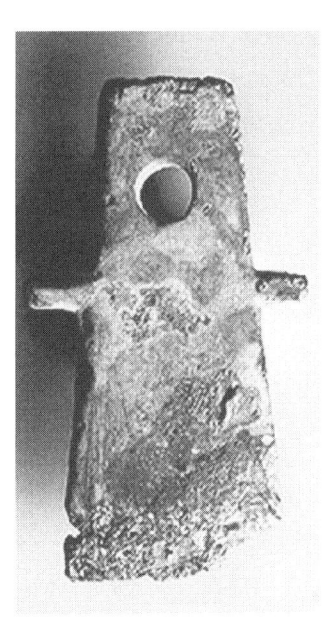

商代铁刃铜钺(陨铁)。将陨铁锻造成薄刃后,浇铸青铜柄部而成。(1977年北京市平谷县出土)

中国早在商代已开始用铁,铸铁技术比西欧早了1900年。春秋战国时中国纺织业已有手摇纺车,而西欧直到13—14世纪才出现手摇纺车,比中国晚约1600年。中国古代劳动人民在江河上、峡谷间曾建造过无数梁桥、拱桥和索桥,许多建筑技术乃世界之创举。中国的造纸术、指南针、印刷术、火药四大发明对人类有巨大贡献。东汉和帝(公元89—105年)时蔡伦的造纸;宋仁宗庆历年间(1041—1048年),平民毕昇发明的活字印刷术和能自由转动的圆形排字盘;以及中国火药、火器的制造技术,12世纪时已在中亚应用,阿拉伯人经过西班牙传入欧洲;中国发明的指南针,12—13世纪已应用在航海中。培根曾赞叹道:中国发明的"印刷术、火药和磁铁,改变了整个世界许多事物的面貌和状态,并由此产生无数变化,以致似乎没有任何帝国,任何派别,任何星球,能比这些技术发明对人类事务产生更大的动力和影响"[1]。马克思则对这些发明的意义评述道:"火药、指南针、印刷术——这是预告资产阶级社会到来的三项伟大发明。火药把骑士阶层炸得粉碎,指南针打开世界市场并建立殖民地,而

---

[1] [英]弗朗西斯·培根:《新工具》,许宝骙译,商务印书馆,1986年版,格言129条。

郑和下西洋时的大宝船模型

印刷术却变成新教的工具,并且一般地说,变成科学复兴的手段,变成对精神发展创造必要前提的最强大的杠杆。"

15世纪以前,应当说在明代中期以前,中国的造船术和航海在世界亦领先。木板船始自商代。甲骨文中就有"舟"字,唐代大海船可装600—700人。宋代,造船业更有显著进步,出现了1500吨以上的神舟。明初,郑和"下西洋"时大宝船长140米,宽57米,重量千吨以上,遍访30余国,比迪亚士、达·伽马、哥伦布等开辟新航路的时间早半个多世纪。哥伦布1492年驶抵美洲时,最大的主舰"圣玛利亚"号船,仅17米长,6米宽。欧洲的造船术首次使用干船坞,是在15世纪末的英国朴茨茅斯港,而在中国,其确切的时间,最晚在10世纪,远超威尼斯、热那亚及阿拉伯人的航海规模。因此不能说,中华文明从来就是"不能超越陆地上有限的思想和行动"的所谓黄色文明。

应该说,14世纪明朝建国之初的中国仍然是世界上经济、文化和科学最发达的国家。李约瑟充分研究了中国科技发展史,据他统计,此前,世界上重要的发明和科学成就约300项,其中出自中国的共约175项,占57%。[1] 中华文明所取得的成就,从物质到精神,从政治到艺术,从生产到生活,都或多或少,或远或近地传播到了海外。有别于西方挟坚船利炮、海外殖民之威的所谓的"文明输出",自古以来中华文明以其特有的方式向海外传播。毋庸置疑,中华文明对外部世界的作用使用了政治、军事资源,正所谓"以力辅仁"。但由于中国地理环境的相对封闭独立性,华夏族凭借自身日益增强的文化优越感,更多的则是依靠思想和道德自身的力量传播文明。它超越时代、地域和民族的界限,甚至能够在一定范围内克服宗教和种族的偏见,为自己开辟广阔的传播空间,丰富了世界文明,促进了世界性的文化沟通和交流。

---

[1] 转引自《落日的辉煌》一文,原载于《光明日报》2000年6月19日A3版。

## 欧洲文艺复兴及其实践经验

欧洲文艺复兴运动因其思想和文化的恢弘而备受世人瞩目。文艺复兴发生在欧洲从中世纪向近代转型的过渡时代,是欧洲在意识形态层面开启的一场同封建文明决裂,在知识、科技、人文和社会诸多领域中展开的一场新思想和精英文化的运动。它是以反封建、反天主教会旧传统、反对神学蒙昧主义为主要内容的伟大的思想解放运动。中世纪晚期欧洲面临总体的危机。"阿维农之囚"[1]后,罗马教廷的教权下降,封建生产方式逐渐解体。人们由于信仰的失落和价值符号的错位,在时代逐渐转型的风云中,直面生存的深渊,渴望走出漫漫黑夜。欧洲文艺复兴的画卷,揭示了先进思想者和先进知识分子在历史关键时刻的启蒙作用。先进文化是人类社会发展的灵魂,是促进社会进步的导向和动力之一。它发挥着震古烁今、振聋发聩的精神解放作用。

14 世纪意大利"人文主义之父"彼特拉克(1304—1374)

自 14 世纪初至 17 世纪 30 年代共三百余年的欧洲文艺复兴时代[2],先进知识分子的思想体系和精神特征是人文主义,这是一个历史范畴的特定概念,其主要标志是以人为中心,"文艺复兴时代,反对'以神为本',开始强调'以人为本',把人当作文学、艺术等各个领域反映的主体,描绘人、歌颂人,把人放在宇宙的中心"[3]。文艺复兴并非古代希腊罗马文化的复活,而是返本开新,从古文明的源头活水汲取智慧,利用古典文学艺术作品中的现实主义成分、自然科学和哲学中的唯物主义因素,并顺应新时代发展的要求,创造性地初步完成了古典文明的现代性转化。人文主义在哲学观上表现为人本主义,在政治思想上体现出民族主义和民主政治的倾

---

[1] 由于人民反罗马教廷斗争的高涨和法王腓力四世的胁迫,教皇克莱门特五世将罗马教廷搬至意大利北部罗纳河边靠近法国的阿维农小城镇,此地成为天主教教会的新首都。教皇屈从于法王意旨,人们形容教权衰弱的这一时期为"阿维农之囚"(1309—1378 年),参见刘明翰著《罗马教皇列传》,人民出版社,2013 年版,第 91—96 页。

[2] 这是拙作 12 卷本《欧洲文艺复兴史》(人民出版社 2010 年版)的创新提法,与西方及原苏联的观点明显不同。"欧洲文艺复兴时代"通说为 300 余年,以 1313 年但丁发表《神曲》为开端,迄弗朗西斯·培根著的《新工具》(1620 年)和笛卡尔著的《方法论》(1637 年),新哲学的建立为断限。

[3] 加林主编:《文艺复兴时期的人》,李玉成译,生活·读书·新知三联书店,2003 年版,第 6 页。

向,在伦理思想上集中表现为反禁欲主义,在文学艺术上展现了现实主义。对欧洲文艺复兴,恩格斯曾评价道:"这是一次人类从来没有经历过的最伟大的进步的变革。"

欧洲文艺复兴时代,人文主义的核心是"人的解放"或者说是"以人为本"。肯定人在社会发展中的主体作用,反对人被边缘化;它同时是一种价值功能的取向。尊重人的价值、社会价值和能力价值,肯定人是权利和责任的主体,重视反映和描述人内心的丰富、刚毅和健美;它还是重要的思维方式,否定封建文化和神学在众多领域中的主导地位,提倡和关注人的共性和个性,树立人的自主意识,"以人为本"的提出,发挥了积极进步的历史作用。然而,社会的积壳层岩永远不是一朝便能凿穿的,疏浚如导壅,发明如烛暗,人文主义思潮和文艺复兴运动随着历史的向前发展,其体系也是逐渐深化和丰满的。

左图为波兰天文学家哥白尼(1473—1543),右图为尼德兰解剖学家萨维留斯(1514—1564)。

在欧洲文艺复兴的早期和中期,即16世纪中叶,哥白尼的《天体运行论》("日心地动论")出版(1543年),爆发了天文学革命;维萨留斯的《人体构造论》问世(1543年),开创了生物学革命。恩格斯曾指出:"哥白尼的'日心地动说'是人类认识宇宙的重大革命,哥白尼那本不朽的著作的出版,向自然事物方面的教会权威挑战,开始了自然科学的新纪元。"[1]俄罗斯著名科学家巴甫洛夫称维萨留斯的《人体构造论》一书"是人类近代史中第一部人体解剖学"[2],维萨留斯"被誉为现代解剖学之父和现代生理学之父"[3]。通过对中国和西欧历史的比较,在近代自然科学诞生之前的14—16世纪中叶,中西文明的发展状况和成就基本上处于同一水平线。只不过从后来的历史进程来看,两大文明的发展轨迹却恰恰相反,西方文明随工业革命、新航路开辟而不断上升、拓展,而皇权愈发集中的中华农业文明却在不进则退的人类历史大潮中日渐衰落下来了。

中国在明朝中期时,发展状况与西欧基本上处于同一水平线,这时的西欧在地

---

[1] 恩格斯:《自然辩证法》(节选),载于《马克思恩格斯选集》第4卷,人民出版社,1995年版,第263页。
[2] [俄]巴甫洛夫:《安德烈·维萨留斯:〈人体构造〉》第1卷,莫斯科,1950年俄文版,第1023页。
[3] [美]菲利普·李·拉尔夫等著:《世界文明史》上卷,商务印书馆,1998年版,第865页。

中海沿岸某些城市中出现了资本主义萌芽,而中国在江苏南部和浙江西部的丝织、棉纺织业中,在江西的陶瓷业中也开始产生资本主义萌芽。至于此类资本主义萌芽能否最终产生出资本主义制度,那是另外一个问题。当时中国明朝的丝织业工艺水平高于西欧,但英国、意大利呢绒、棉毛纺织业已超过中国。西欧农业产量较高,但中国粮食作物种类多,双方互有优缺项。文化领域16世纪中叶前,西欧产生了一批文史名著,如《神曲》、《巨人传》、《十日谈》、《罗马衰亡以来的千年史》等等,还有一批艺术杰作,如《最后的晚餐》、《蒙娜丽莎》、大卫雕像等。而此时中国面世的《永乐大典》(共22937卷,1407年编成)、《水浒传》、《西游记》等享誉世界。李时珍的《本草纲目》中搜集的草药植物划分为9类,比欧洲植物学的鼻祖林耐在《植物种志》(1753年)中提及类似的分析法要早200年。但从16世纪中叶后,也就是欧洲文艺复兴后期,西欧的自然科学和人文社会科学的新发展,使中国落后于西欧的程度日益扩大,最终达到农业文明相对于工业文明的质的差距。

综合欧洲文艺复兴过程的实践,证明文艺复兴运动是一场人的解放的运动,它破除迷信,解放思想,摆脱了"万马齐喑"的罗马教廷"一言堂"的局面,人们"不再集中他们的思想和才力于来世天堂上的存在了。他们竭力想建设他们的天堂在这一个地球上……"近代自然科学迎着暴风雨诞生了,长期以来,中外各国学者多主张哥白尼的天体运行论开辟了近代科技的新纪元,我们经过历年的潜心研究,认为哥白尼的"日心地动论"和维萨留斯的"人体构造论"共同开辟了近代科学技术的新纪元。随后,新哲学、新政治学、法学和教育学等相继问世。在文艺复兴与宗教改革运动中,空想社会主义先驱者及其代表性名著涌现在世人面前。文艺复兴的进步变革推动了反封建专制的斗争,"这是人类以往从来没有经历过的最伟大的、进步的变革,是一个需要巨人而且产生了巨人——在思维能力、激情和性格方面,在多才多艺和学识渊博方面的巨人的时代"[1]。文艺复兴运动与其后欧洲的宗教改革、启蒙运动、工业革命以及资产阶级革命,似乎都有着一个共同的主题,那就是人的解放,同时伴随着生产力的解放。我认为这便是近代以后西方文明领先于世界其他文明的根本原因所在。

## 我国改革开放36年来的奇迹和前进中的某些问题

目前,全球共有232个国家和地区,其中联合国会员国计有192个。在世界银

---

[1] 恩格斯:《自然辩证法》(节选),《马克思恩格斯选集》第4卷,人民出版社,1995年版,第261—262页。

行、粮农组织和世界卫生组织等国际机构的常年数据统计和全球排名中,有183个国家和地区。2011年1月20日,是我国历史上值得纪念的一天,据中国国家统计局的公布和联合国有关机构的详细核实,2010年末中国GDP总值已超越日本成为全球第二大经济体。

必须强调指出,20世纪初的中国仍然是一个积贫积弱、百废待兴的贫困国家,21世纪的十多年来,我国先后在国际贸易总量、制造业产值年总量以及吸引国际直接投资(FDI)年总量等几项关键指标上超过了近年来经济不振的西方部分国家。2012年初,中国城镇人口首次超过农村人口已达6亿9000万人,城镇化比率已达到51.27%。各国历史上城镇化历程,英国用了120年,法国经历了100年,美国用了40年,而第三世界人口众多的中国仅用了22年,十年来中国共消灭了90万个农业自然村,以平均每天消失80—100个村庄的速度而城镇化。2012年,中国的GDP年增长率7.8%,长期快于世界主要国家和地区。世界500强企业排行榜中,2012年上榜的中国企业已达79家,其中中国大陆是69家,仅居美国之后。我国的外汇储备,2009年末突破2万亿美元,2011年末达3.18万亿美元,年均增长30.7%,国家的外汇储备10年增长了10倍多,连续7年稳居世界第一位。我国工业中的制造业突飞猛进;农业上粮食产量到2012年实现"九连增",特别是2012年全国各地免除农业税。我国科技进步神速,其中重要标志是"神舟飞天"、"蛟龙入海"。"神舟飞天"标志着我国成为世界上第三个掌握载人航天技术的国家。2012年10月25日,我国成功发射第16颗北斗卫星,开启了中国卫星导航技术的新时代。我国拥有完全自主知识产权的北斗卫星导航系统,是继美国的GPS、俄罗斯的"格洛纳兹"及欧洲的"伽利略"之后,全球第四大卫星导航系统。

综上所述,我国自改革开放后所取得的经济、科技、国防等方面的成就是世界瞩目的,这些奇迹是中国广大工农和知识分子艰苦奋斗、顽强拼搏的结果,应当予以肯定。但另一方面,必须要看到,这是靠高耗能、低工资、低社会福利换来的。据我国当年的正式统计,2001年中国的GDP仅约为美国的1/8,2011年达到了美国的1/2。以2010年为例,我国的社会及民生投入仍然较低。如:人均收入在全球列第127位(即全球倒数第56位),教育投入方面,世界上各国平均水平为GDP的4%,而我国2010年仅为3%,到2011年才达到4%的世界平均水平。医疗卫生方面,中国2010年人均投入仅占GDP的0.8%,远低于全球10%的平均水平。

再则,我国在崛起过程中的问题也十分突出,有些已成为进一步前进的瓶颈。主要表现在政治改革未能深入,没有形成完备的法律规范体系和严密的依法治国的基本方略。如何像在经济领域改革开放一样,充分解放思想,激发出国人在政治文明建设、精神文明建设中的聪明才智;如何在充分汲取古代中华文明优秀遗产的前提下,完成中华文明的现代性转化。这些都是我们今天中华文明伟大复兴道路上难以回避的问题。结合我国当前的实际,笔者愿提出几点浅见仅供参考并恭候赐教。

## 中华文明需要也完全可能实现伟大的复兴

"温故而知新,鉴往而知来","长风破浪会有时,直挂云帆济沧海"。中华文明的伟大复兴,是中华56个民族衷心期盼和为之艰辛奋斗,力争民富国强的中国梦。习近平总书记曾强调,"历史是最好的老师。在漫长的历史进程中,中华民族创造了独树一帜的灿烂文化,积累了丰富的治国理政经验,其中既包括升平之世社会发展进步的成功经验,也有衰乱之世社会动荡的深刻教训。我国古代主张民惟邦本、政得其民、礼法合治、德主刑辅,为政之要莫先于得人,治国先治吏,为政以德、正己修身,居安思危、改易更化……"[1]

世界正处于大发展、大变革、大调整的时期。逆水行舟,不进则退。曾经繁荣强盛的中华文明,在经历了一百多年的从沉沦、抗争,到奋起图存的历史,终于走上了有中国特色社会主义的道路,国家开始和平崛起,文明开始谋求伟大复兴。成就来之不易,问题仍需认真研究。面对挑战,如何将实现中华民族的伟大复兴视为时代赋予这一代中国人的历史机遇而去积极、慎重地应对,值得理论学术界充分讨论,在此我们仅提出一些问题供思考。

首先,欧洲文艺复兴最重要的历史功绩在于对人的解放,人的解放应当是全方位的。

他山之石可以攻玉,欧洲文艺复兴运动对于西方文明的巨大历史作用,值得我们认真地总结和借鉴。历经300余年的欧洲文艺复兴运动,开创了人类历史上第一次思想解放运动,初步完成了破除迷信、解放思想,"人"从"神"的束缚下解放出来,继而推动了其后欧洲的宗教改革、启蒙运动、工业革命到资产阶级革命,同时促成了近代科学新纪元的出现。贯穿其间的主题,那就是人的精神的解放,与之相伴的便是生产力的解放。我认为这便是近代以后西方文明领先于世界其他文明的根本原因所在。中世纪之前的欧洲可以说落后于中国,但文艺复兴运动成为两大文明发展轨迹中的重要分水岭,并以其特殊的方式改变了整个人类的历史进程。

具体对中国而言,五四运动时代的启蒙取得了不小的成果,但是被其后的救亡所打断,未能完成破除迷信、解放思想的历史使命。人精神的解放应当是全方位的,我们研究欧洲文艺复兴的历史有这样的体会,文艺复兴绝非像一般人理解的那

---

[1] 原载于《光明日报》2014年10月14日第1版。

样,好像仅仅是在文学艺术领域赞美、歌颂了人而取得了巨大的成就,它在经济、政治、文学、艺术、法学、哲学、科技、教育等领域都取得了革命性的突破,它对整个西方文明的意义和影响是十分深远而广泛的。再回到中国的问题上来,改革开放后的中国更多地是在经济领域开启了思想解放的尝试,30多年来在此领域所取得全球瞩目的成就,足以证明中华民族是富于聪明才智、富于创造力的民族,中华文明完全有可能在这一代中国人的手中得以复兴。那么我们不妨大胆假设,如果我们能够像在经济领域改革开放一样,充分解放思想,激发出国人在政治文明建设、精神文明建设中的聪明才智,是不是同样也能创造出令世界称颂的奇迹来呢?

其次,中华文明的复兴应当是对中华古文明中的精华做出现代性的转化。之所以称之为"复兴",必然是要有继承,有发展,继往开来方能称之为"复兴"。

从近代开始,西潮东来,面对"数千年未有之大变局",国人或抱残守缺、妄自尊大;或尽失自信,以夷变夏。近世之国人震于西学,以己之衰比彼之盛,以为非尽弃固有,不足以言革新。于是对西学做无根之嫁接。我们知道文化的兴衰是与能否纳新、能否迎战相呼应的。犹如江河之于细流,拒之则成死水,纳之则诸流并进,永葆活力。文化之活力在兼容并包,同时须纠正自断脐带、漠视传统的错误,使传统与现代有机地衔接。对于一个伟大民族而言,传统与现代应该是一个连续性的整体,既不应该也不可能分割断绝。

作为世界上唯一没有中断的中华文明,其文化当然具有贡献于世界优秀价值观的潜力。西方先行于世界其他文明一步,实现了其文化的现代化,提炼出自身优秀的文化价值观,而后挟工业文明之威,完成了世界性传播,并据此构建了世界秩序。中华民族长期以儒家内向自省为价值取向,其"和合"的文化价值观一定程度上也决定了中国的崛起从根本上是内敛性和包容性的。历史上中国的疆域扩大、民族融合是文化与民族内聚而形成的,并未伴随着以轴心向外辐射的大规模军事扩张,这一点同西方的大国崛起恰恰相反。此一特质既动摇了各版本"中国威胁论"的文化根基,也会增强我们推动中华文明复兴的道德自信。目前首要的任务是着手实现中华传统文化的现代化,提炼出自身优秀的文化价值观。从中国自身发展的逻辑上,完成一个从"中国制造"到"中国创造"的升级与转型,这种转型也将为未来国际社会的和而不同、共同发展作出应有的贡献。

再次,在中国特色社会主义旗帜下,突出加强政治文明建设,对于当前的形势显得格外迫切。

社会主义民主政治是建设服务型政府的政治基础,离开这一基础,或忽视法治建设,会继续出现官员特权和贪腐。我国宪法规定国家权力属于人民,官员并非公民的"父母",而应是公民的公仆。只有真正实行民主政治,切实关注民生才可能获得民众的价值认同。从共和国建立起,提出要实现人民民主业已65载。我国宪法赋予公民的政治权利,特别是监督政府和官员的权利,贯彻执行得十分不够,少数官员及其配偶子女垄断国家企业厂矿,官商勾结、营私舞弊,严重之极。在当前"老虎苍蝇一起打"的同时,一定要充分认识到,这正是健全民主政治和法治建设的良好契机。

时代将中华文明复兴的重任历史地交付给执政党——中国共产党,"打铁还需自身硬",如何适应时代的要求,来加强党自身的建设,也是当务之急。1921年后近百年来中国人民历经曲折、奋斗、牺牲,终于找到了改变中华民族命运的正确道路。大量事实证明,在各个历史时期中国共产党的大多数党员是好的和比较好的。党要管党,必须从严治党、依法治党。发挥全体党员在中华文明伟大复兴中的模范带头作用,履行好执政党的职责,才能完成历史赋予它的神圣使命。

综上所述,具有民族性的文明并非只容本民族所专有,其中常寓有通行的人类性的内容,正因如此,文明的成就可以被传播、借鉴。欧洲文艺复兴运动以回归古典为形式的,对古文明的现代性转化,其最重要的历史功绩在于对人的全方位的解放,值得中华文明在复兴的道路上认真汲取。同样,具有时代性的文明也并非仅能风行于一时,其中常寓有不变的永恒性的内容,正因如此,文明才得以积累和传承。任何国家在实现现代化的过程中都面临着如何对待传统文化的问题,作为世界历史中强大文明之一的中华文明,其伟大复兴当然应是建立在对中华古文明中的精华做出现代性转化的基础之上。再则,如何在中国特色社会主义旗帜下,加强政治文明建设,完善法治并建设好社会主义民主政治,解决国家崛起过程中出现的突出问题,是摆在中国共产党人面前的一大课题。我们相信,围绕中华文明伟大复兴这一主题,通过百花齐放、百家争鸣的方式认真研讨、慎重论证,我们一定不会辜负时代赋予我们这一代中国人的历史使命。

[编辑 郑 群]

# 评三位诺贝尔奖获得者对"李约瑟难题"的探讨

马保玉*

【摘要】 有关"李约瑟难题",无论是科技史学者,还是其他学术领域的学者,都耳熟能详。对于这个问题的研讨,已经持续了半个世纪。在很长一段时间中,学术界把"李约瑟难题"视为研究中国科学技术史无法回避的问题。而"诺贝尔奖获得者"这一特殊人群对该问题的探讨,更是引起了世人的关注与重视,但就其具体观点来看,却也有值得分梳之处。

【关键词】 李约瑟难题;爱因斯坦;汤川秀树;杨振宁。

李约瑟(1900—1995)是英国著名科学家、科技史家、英国皇家学会会员,1964年他在《东西方科学与社会》一文中提出一个有关中国科技的疑问,被人们称为"李约瑟难题"。这一疑问有许多不同的表述方式,得到公认的表述方式是:"从公元前1世纪到公元14世纪的漫长岁月中,中国人在应用自然知识于人的需要方面,曾经超过欧洲人,那么,为什么近代科技革命没有在中国发生呢?"它的核心思想是:中国文化为什么没有能够孕育出近代科技?[1]

对于"李约瑟难题",曾经有三个诺贝尔奖获得者——爱因斯坦、汤川秀树和杨振宁,根据自己的研究体会提出了自己的解答,有的观点虽然不是针对"李约瑟难题",但也无意间触及了这一问题,本文就是对他们的观点所做一点分析探讨。

## 一、爱因斯坦:缺乏科学实验说

爱因斯坦认为中国之所以没有产生近代科学是由于中国古代缺乏形式逻辑和

---

* 马保玉,河南省新乡学院教师,研究方向:科学技术哲学、科学技术史。
[1] 刘大椿:《"自然辩证法"研究述评》,中国人民大学出版社,2006年。

科学实验方法。此话出自1953年爱因斯坦给美国一位记者的一封信,这位记者请爱因斯坦谈谈近代科学在西方产生的原因,爱因斯坦在回信中如是说:"西方科学的发展是以两个伟大的成就为基础,那就是:希腊哲学家发明形式逻辑体系(在欧几里得几何学中)以及(在文艺复兴时期)发现通过系统的实验可以找出因果关系。在我看来,中国的贤哲没有走上这两步,那是不足惊奇的。要是这些发现果然都作出了,那倒是令人惊奇的事。"爱因斯坦的信包括两层含义:第一,近代科学的产生需要两个基本条件,即形式逻辑理论和科学实验方法。第二,"中国传统科学文化缺乏形式逻辑理论和科学实验方法,因而根本不可能像西方一样产生近代科学"[1]。爱因斯坦这封信一经公开发表,由于他在科学领域的崇高威望,被纷纷引用。李约瑟认为这是西方中心论,即科学文明产生于西方,与近代西方科学文明密切相关的所有西方古代文明都是先进的。1961年7月,李约瑟在牛津大学科学史讨论会上所作报告《中国科学传统的贫困与成就》针对爱因斯坦的观点指出,"无论是谁想要解释中国社会未能发展出近代科学的原因,那他最好是从解释中国社会为何未能发展商业的以及后来的工业的资本主义入手","如果中国社会曾可能出现类似于西方的社会和经济的变革的话,那么在那里也许本来是会出现某种形式的近代科学的"[2]。李约瑟对爱因斯坦提出批评说:爱因斯坦是物理学上的权威,如果请他当法官来判断物理学上的是非是合理的。但"爱因斯坦对于包括中国在内的东方古代科学文化知之甚少,因此,在裁决欧洲文明与亚洲文明优劣的法庭上,爱因斯坦的崇高名声不应被提作证人"[3]。

笔者认为,首先我们必须承认,爱因斯坦所说的中国缺乏"在文艺复兴时期发现通过系统的实验可以找出因果关系"是一个不争的事实。中国古代对于自然现象的理解,基本上是处于元气、阴阳、五行为基础的思辨状态。但缺乏不等于没有。沈括就做过共振实验,他剪一小纸人,放在基音的弦上,拨动泛音弦的时候,纸人就因共振而跳动,拨动别的弦就没有这现象;如果两琴的频率相同,那拨动另一琴的应弦,这一琴上的纸人也会跳动。共振现象早在战国时就有记载,但这是第一次用实验法的方法去研究。欧洲15世纪才开始做共振实验,17世纪才有英国人做类似沈括的实验。元代的天文学家、数学家赵友钦在他所著的《革象新书》里有关于视角、光的直线进行、照度等光学研究内容。他设计了一个完备的实验,证实了关于小孔成像的规律:孔相当小的时候,由于光的直线进行,不管孔的形状怎样,所成的

---

[1] 胡化凯:《关于中国未产生近代科学的原因的几种观点》,《大自然探索》,1998年第3期。
[2] 陈晋、周艳、章晓宇、孙岷、崔文华:《大国崛起》,《乌蒙论坛》,2009年第1期。
[3] 胡化凯:《关于中国未产生近代科学的原因的几种观点》,《大自然探索》,1998年第3期。

像总是光源的倒立像。这时孔的大小只影响亮度:孔大的"所容之光较多",因而比较亮;孔小的"所容之光较少",因而比较暗。当孔相当大的时候,所得到的像却是正立像。赵友钦还从实验归纳得出光源的远近、强弱与小孔、像屏的远近之间的关系。《淮南子》和《梦溪笔谈》里也都有关于阳隧焦距的认识。郭守敬有句名言:"历之本在于测验。"他很精于制作仪器。中国古代天文学的几千年的基本思路都是"先之以精测,继之以密算"。朱载堉(1536—1610)在前人不断探索和自己努力试验基础上,发明了十二平均律,解决了长期存在的难题,为音律学作出了划时代的贡献,比欧洲音乐理论家梅森(法国)的同样发明大约早半个世纪。朱载堉是明朝宗室亲王之子,李约瑟称之为"中国文艺复兴式的圣人",早年学习历法数学,后来钻研乐律,著有《乐律全书》等乐律和历算方面的多部著作。所谓十二平均律,就是用等比级数的方法平均分配倍频程的距离,取二的十二次方根作为公比,大约等于 1.05946,近代键盘乐器、竖琴等都依这一规律定弦……很多事实表明,中国古代不仅有实验的方法,还有严密的计算。问题在于这时的计算和实验与西方"在文艺复兴时期发现通过系统的实验可以找出因果关系"相比,还远不在一个层次上。

以地质学为例,我们知道西方地质学发展史上有火成论与水成论之争。火成论者赫顿强调地球内热的地质作用。赫顿主张地球内部是高温熔化的岩石,地球的坚固表面就仿佛是作为它们的容器,容器封闭的很紧,在一定情况下,熔化的岩石从内喷出,使上面的岩层发生倾斜,冷却的岩浆形成结晶层,如玄武、花岗岩。他的朋友霍尔把熔岩放在铁厂的高温炉中熔化,发现快速冷却变成玻璃状,缓慢冷却变成像玄武岩那样的结晶体。霍尔又把石灰石在一个封闭的容器中加热,冷却后变成了像玄武岩那样的结晶。后来霍尔又把沙子和海水放在铁壶里加热,结果发现它们变得像沙岩一样坚硬结实。这些实验都支持的赫顿的观点。水成论反对赫顿的观点,认为熔化的岩石不会因为冷却而变成结晶体,只会像火山爆发出的那样的熔岩,才会变成玻璃状的东西。有些岩石如石灰岩受热后就会分解。但这些说法在实验面前都站不住脚。火成论者赫顿提出了经典地质学的基本研究方法,而我国则一直处在水成论或火成论的观察猜测水平。关于海陆变迁的思想,虽然在唐代以前已经产生,如晋代葛洪、北宋科学家沈括发现太行山麓的山崖之间有螺蚌壳和卵石,推断这里是以往的海滨,进而用河流泥沙淤积作用正确地解释了太行山以东的华北平原的成因,对海陆变迁的认识又深入了一步。南宋哲学家朱熹也根据高山上的螺蚌壳化石,进一步推断水变成陆、土变成石的道理。但这只是猜测的结果与事实相符,缺乏科学的方法和论证过程。

再如胡克定律。现在有的学者从《周礼》中找到了我国先秦时期就早于胡克 1500 年前就发现了该定律的记载:"弓有六材焉,维干强之,张如流水。维体防之,引之中参。维角撑之,欲宛而无负弦,引之如环,释之无失体,如环。材美,工巧,为之时,谓之参均。角不胜干,干不胜筋,谓之参均。量其力,有三均。均者三,谓之九和。九和之弓,角与干权,筋三侔,胶三锊,丝三邸,漆三斛。上工以有余,下工以不足。"郑玄在《十三经注疏》中为这段文字如此作注曰:"参均者,谓若干胜一石,加角而胜两石,被筋而胜三石,引之中三尺。假令弓力胜三石,引之中三尺,弛其弦,以绳缓摆之,每加物一石,则张一尺,故书胜。"

单从结论看,的确与胡克定律是一致的。但是中国人由于缺乏数学工具,没有像胡克那样指出弹性力的大小与弹簧离开平衡位置的距离成正比,只是都看到了弹簧被外力拨离开平衡位置后若撤除外力,则会在平衡位置附近做周期性的伸缩。但谁也没有认识到伸缩的时间间隔相等。而西方人正是因为这一原理的发现,使便携式钟表的制造有了依据。

可见,中国虽然有实验的方法,但缺乏系统的实验,更没有作为一个工具普遍应用于科学研究的过程,和西方文艺复兴时期的实验相比,还有很大的差距。

## 二、汤川秀树[1]:缺乏原子论说

日本的诺贝尔奖获得者汤川秀树是日本研究中国科学史的第一人,可称泰斗。他与日本天文学家和科学史家薮内清[2]1974年12月12日在新闻媒体上曾有一个题为《中国科学特点》的对话,讨论了中西科学的差别。其中汤川秀树认为,中国古代缺乏原子论和欧氏几何,中西方古代科学文化显著区别是:"在希腊产生了原子论,而在中国则没有产生原子、atom之类的思想,与此相对应,一谈到自然界的实

---

[1] 汤川秀树(1907—1981),日本科学家。生于东京,1938年获大阪帝国大学博士学位,曾执教于京都大学、大阪大学、东京大学,任教授。他从1946年起主编英文杂志《理论物理学进展》,向国外介绍日本理论物理学的研究成果。1948年受聘为美国普林斯顿高级研究院客座教授,1949—1951年任哥伦比亚大学教授。1953—1970年任京都大学基础物理学研究所第一任所长。1949年,汤川秀树因在核力的理论基础上预言了介子的存在而获诺贝尔物理学奖,是第一位获诺贝尔奖的日本人。

[2] 薮内清(1906—2000),日本科学史家和天文学家。1929年毕业于京都大学宇宙物理学专业,1948年为京都大学研究员,1949年任京都大学人文科学研究所教授,1967年任人文科学研究所所长。1969年退休后任京都大学荣誉教授,转任龙谷大学教授。1972年美国科学史学会授予薮内清科学史家的最高荣誉Sarton奖。1983年当选日本学士院会员。薮内清主持的科学史研究班先后花费20余年的时间,集体研读了《天工开物》、《齐民要术》、《梦溪笔谈》、《物理小识》等相关书籍,在此基础上主编并出版了《天工开物の研究》(恒星社,1953)、《中国古代科学技术史の研究》(京大人文研,1959)《中国中世科学技术史の研究》(角川书店,1963)《宋元时代の科学技术史》(京大人文研,1967)《明清时代の科学技术史》(京大人文研,1970)等。

体便使用了'气'这个概念。……另一个区别是,虽然中国数学早已很发达,但始终没有出现欧几里得几何一类的东西。"[1]"由于这两点就产生了很大的不同……总括起来说,原子论和欧几里得几何这二者都是希腊所仅有,而且是其他古代文明所没有的。作为结论是否可以这么说:从中国式的自然哲学向我们所知道的近代科学或精密科学转化,不能不产生很大的困难。"[2]他接着指出,正是"在欧几里得几何和原子论的延长线上",伽利略和牛顿等人取得了划时代的科学成就。欧几里得几何是一种公理化的方法,原子论给人们一种新的看问题的方法。牛顿、伽利略、波义耳都是用原子的观点看待物理、化学图像。牛顿把太阳看作一个点,波义耳把元素看作一个点,这样的一个看待世界的方法,不仅仅是一个科学概念,也是一种看问题的方法,物理学上叫做质点隔离的方法,实际上就是一种分析的方法。汤川秀树认为这样的逻辑的物理的模式、原子论的思想对近代科学产生有着重大的影响。

中国传统文化中有没有原子论?20世纪七八十年代的中国科学史界认为中国古代有原子论。理由有二,其一,《庄子·天下篇》说:"至大无外,谓之大一;至小无内,谓之小一。"其二,《墨经》说:"非半弗斱则不动,说在端";"端,体之无序而最前者也。"其实,有无原子论,其基本判断依据应该不少于以下两点:其一,原子是形体上不可分的最小物质微粒;其二,原子是构成宇宙万物的基本元素。我国的这些思想都没有本体论意义上的原子论,只是有几何上的点的概念。70年代末80年代初科技史界有一个明显的特点是强调西方有什么中国也有什么,甚至比西方的还先进。但实际认真考察不是那么回事。中国古代"小一"是几何点,"端"是几何点或面,虽然它们具有类似于"原子"的不可分割性,但却不具有万物元素的本体论意义。人们至今并未在中国古代文献中发现一条明确论述"小一"或"端"是宇宙万物共同本原的材料。因此,说它们是"原子",理由并不充分。李约瑟也承认,"中国古代思想家停顿在原子论的大门口,而从来没有进去过"[3]。

笔者认为,原子论(早期称微粒论,道尔顿之后称作原子论)实际上是机械论的雏形。机械论在一定意义上说对近代科学的诞生起到了重要作用。德谟克利特的原子论原著没有流传下来,主要通过卢克来修流传下来。卢克来修认为原子的运动产生碰撞,碰撞产生涡旋,最后产生物质,这就是机械决定论。一切运动都有原因,但是是机械原因。

---

[1] 左勇、钱兆华:《"李约瑟难题"研究述评》,《江苏大学学报》(社会科学版),2006年第5期。
[2] 胡化凯:《关于中国未产生近代科学的原因的几种观点》,《大自然探索》,1998年第3期。
[3] 同上。

这种认识直接导致了许多重大科学发现,如热质说、燃素说。近代随着古希腊原子论的复兴,学者们习惯于用粒子图像解释各种物质现象。在这种认识背景下,一些人把热看作某种特殊的物质微粒,提出了"火原子"、"热粒子"、"燃素"等概念,并在此基础上建立了一些解释热现象的定量理论。17世纪,法国学者伽桑狄从原子论出发,认为热和冷都是由物体内的"热原子"和"冷原子"引起的;它们非常细微,呈球形状,非常活泼;物体燃烧时,热原子就以火焰的形式表现出来。英国科学家波义耳尽管认为热是由运动产生的,但也常常谈到"火原子",当他发现放置于容器中的灼热铁块使器壁受热时,认为这是"热"传播的结果。当他发现焙烧后的金属重量会有所增加时,将增加的重量归因于金属加热时吸收了"火原子"。1669 年,贝歇尔提出各种化合物都是由空气、水和三种"土"组成的学说。三种"土"是指"玻璃状土"、"流质土"和"油状土",它们分别决定化合物的可溶性、挥发性和可燃性。贝歇尔的学生斯塔尔接受了这种学说。他承认原子的存在,认为原子微粒在引力作用下相互吸引而结合成各种化合物。斯塔尔把"油状土"称为"燃素",创立了"燃素说"。他认为,"燃素是一种物质,它包含在所有可燃物体内,也包含在可以烧成渣滓的金属里面;燃素从物体中快速转动而逸出就是燃烧。燃素可从一种物体转移到另一种物体,烧过的产物只要从其他含燃素的物质(如油、蜡、木炭等)中获得燃素,就可复原为原先的物质"[1]。

1732 年,荷兰化学家波尔哈夫出版了《化学初步》一书,其中提出了与燃素说类似的思想。他认为,火是由细小的微粒构成的物质,具有高度的可塑性和贯穿性,能钻进物体的细孔里,同时又弥漫于宇宙之中,这种粒子彼此之间具有排斥性,所以可以改变物质内部的结合力。波尔哈夫把火区分为发热的火和燃烧的火。实际上,这已经把火和热作了区分,有了这样一个区分,西方人在此基础上一步一步地发现了热力学第一定律,也就是能量守恒定律。

再如光的微粒说。笛卡尔认为,光是一粒一粒的。光的反射是因为光颗粒打在被照射物上被弹了回来的结果。光的折射是光子从一种介质飞入另一种介质时,在介质面上发生了机械运动的改变,即在水平方向上保持不变,而在垂直方向上则受到阻力,运动速度减小,根据平行四边形法则,对角线方向则是光线传播的方向。于是,光线弯曲了。这个结论今天看起来同样让我们感到幼稚,但我们都知道,波动说与微粒说在经历了几百年的争论后,最终得出了科学的结论,光具有波粒二象性。遗传规律的发现也与原子论密切相关。奥地利的神父孟德尔注意到道尔顿的原子论已经成为化学理论的基础。原子相结合形成的化合物再分解的时候

---

[1] 杨仲耆、申先甲:《物理学思想史》,湖南教育出版社,1993 年,第 329 页。

原子并不失去原来的性质而游离出来。酷爱化学的孟德尔萌发了将原子转化成某种因子来看待生物的想法。1851年从维也纳大学学成归来的孟德尔神父在布尔诺修道院的植物园里开始了他的实验,种植、统计、分析了八年豌豆遗传规律,终于发现了遗传的物质基础。

这样的例子在西方科技史的长空里,繁若星辰,不可胜数。伽利略把从斜面上滑下的小球视若质点,牛顿更是把天体也当做质点,卡文迪许和库伦也是将一个最小电量单位看做像原子一样的点电荷。早在18世纪末期发现空气的重量和性能时,波义耳就假定空气是由微小的看不见的粒子化合而成的,这种微粒有着非常确定的物理质量,他还把这种观点扩展到了液体和固体。牛顿在描述这种假设存在的原子时也写道:"上帝在一开始时就用实心的、有质量的、硬的、不可侵入的微粒形成物质,……甚至硬到从来无法再将其分成更小的细块。"[1]在研究密闭在容器中的气体温度与压强、容积之间的关系时,波义耳就把气体看作原子,而且有重量。牛顿理解波义耳理论时认为原子之间有排斥力,大小与距离的平方成反比。罗斯卡认为压强是微粒碰撞容器壁造成的。波义耳也用到了微粒说,如认为金属锻烧后重量增加是因为火的微粒附着上了。这样,终于有了后来的分子热运动理论……这些都是气、阴阳、五行所不能的。"天地之间,一气而已。"[2]气"充一切虚,贯一切实,更何疑哉"[3]。这些都说明中国人是用连续的眼光看世界,而西方人是用间断的眼光看世界。

从上面详尽的论述我们不难看出原子论在西方近代科学发展中起到的重要作用。可能汤川秀树也正是基于这些史实才认为中国由于缺乏原子论,没能产生近代科学。问题是虽然原子论在西方科学史上有着极其重要的贡献,但这并不等于说西方科学发展史上是因为有了原子论才产生近代科学。从上面的分析回顾我们也能发现,原子论的思想方法的确促进了科学的发现,但假如没有原子论,难道西方近代科学就不能产生了吗?答案当然是否定的。因为揭开大自然神秘的面纱,途径是多样的,并没有固定的方法。1979年爱因斯坦100周年诞辰,学术界发了许多文章,其中一部分文章就是讨论爱因斯坦的科学方法。讨论的结果是大师的方法没有办法学,一般人不可能看出他所看出的问题,因为方法的运用有很大的主观性。通常,科学研究应该有一些基本的路子,构造理论有逻辑方法,实验有实验步骤。按照这些套路研究一般来说可以得到一些基本的认识和结论。这些方法入门

---

[1] 吴国盛:《科学的历程》,北京大学出版社,2002年。
[2] (宋)朱熹:《易学启蒙》,岳麓出版社,2006年。
[3] (明)方以智:《物理小识》,商务印书馆,1937年版。

可以,但要做出发明创造,还是要看出一般人看不出的东西,采用一些自己独特的方法。所以在构造理论体系,获得经验材料时,有它的现成的方法,但要发明创造就要有独特的方法,因为既然是发明创造就是创新,就是别人没有做过的,本身就包含着方法的发明创造。我们既要考察一般性的方法在科学技术进步中的作用,也要考察方法的独特性、独创性在科学发现中的作用,既不能墨守成规,又不能说科学研究无定法、方法没有什么用处。

胡适治学非常重视材料。"有新材料才可以使你研究有成绩、有结果、有进步。我们要上穷碧落下黄泉,动手动脚找东西。"[1]这对历史学或者经验性强的自然学科如生物学来说、地理学来说很对,因为需要在一定经验材料上进行归纳,但对于科学发展到理论层次比较高的学科,比如理论物理,爱因斯坦、海森堡、波尔都不重视材料的收集,认为大量收集材料都属于归纳,而真正有价值的是从有限的材料中找出其背后隐藏着什么,提出假设。

这就是说原子论在西方科学发现的历程中起到了巨大的作用,但很大程度上,它只是一种思想方法,而且不是唯一的方法。因此,不能把中国没有诞生近代科学归因于中国没有原子论。

## 三、杨振宁:缺乏中产阶级说

1993年4月27日,杨振宁在香港大学作题为《近代科学进入中国的回顾与前瞻》讲演时说:"阻碍中国萌生近代科学的多种原因有:缺乏独立的中产阶层,学问就只是人文哲学的观念,教育制度里缺匮'自然哲学'这一项,束缚人们思想的科举制度,以及缺少准确的逻辑推论的传统。"其中的"缺乏中产阶级"之说值得进一步分析。

杨先生所说的"缺乏中产阶级"实际上就是缺乏资本主义对科学技术的需求。持这种观点的不止杨振宁一人。中国的学者最有代表性的是杜石然,他也认为:"近代科学之所以不能在中国产生,不能单纯地从中国古代科学技术体系的内部去寻找原因,这个问题归根结底是和资本主义何以在中国始终得不到发展紧密联系在一起的。""近代中国科学技术长期落后的根本原因是由中国长期的封建制度束缚所造成的,而近代科学之所以能在欧洲产生,其根本原因也是由于新兴的资本主义社会制度首先在欧洲兴起的结果。"[2]

---

[1] 姜义华、章清:《胡适学术文集》,中华书局,2001年。
[2] 胡化凯:《关于中国未产生近代科学的原因的几种观点》,《大自然探索》,1998年第3期。

对此,笔者想提出如下两点看法。其一,中国古代也曾有资本主义萌芽,有一定程度的商品经济发展。其二,资本主义生产方式推动了科学的诞生,但并没有直接促成科学发现。

我国明代中期已经有了资本主义生产关系的萌生。明朝中叶,由于商品经济的发展,工商业大城市增多,全国形成了南京、北京等40多个工商业都市,尤其是江浙一带,集中了全国三分之一的大都市,成为经济最发达的地区。在苏州、无锡一带,纺织业十分发达,不少农民进城当纺织雇工,"机户出资,机工出力,相依为命久矣"[1]。"我吴市民罔籍田业,大户张机为生,小户趁织为活。每晨起,小户百数人,嗷嗷相聚玄庙口,听大户呼织,日取分金为饔飧计。大户一日之机不织则束手,小户一日不就织则腹枵,两者相资为生久矣。"[2]这些都说明,我国已经出现了新兴市民阶层和资本主义生产关系的萌芽。同时,农村也已经出现了资本主义经营方式。由于城市商业经济的发展,江南沿海一带,开明的地主逐渐不再种植粮食作物,而是种植桑棉、烟草等经济作物,并且兼营纺织、印染等工业。此外,还出现了钱庄、会票等行会组织。

但这一切与西方相比则是小巫见大巫。两次工业革命对科技发展的促进可以说起到了火车头的作用。随着海外殖民扩张以及海外市场的日趋成熟,从而使得各种商品的需求量越来越大,原来以手工工场作为支撑的生产能力变得越来越无法满足需求了。为能经受住这种考验,英国整个国家都被动员了起来。一个英国棉纺主,从他在伦敦的经理人那里就得到这样的信息:"无论你生产多少平纹布,不管好的次的我们都要。"市场上如黑洞般的迫切需求,首先出现在纺织业,众所周知,这个行业的产品与普通人的日常生活最密切相关。为了以更快的速度生产,工匠们的聪明才智都被充分调动起来,新的技术发明不断涌现,就这样,英国开始一步步地接近"工业革命"的起跑线。

比如炼铁,自然状态的铁通常都是作为铁的氧化物存在的。为了生产单质的铁,只得大量燃烧木炭,但森林资源破坏太大,只好改为烧煤。煤里含碳,铁中混有碳则很脆,不适合加工成型。懂化学的威尔金森,用鼓风机往炉子里吹风,风中的氧气与碳发生化学反应,从而去掉碳。有的地方的铁矿含磷,化学专业的托马斯往铁矿石中添加含镁的石灰石,这样,氧化磷或磷酸就被吸收掉了。反观我国,明末以前,我国冶金技术一直处在世界先进行列。洪武初年,取消了限制民间采矿的禁令,促进了民间炼铁业的发展,这一时期炼铁的规模是空前的。明代炼铁炉高一丈

---

[1] 谢贵安:《明实录研究》,湖北人民出版社,2003年。
[2] (明)蒋以化:《西台漫记》卷四《记葛贤》。

九尺,内径七尺,外径十尺。有些铁场的业务包括开山采矿、伐木烧炭、冶炼矿石、制造器具以及相互间运输等,已经初具联合企业的雏形。广东佛山就是明代重要铁产地之一,所制铁器远销南洋各地。但是,由于缺乏西方工业革命时期那样对于钢铁的质量上数量上的需求,因此,未能真正产生西方18世纪后半期那样的钢铁冶炼技术。

再看瓦特对蒸汽机的实质性改进,这是早期科学与工程对应的典型个案。在近代科学诞生的几千年当中,人类的活动基本上遵循这样一个模式:生产、技术、科学,也就是说凭经验进行生产,在漫长的生产过程当中,提炼出技术,然后在改进技术的过程当中产生科学。这是一个凭经验办事的过程,所以走了不少的弯路和错路。而瓦特没有重复前人的弯路,他从正在格拉多大学研究物质的潜热和比热的老师 Black 那里获得启发,发现纽可门的蒸汽机效率太低,是因为汽缸达到高温再冷却热浪费太大。他通过计算算出水变成蒸汽内含多少潜热,又通过制作汽缸的材料的比热计算出升温所需要的热量,最后提出双汽缸原理,专门让一个汽缸用来冷却做完功的蒸汽,而另一个汽缸则专门保持高温用来做功,动力机就这样诞生了。

但是,这里的问题是,我们讨论的是近代科学的诞生。从上面的分析看,资产阶级需要的是技术,而不是科学。应该说是社会需求产生了技术,而不是社会需求直接产生了科学。19世纪末之前,一直是技术领先于科学。以蒸汽机的发明与使用为例。热学研究物质处于热状态下的有关性质和规律,是一种关于物质热运动的宏观微象理论。从17世纪开始,欧洲人进行了关于热本质的长期争论,形成了热质说和热动说。18世纪末和19世纪上半叶,随着蒸汽机的运用和对各种物质运动现象相互联系的逐步认识,人们发现了能量转化与守恒原理,建立了热力学第一定律。18世纪到19世纪中期,在对热机效率研究的基础上建立了热力学第二定律。20世纪初,随着对物态变化与温度关系认识的深入,建立了热力学第三定律。热力学从宏观上描述了物质热运动的规律性。也就是说,热力学第二定律,是在蒸汽机使用的基础上产生的。技术发展到一定程度上总结出科学,当然与近代科学的产生于技术不是一回事。作为第一次科学革命标志的牛顿的《自然哲学之数学原理》并没有影响到瓦特的蒸汽机的发明。直到蒸汽机使用了一个世纪左右,分子热运动、内能的理论才出现,蒸汽机的原理才真正搞清楚。作为第二次技术革命指导的电磁学理论,无论是电生磁的发现,还是磁生电的发现,都与资本主义生产方式没有任何关系。作为第三次科学革命标志的相对论、量子论无不如此。法拉第在实验室里制作出发电机时,并不知道其用途何在。一位贵妇人问道,"先生,你设计的这东西有什么用?"法拉第机敏地回答:"夫人,请问新生的婴儿有什么用?"对相对论、量子论做出卓越贡献的爱因斯坦,在朋友家里第一次见到自己的光电效应理论结出的丰硕果实——电视机的时候,非常吃惊。无论是科学的事实,还是这些从小在科普读物上读到的故事都告诉我们,实际上科学是像宗教一样圣洁,与求利没有什么关系。我们说古希腊没有科学,但有科学的精神。什么精神呢?那就是无功利色彩,追求真理。所以,不能说资本主义制度是近代科学的诞生的充分条件。

在14、15世纪的时候,香料是欧洲保存食物的主要物质,因为在当时没有冰箱,从而导致欧洲人对于香料的需求量十分巨大,香料在欧洲市场的价格也达到了前所未有的高度。但是,利润丰厚的香料贸易,先是被阿拉伯商人垄断,接着,商路又被突然崛起的奥斯曼土耳其帝国阻断。欧洲急于摆脱困境,不论是神圣的宗教,还是世俗的商业,都希望能找到强有力的措施来扭转这种局面。在陆地上的军事突围失败之后,焦躁不安的欧洲人开始在海洋航运方面寻求出路。"根据葡萄牙编年史的记载,15世纪时,在恩里克王子的主持下,这里曾经建立过人类历史上第一所国立航海学校,曾经有过为航海而建的天文台和图书馆,意大利人、阿拉伯人、犹太人、摩尔人,不同种族、甚至不同信仰的专家、学者,聚集在恩里克的麾下。他们改进了中国指南针,把只配备一幅四角风帆的传统欧洲海船,改造成配备两幅或三幅大三角帆的多桅快速帆船,正是这些20多米长、60到80吨重的三角帆船最终成就了葡萄牙探险者的雄心,他们还成立了一个由数学家组成的委员会,把数学、天文学的理论应用在航海上,使航海成为一门真正意义上的科学"。[1]

再看资本主义兴起之后,1863年的德国,为了追求商业利润,一家企业与化学家合作发明生产了一种绿色染料。几年后又将与化学家合作发明的茜素染料技术产品化、商品化,大获成功。这种化工染料与天然染料相比,成本低、适于应用、色泽鲜明、不易退色。后来还发现远远不止于染料本身,化学家在研制染料的过程中发现很多副产品和新产品,如化学药品、胶卷等,于是德国染料化工迅速蓬勃发展。尝到了甜头的企业家们开始用委托合作的方式与科学家合作,但很快就发现还是满足不了生产需求,就开始自己建立工业实验室,雇用大学毕业生,或从同行中挖人才。在有机化学家之后,无机化学家、生物学家、细菌学家、医师、兽医、植物学家以及昆虫学家都参加到企业研究的队伍里。19世纪最后10年,麻醉剂、杀虫剂、镇静剂、退烧片、止痛片应运而生。工业实验室甚至还开发、研制疫苗和血清,在社会上有效地控制了霍乱、伤寒、白喉、破伤风以及其他疾病,606是当时治疗梅毒的首选药物。

就这样,工业研究室成为了德国企业内的科学研究所。德国科学家就从最初

---

[1] 储昭根:《小国崛起的"大"学问》,《观察与思考》,2007年第1期。

的控制和测试技师,成为力求改善企业的生产流程和产品质量的学者型顾问,最后成为企业研究员。从被伯乐选用的千里马,成为自己开办企业的巨人。如西门子,既是科学家,又是企业家、工程师。

从以上论述可以证实,资本主义的确推动了科学的产生。但这种推动是指为科学的诞生创造了社会条件,是间接地、宏观层面上的,而非是直接的、在微观细节上促进了近代科学的诞生的。

日本科学家薮内清在与汤川秀树的对话中指出:"中国科学,由于政治情况以及各种社会情况而未能产生近代科学。通观中国全体,我想这是否和西方的中世纪相同,但又和西方不完全相同。在中国没有产生足以动摇中世纪的力量。这不正是没有产生近代科学的原因吗?"[1]在这一点上,薮内清与杨振宁的观点是一致的。但笔者认为也是不全面的,如果说资本主义推动了科学的产生,这里还是要弄清直接和间接、宏观和微观的区分。

## 小 结

李约瑟将中国古代科学与文明置于世界史的高度提出问题,该问题含义深刻且具有普遍性,通过对"李约瑟难题"的研究,使我们更加现实地对中华传统科技与文明有个清醒的认识。一个有意义的问题不仅可以激发学者创造性的智力活动,而且往往预示着一种崭新的研究思路、观察视野的出现。三位诺贝尔奖获得者都是亲自从事自然科学研究并卓有成效者,他们从自己的研究体会中提出的近代科学诞生所需要的条件还都是很深刻的。他们不仅是科学家,而且是科学哲学家。但是他们的不足之处在于仅从社会因素看科学发生的条件。(杨振宁注意到了这一问题,但阐述得并不全面。)中国古代在科学思想方面缺乏原子论,在科学方法方面缺乏形式逻辑工具和科学实验方法,在传统文化方面自然哲学未能得到充分的发展,在人才培养方面缺乏足够的自然科学知识教育,在社会经济基础方面缺乏资本主义生产方式对发展科学技术的有力推动作用……正是这些以及其他一些不利因素的共同作用,使得中国近代不可能产生世界意义的科学。因而,"李约瑟难题"不是一个有单一答案的难题,不应该一味追求其唯一性的答案,对这样一个仁者见仁,智者见智的问题也不可能有唯一的答案,所有的答案都有一定道理,又都不可能把所有的问题解释清楚,而是我们要从中获得启发。"李约瑟难题"的研究价值并不在于解决难题本身,而在于通过对这一难题的探讨与研究,反思中国传统科技

---

[1] 胡化凯:《关于中国未产生近代科学的原因的几种观点》,《大自然探索》,1998年第3期。

以及传统文化的优劣,反思的结果对认识中国的现在和将来都具有价值。同时通过对这一问题的研究,将有助于我们解决今天的改革开放如何以史为鉴,处理好中西文明冲突的问题。"李约瑟难题"并非单纯的科技史问题,实际上是一个由科技史问题引发出来的文明史问题。通过对这一问题的研究,可以启发国人反思自己的文明,认识西方的文明,有助于我们在比较中清醒地看到我们应该怎样看待自己的文明,怎样吸纳外来的文明。

[编辑 郑 群]

# 说"一"

谭世宝*

【内容提要】 从《说文解字》到《康熙字典》,都把"一"字排在第一个部首的第一个字。这样的排列有非常深刻的意义。"一"字象征着太始,它是整个道的立足点。道与万物都是由"一"产生出来的。汉字系统是始于"一",又终于"复从一起"。"一"字贯穿了整个汉字系统。这就是孔子所说的"吾道一以贯之"在文字系统的体现,也是《易经》太始之一所立之道的文字体现。"一"字可以表示太始,表示道,表示法,表示大,可以表示天、地、人、阳、气、咽、嗌等等。为什么这个"一"字要读这样的声音呢?就是跟人类咽、嗌的生命本能有关。

【关键词】 "一";文字;汉字;道。

有些人说我们汉字是象形文字,或者说是表意文字,这些都是片面的。因为任何一种文字都是有它的形音意,我们汉字是一种非常高级的用独特的字形和原来的口语的词义、词音结合起来的文字,这跟古埃及那些低级的象形文字不可同日而语,千万不要说我们是象形文字或者表形或者表意文字,这都是片面的误说。对汉字作出一个非常准确的评价的,我觉得就是陈寅恪先生,他提出这么一个观点,是从史学大师的眼界来看的。他说:"依照今日训诂学之标准,凡解释一字即是作一部文化史。"我想我们现在有些人研究古文字,只是逐个字地简单解释几句就完了。汉字不是这么简单,我想只有像陈寅恪先生这样非常精通国学,真正的国学大师才讲得出这么一句发人深省的话。

傅斯年先生创立历史语言研究所的时候,就总结出中国的学问只有历史和语言两部分。所以在当时的中央研究院,没有什么哲学研究所,也没有什么文学研究所,因为中国传统的学问就是历史和语言文字学。孔子就是一个历史学家,就是一

---

* 谭世宝,男,1950年生,中国香港人,历史学教授、博士生导师。澳门博物馆特约专题研究员,山东大学历史文化学院特聘教授。

个语言文字学家。他教的东西是什么?《论语》说:"子以四教:文行忠信。"文就是文字,离开了文字你讲什么大道理?所以当时中国的孔子信徒,首先都要跟他学习体现传统道德的文字学,也就是"正名"(这里的"名"就是指文字)之学。因为孔子是述而不作的,他所传教的文字,就是他的祖宗仓颉所创造和传下来的那一套"雅语""雅言"的文字系统,而这套文字系统本身就是殷朝人的道德礼教系统的文字化身。

以前有一句话讽刺人家不识字、文盲,说是"目不识丁"。这个"丁"字,我想今天很多人也不一定知道"丁"字有几个读音,有什么意思。这里我不讲"丁"字了,我就讲比"丁"字更简单的"一"字。"一"字是最简单的一个字,就这么一横。但是,现在也可以说大多数人都是"目不识一"。我讲这句话可能得罪很多人,但是你看看,你能够讲出"一"字有什么意思?我看没有几个人能够讲出来。我也是经过反复研究了好多年,才知道,原来"一"字不是这么简单。我以为我在小学一年级前的幼儿时期,父母早已经教会我知道"一"字怎么写了。以前有一个笑话,说有一个有钱人请一个老师教儿子学写字。首先教"一"字,"一"字就一横,"二"字就两横,"三"字就三横。这个富翁的儿子学到"三"字以后就对父亲说,不用学了,我都懂了,你省下这个钱吧。行了,把老师给解雇了。结果这个老爸叫儿子,说我明天要请一个客人来吃饭,你帮我写个请帖。儿子说好,你告诉我客人的姓名。结果,这客人姓万,他怎么写呢?他写了老半天连个姓都没写出来,他老爸就看他。他说不行了,我写老半天才写了一百来划,你干脆给个梳子给我,用梳子沾墨拼命划。他以为"一"字一划,"二"字二划,"三"字三划,"万"字就是一万划。还埋怨说:怎么这个人这么多姓不姓,偏要姓万?这个"一"字不是这么简单,这一划并不仅仅表示"一"的数字。

我们知道,从《说文解字》到《康熙字典》,都把"一"字排在第一个部首的第一个字。这样的排列不是没有意义的,是有非常深刻的意思在里边。而我们现在的《新华字典》把"一"字排在哪里?因为它受英文字母的影响,用汉语拼音字母的排列,排到倒数第二个的丫音部底下,那么就差不多是排在最后了。这样"一"字的重要地位和意义根本看不出来,这个问题很严重。

那么"一"字到底有什么意思?《说文解字》总共收录了9353字,它把"一"字列为第一个部首,第一个字来解释。它说:"唯初太始,道立于一。造分天地,化成万物。"这里的"太始"是大徐本的写法,清人多从小徐本写成"太极"。我还是比较认同"太始"的,当然详细我不论证了。你想想,这个"一"字象征着太始,它是整个道的立足点。道与万物都是由这个"一"产生出来的。那么这个"一"的意思非常多变,而我们的《新华字典》不但把它排到倒数第二个音部那个位置,还把它解释得很简单:"最小的正整数",一二三四的一,就是一个最小的正整数嘛,很简单。那么这个差别就很大了,如果我们光知道《新华》的解释,就没办法懂得古人赋予"一"字的很多含义。我很简单地问你,秦始皇的著名诏书说:"廿六年,皇帝尽并兼天下诸侯,黔首大安,立号为皇帝,乃诏丞相状、绾,法度量则不壹,歉疑者,皆明壹之。"这个一字的异体繁写"壹"是什么意思?《阿房宫赋》说"六王毕,四海一",这一句中的"四海一"是什么意思?这个"一(或壹)"就是最小的正整数吗?用这能解释通吗?其实这个"一(或壹)"都是统一的意思。

我们看《说文》,直属于"一"这个部首的有几个字?直属"一"部的第一个就是"元"字,它解释说:"元,始也,从一。"那么这个元字就是"一"的一个变体,这点在《春秋》鲁隐公元年,已经对"元年"的元字作同样的解释。本来说鲁公一年也可以,用它的变体元字,是更清楚地从字形结构上表现出天人合一的道的原始功能和意义。这个"元"字的结构,底下是一个"人",再上面这个"一"是代表天的。而直属于"一"部的第二个字是"天"字,"天"字取意于人头的"颠也,至高无上,从一大"。而这个"大"字是用张开四肢的人来表示,在人的头顶就是天。为什么要用人头,不用猪头或牛头、马头呢?那是造字者认为在这个宇宙中间只有"天地人"为三大,没有说天地猪或其他三大,这是天人合一的一个基本思想,从"一"这个部首的几个基本文字开始构建表现道统观念的文字系统。以人的头或者人的形象,再加上表示至高无上这个天,这么一横,这表示天了。因为你很难用图画划出一个天来,我们古人就想出,用一个人的头顶来表示天。在天字之后的"丕"字,也是"大也,从一,不声"。其实所有的汉字都离不开"一"及其变体,只不过这个"一"在汉字里面的不同位置,表示不同的意思,就是这样衍生出一个个汉字。

我这里不能全部列举,我选了一些比较代表性的。比如说"甘"字,"从口含一"。这个"一"表示"道也"。官吏的"吏"字,"治人者,从一,从史"。这个"一"字代表道法,关键是要守法的。这个"不"字也是"从一,一犹天也",表示一只鸟往天上飞而不下来,这里的"一"呢,是表示天。至字是"从一,一犹地也"。表示一只鸟下飞方至地上。故这里的"一"是表示地。三(天地人之道也),这里的三横分别表示天地人之道也。干(从反入从一),这用反写的入字进入表示咽喉的一,以表示干犯之义。丂(气欲舒出,丂上碍于一也);亏(象气欲舒,亏从一。一者,其气平之也);音(从言含一);都是用"一"表示咽喉。丙(从一入冂,一者,阳也);西(为秋门,万物已入一);都是用"一"表示气、物入藏之处或之时。《说文》最后两个字:戌(从戊含一)、亥(复从一起)。这表明汉字系统是始于"一",又终于"复从一起"。也就是说,这个"一"字是贯穿了整个汉字系统。也就是孔子所说的

"吾道一以贯之"在文字系统的体现,这也是《易经》太始之一所立之道的文字体现,可见绝对不是"最小的正整数"这么简单。现在《新华字典》把它的含义简单化了,把由它衍生的文字系统打乱了,把它的位置排后了。我们就很难知道老祖宗以一字为首的文字系统的个体与整体的意思,就根本没办法认识孔学为代表的传统学问的真意了。

孔子讲过:"吾道一以贯之。"你必须明白了"一"的含义这么复杂,你才会明白孔子说"吾道一以贯之",是有这个"一"字的基本解释为基础的。虽然老子是道家,但是他也继承和说明过"一"的复杂含义,他说:"天得一以清,地得一以宁……万物得一以生,侯王得一以为天下正。"这个"正"字也是"一"加上一个"止"字。表示太阳的日字,里面那一横也是跟阳有关系,不是偶然的。除了日字,中间那"一"或"乙"表示"阳"或"阳鸟"的意思,从音来讲,这个"日"字跟"一"是一个同音关系,与"阳"是入阳对转关系。普通话的"日"字声母由 j- 变成了古汉语没有的 r-声,这就是使得"日"与普通话声母作 y- 的"一"、"阳"的同声关系改变了。我们广州话就很清楚的,表太阳的"日"字没有卷舌音 r,明朝以前的汉语都没有 r 音,故"日"在粤语是 yat6,"一"的音是 yat1,两音非常接近。日里边的一横,既是表阳的"一"在里边,也是表日字从"一"声读作 yat6 的原因。现在普通话受到满语的影响,有很多音韵没有了,声母也改变或增加了。故没法表现"一"与"日"、"阳"等一系列字的形音义关系。

清朝是满族人统治中国当了皇帝,满语成了国语,我们汉语受到满语的影响。所以当时只有南方人还保留了较多较古的正音,因此,顾炎武这些南方的学术精英,才有能力把古音搞出来。那么现在我们推广普通话的同时,就要特别注意保护南方的各种方言,因为古音主要保存在南方方言中。目前在汉语里边,唯一保留古音系统比较完整的,就是我们粤语方言。不是因为我是广东人,所以我特别强调保存粤语方音的意义。传统的广州话,光是声调就有九声。我们今天普通话没有入声,把古代的入声全部都分配到平上去三声了。没有 ng- 的声母,反而增加了 r-声母与 er 韵母。没有 -m 的韵尾,把 -m 合并到 -n 了。没有 -on、-ong 的韵尾,把 -on、-ong 分别合并到 -an、-ang 了。这样就没办法读准古书文字的音,也没法准确理解古书文字的义,因为古音是跟古义是联系在一起。你没办法懂得它那个音,你很难正确理解它的义,你只能用简体字和普通话阅读古书,就很难从文字的形音义的关联来理解古人的原意。例如,"人"与"仁"普通话读作古代没有的卷舌声母 ren2。"儿"与"而"字,普通话读作古代没有的卷舌韵母 er2。"义"字读作 yi4,"殷"字读作 yin1。但是"人"与"仁"在广东话读作 jan4,"儿"与"而"字读作 ji4,"义"字读作 ji6,"殷"字读作 jan1,都有相同的声母 j-。可见,普通话把很多原本声韵相同或近同的字变成了声韵很不同的字,这样就使你很难知道它们原有的音义密切关系。

　　如上所述,这"一"字可以表示太始,表示道,表示法,表示大,可以表示天、地、人、阳、气、咽、嗌等等。我们说,为什么这个"一"字要读这样的声音呢? 就是跟我们咽、嗌有关系。我们古人对这个字的读音,首先是根据人本身的发音来命名的,而把没有发音的事物或者别的动物能发音的,都跟人的发音,跟那有关系的连在一块。

　　首先,汉语古音学说的五音,是古人总结基本的五个发音,喉音、牙音、舌音、齿音、唇音,实际上这些音的命名用字的形音义都跟它的发音部位是一致的,喉音就是指以喉字为代表的一类字音,都是在喉这个部位发的。牙音就是指以牙字为代表的一类字音,都是在后颚的大牙这个部位发的。齿音就是指以齿字为代表的一类字音,都是在口前面的小齿这个部位发的。我们现在的人,已经牙、齿不能分,以为牙就是齿,齿就是牙。其实古文字的牙与齿的象形是分别的很清楚的,在口腔内靠后颚较大的臼牙是牙,靠前唇较小的是齿。舌音与唇音都可以如此类推。所以这个"一"与"咽"字的声音,都是从咽这个地方发的。我们试用保留古音的粤语看看,这个"一"可以读作 jit1 或 jat1,其发音就是这个气仅仅在后颚与喉咙交界的咽、嗌这个部位挤压出声。为什么我们汉语把人体这个部位叫做 jin1 并且写作"咽"呢?"咽"字从口表示它位于口内。右从因表其声因,兼表其为决定人生之因。其字音就是由"一"这个入声转为阳声,结果就是 jin1 咽。又如前所述,"丂,气欲舒出,与上碍于一也"。又"一"形变音转为义近同而经常互用的"乙"(jyt6)字(太一又作太乙,一个又作乙个)。其字形"象春草木冤曲而出,阴气尚强,其出乙乙也。与丨同意。乙承甲,象人颈"。乙字形取象人颈,其音又取人咽喉所发入声的"一",故"一"与"乙"的原始音义出于人的咽、颈。一、乙又转音为噎 jit1 嗌 jik1,又转为阳声 jin1 即为"咽"的正名之音。我们都有这样的经验,如果吃东西不小心噎住了,发出的音都大同小异,保留古音的粤语较为准确反映这种声音,就是把噎读作 jit1 或 jik1、it1、ik1。所以"一"与"噎"、乙、咽、嗌等,都是同一个读音的轻微的转变。其他有关的字音也是由"一"、"因"、"咽"的同声变异衍生的。例如,用人口讲的为语(ju3)、言(jan4)、音(jam1)、曰(joek6),用人口吃喝的喫(jak3)、饮(jam2)等等,在保留古音的粤语中都属于 j-声类的。所以我认为由于说咽为人体最要害之处,就是所谓"一"的出入部位,如果你这个地方卡住了人就会死,这是气、水及食物的进出口。所有动物都有决定其生死的咽喉亦即"一"的部位,故类推决定其他事物生死成败的原因之点也叫做"一"。另有"嗌"的音义与咽、噎相同。古代杀人多割喉斩首,故也叫"殪",音同而反义。绞刑用绳索吊颈,故称为"缢"。因为"道"是很抽象的,故古人不用属于人和动物的咽、嗌,而用既可表咽、嗌,同时又可表抽象而含义复杂的"一"来表示"道"所立之元始。同理,用人的头顶这个部位之上来表示含义复杂的天。由此可见,我们老祖宗造字的基本原则是"近取诸身,远取诸物"。首先最基本的字音是从我们人本身的发音的部位来命名的。其他没有声音的,就用关联类推的方法为它造字定声定义,如"缢"、"殪"、"乙"等字皆如此。至于甲乙的"乙"与表示"燕子"的那个乙(鳦)的古字形差不多,读音也差不多。是由于玄鸟(乌鸦或燕子)是殷朝人传说和最崇拜的神鸟,也跟当时天下第一的这个殷朝的"一"、"殷"之音有关,故一、殷、玄、燕、雅(鸦)、乙都是属于 j-声类的同声音转关系。在音意方面有密切的关联。

再看,我们的"人"字为何与殷朝的"殷"字音韵相同?这个朝代的名称跟其对"人"的定义与称呼一致的情况,其实在古代中国及其周边的各民族、国家是普遍存在的。日本学者白鸟库吉的《东洋民族考》曾有所论述。由于创造文字的是殷朝人,故将其他比自己落后、弱小的族国及"人"的名称用兽旁或虫旁等丑化的字来蔑称之。此习惯一直沿用到清朝民国。虽然中华人民共和国已经在文字上已经有所更改,"猺"、"獞"等字都已经改为"瑶"、"壮"。其实在方言里边,还保留了很多古代少数民族对于自己部族的"人"的自称之音,不是叫"人"的,其称之音如"狼"、"熊"、"蛮"、"蚊"、"貉"、"狫"、"獠"等等都有。比如说福建,至今仍保留古称旧字而写作"闽",其实就是"蛮"字的转音变形。由于东亚其他国族的祖先都没有文字,只有我们华夏族的殷人发明了汉字,就把自己这个"人"字的美好的形音义归于自己这个族国的人专用。至于其他的族国之"人",你没有文字可以丑化我华夏族国及人之称,而我则可以把你的族国及人之称写成狗爪旁或者虫字旁等等。其实蛮、猺、獞、闽、蜀等字音的原词,都应是"人"的意思,都同样具有"自大"、"自尊"的美好意义。像英国男人自称为"man",如果我们清朝人最初照音写,就可以把他们的"man"译写成"蛮"字。对于日本国人,我们的汉朝祖先对他们相当客气了,还给他加了一个单人旁,写作"倭"。

殷朝人确立"人"字的定义为"天地之性最贵者也"。同时还确立"人"字的字形为"象臂胫之形"的殷人行礼形态。"殷"字的右旁定义为"归也,从反身",具有自我反省修道之义。而"殷"字的定义为"作乐之盛,称殷"。这并非"夜郎自大",而是因为殷朝的"人"确是当时东方最先进,最懂文明礼貌,最强大的国家之人。因此,其以"一"为始的道德系统与文字系统,显示了"一"与其自我尊崇和珍重的人、仁、日、殷、恩、咽、燕、乙、元、义、兒(简体作"儿")等字的形音义的密切关联。例如,"义"(ji6)跟"兒"(ji4)是同音异调。它们与"仁"、"人"(jan4)都是阴阳对转关系。相对而言,"人"比"兒"大,"仁"比"义"高。所以分别以阳声和阴声表示。"人"的异形同音同义的古体字作"儿",《说文》释其义说:"⼉(儿),仁人也。古文奇字人也。象形。孔子曰:在人下,故诘屈。"而今天的简体"儿"字的原本正字,则是在此古文奇字的"人"字之上加一个代表小孩的大头"臼"作"兒"。古之造字者所以用"在人下,故诘屈"的字来象征"仁人"之形态,原因就是孟子所揭示的大人亦即仁人长者与儿童赤子之心的关联。所谓能保持赤子之心方为大人。其外在的表现就是保持"在人下,故诘屈"行礼形态。这与《说文》关于⼉(人)的正字是"象臂胫之形"的行礼形态是一致的。而现在我们把它作为指小孩的简化字是"儿"了,但现在儿童的"儿"原来前面还会加上一个小孩的头,特别的大,那才是兒(儿)。这个简化字的"儿"在古代是表示仁义道德的仁。那么这么一个符号"⼄",是表示玄鸟,一般写成甲乙丙的乙,其实原来就差那么一点点,玄鸟后来一般解释为燕子,我认为,与其说是燕子,更可能是乌鸦。

那么只有殷的国族之人,他们自称为"殷(jan1)",所以稍微转一下音调,由阴平变成阳平声,就变成"人(jan4)",可见国族的自称跟他们对自己的"人"称是一样的。那么为何写成这么简单的意音形结合的一个"⼈(人)"字呢,为什么这样写?那么为何不把"大"字作为"人"字呢?"大"字也是人形,为什么比"人"字加了一横就是"大"字呢?《说文解字》给了"人"字这么一个定义解释:所谓"人"是"天地之性最贵者也"。那些不属于"天地之性最贵者"的国族,那些被认为很下贱的跟禽兽差不多的,就可以全部加上狗爪旁或虫字旁,不承认他们是人。《说文》在"人"字的定义之后接着说明其字形是"象臂胫之形"。这个象臂胫之形为何能够作为"天地之性最贵者也"的标志性象征呢?这应该是汉朝儒家的常识或由于当时的老师会对学生加以口头的讲解说明,故《说文》无需多加赘说。但是,在今天就成为无人解释的千古之谜了。据我的浅见,这其实就是象征一个人在按照儒家,按照殷朝人既定的礼节在那里敬礼,是打躬作揖之礼。那么如果要用一竖的字形对此行礼作正面的象形是不可能的,因为正面就变成一竖了,是不是?他得从侧面来象形,就可以用这样最简单的两划的字形符号,象征打躬作揖这个流行了几千年的礼教行为的最基本最有代表性的标志性动作形态。这样一个"人"字的意音形的结合,的确是殷人始祖仓(商)颉的伟大发明创作,那是很了不得的。因为人有很多不同的国族文化,有很多不同定义和发音的"人"称,在不同的文字系统可以用不同的字形来表示。但是,仓(商)颉就用这样简单的"人"字,将殷朝所继承发扬和传播的华夏道德礼教文化的"人"的基本行为规范确立,成为殷朝及继殷的周、汉至明清皆沿用不替的基本礼节。虽然今人用了简体字,但是这个人字是无法简化的。不过却是知其然而不知其所以然,大多数人已经不知行传统的"人"礼,不懂得打躬作揖了。值得注意的是,近年来香港已经有人提倡复兴拱手礼,我们国家的领导人也经常对公众拱手致敬。我认为,随着汉字文化和孔学的复兴,流行了几千年的拱手礼也应该复兴。

[编辑　张友臣]

# 中国早期的导引术

[法]戴思博*

【内容提要】 有关南北朝之前的导引术,在传世文献中只有零星的记载,有幸自20世纪以来中国田野考古的开展为我们揭开古代导引术的神秘面纱,提供了更多翔实可靠的第一手资料。导引术的起源总是与传说中的几个远古仙人有着扑朔迷离的关系,而原始舞蹈应该是导引术的重要源头,人们在原始的舞蹈中释放并表达着快乐或悲哀的情绪,或是在驱赶邪魔过程中,渐渐领悟到了舞蹈对身体的好处,再经过某些有心人的总结和创造,导引术便从原始舞蹈中分离出来,成为一种相对独立的疾病治疗技术和养生方法。后来,随着时间的推移,导引术在被医学和宗教等领域吸纳中也得到不同程度的发展。尤其是道教,在导引术的传承及创新方面作出了更为卓越的贡献。

【关键词】 导引;养生;健康。

导引,又称"引"、"道引"或"矫引"等。对某一具体的导引方法而言,则往往习称"……导引法";若以方术、法术或道术为视角,则又可称之为"导引术"。综而观之,它是古代中国人发明的,广泛应用于传统养生、医学和宗教等领域的,以适度的徒手的肢体动作为主,兼容行气、按摩、咽津、存思、内丹和拳技等法术的传统体操术。导引作为中国传统养生文化之瑰宝,它所体现的养生精神及其所贯穿的形神俱练、内外结合、动静结合、天人合一、因病施治等原则和方法,足以使其在文化形态上同当今任何体育文化相媲美。即使在现代生活中它仍然有巨大的实用价值,能够继续为人类的健康作出新的贡献。

本文是对中国早期(南北朝之前)导引术的讨论。

---

* 戴思博(Catherine Despeux),女,法国国家科学院巴黎东方语言文化学院教授,法国教育部汉语师资考试委员会主任。法国著名汉学家,兼治中国的道教、禅宗、医学。

## 一、文献与考古证明

传世文献中,关于导引术最早的证明应该是《庄子·刻意》(公元前 4 世纪)中的一段话:"吹呴呼吸,吐故纳新,熊经鸟申,为寿而已矣。此道引之士,养形之人,彭祖寿考者之所好也。"[1]这段话虽是对作为追求长寿方法之一的导引技术作的一种批评,然而庄子并未把彭祖追求长生的这种做法完全否定,而是仅把它当作一个向道前进的暂时方法,离心斋还有一段距离。另外,《庄子·达生》中又云:"世之人以为养形足以存生,而养形果不足以存生……"[2]庄子的这些严厉的评论,却在无意中证明了他生活的战国时代关心并实践这些长寿方法之人士的活跃。庄子之后的几世纪,如成书于公元前 2 世纪的《淮南子》一书中也将这些养生术当作是小术:"若吹呴呼吸,吐故内新,熊经鸟伸,凫浴蝯躩,鸱视虎顾,是养形之人也。"[3]对《庄子》和《淮南子》来说,最高级的技术是保养精神,而不只是关心身体的长寿。而肯定导引有一定治疗作用的则是《吕氏春秋·古乐》和《内经·异法方宜论》。

稍晚于《淮南子》的西汉司马迁的《史记》中,有一项比庄子时代更早的导引用法被提到:在黄帝时代,传说有个医生叫俞拊,[4]他不用汤液或醴酒治病,而是用镜石、跤引[5]和毒熨[6]。东汉班固《汉书·艺文志》中记有"黄帝杂子步引十二卷"[7],当为有关导引的专著。范晔《后汉书·方技列传》中也述及华佗五禽之戏以当导引,并教予吴普、樊阿,[8]且五禽戏的具体技法有赖南朝陶弘景的《养性延命录》之《导引按摩篇》传承至今。所谓五禽戏分别是:"虎戏者,四肢距地,前三踯,却二踯,长引腰侧,脚仰天即返,距行前却,各七过也;鹿戏者,四肢距地,引项反顾,左三右二,伸左右脚,伸缩亦三亦二也;熊戏者,正仰,以两手抱膝下,举头左擗地七,右亦七,蹲地,以手左右托地;猿戏者,攀物自悬,伸缩身体,上下一七,以脚拘物自悬,左右七,手钩却立,按头各七;鸟戏者,双立手,跷一足,伸两臂,扬眉,用力各二七,坐伸脚,手挽足趾,各七,缩伸二臂,各七也。夫五禽戏法,任力为之,以汗出

---

[1] (清)王先谦:《庄子集解》卷四,《刻意第十五》,中华书局,1987 年,第 132 页。
[2] (清)王先谦:《庄子集解》卷五,《达生第十九》,第 156 页。
[3] 刘文典:《淮南鸿烈集解》卷七,《精神训》,中华书局,1989 年,第 230 页。
[4] (汉)班固:《汉书》卷三十,中华书局,1962 年,第 1777 页。
[5] 跤引在这里并非导引的用词,我们使用跤引一词是依照《汉书》索引,作者的意思是指"按引"。
[6] (汉)司马迁:《史记》卷一百五,中华书局,1959 年,第 2788 页。
[7] (汉)班固:《汉书》卷三十,第 1779 页。
[8] (南朝)范晔:《后汉书》,中华书局,1965 年,第 2739 页。

为度,有汗以粉涂身,消谷气,益气力,除百病。能存行之者,必得延年。"[1]

这类术式的出现,说明导引已经由单一动作转向系统功法。导引已跳出了一术治一病的框套,使多种动作组合编排为成套术势成为现实。这类功法显然不能是针对某一两项疾病的,而是为了"兼利蹄足"、"气和爽神"等目的。从五禽戏的姿势来看,其中有四肢踞地的俯卧姿,有坐姿、蹲姿、悬垂姿和立姿。显然,在编排上具有一定的内在统一性和合理性。从运动形式看,既有某一部分的肢体活动,也有全身运动,还有跳跃运动。从动作结构来看,有伸展动作,有屈体动作,有上肢动作,有腰腹动作,还有颈部及下肢动作。这样一来便组成了更加合乎科学的运动结构。显然,这类导引术势的出现,为人们的运动养生提供了更加有效的方法。

东晋葛洪《抱朴子》中也述及导引问题。另外,东晋张湛、道林等人编撰的《养生要集》中也记有大量导引技法,可惜该书亡佚甚早,部分内容有赖《养性延命录》、《诸病源候论》、《医心方》等得以传承。

综上,虽然记载南北朝以前中国古代导引术的传世文献不少,但对具体的导引技法有详细说明的却不多。而近世中国田野考古资料的日臻丰富,在很大程度上弥补了传世文献对中国古代导引术载录之缺憾。迄今为止,最著名的有关导引术的考古发现有两件:其一是20世纪70年代湖南长沙马王堆三号汉墓出土的帛画《导引图》,其二是20世纪80年代湖北江陵张家山247号汉墓出土的《引书》。对前者,《中国道教科学技术史》[2]第一卷第二十一章中已有较详细的介绍,下面我们主要来看后者。

1983年,湖北江陵张家山的247号汉墓中所发现的《引书》(此书名写于该书第一简的背面)很细致地描述了许多具体的导引方法。《引书》的内容一方面为我们理解马王堆帛画导引图提供了直接参考,更重要的是《引书》作为一部古代导引法专著,为我们研究汉初及之前中国导引术的发展状况提供了更为丰富的第一手资料。《引书》面世后,研究者纷至沓来,其中以高大伦的研究最为细致,把《引书》划分为六个部分,具体如下:

第一部分:阐述一年四季的养生之道,即:人的饮食起居和性生活都应遵循自然界的运行规律。

第二部分:讲述四十一种导引术式的名称和各个术式的动作,其中有两种只有动作而无名称,余下三十九种(原文作"三十七种",显然错误,故做纠正。)

---

[1] 《道藏》第18册,第483页。
[2] 姜生、汤伟侠主编,科学出版社,2004年版。

术式的名称和动作完整或基本完整。在导引术式的讲述上,是用具体的动作做法对导引名称做解释。

第三部分:各种病症的导引对症治疗具体疗法。总共有四十四种疾病,涉及内、外、泌尿、五官、口腔、精神各科。在每一种病症的导引治疗上,有的有导引术式名称,有的却只有具体的导引动作的叙述而无导引术式名称。……导引术式有的见于第二部分,有的却又不见于第二部分。……还有的一种病症要同时用几种导引术式综合治疗。……此外,也有用吐纳气法治疗疾病的。

第四部分:导引保健。本部分介绍了二十四种导引术式名称和功用,除少部分外,大多数均见于第二、三部分,在某种程度上可视为对前面部分的总结,不过这些术式都未曾和病症的治疗相对应,而是泛泛指出利于身体某个部位,如"腹据以利腰",可以理解成常做腹据这一术式,有利于腰部的强健,与前面那种患某种病用某种术式治疗,是有区别的。

第五部分:分析人为何生病以及预防生病的一些做法。本部分分成四个方面来阐述,首先是说起居不能与寒暑相适应,故患病,遇到这种情况要多练导引,就会与寒暑相应。

其次是说不知道"爱气",也会生病。最后,将人分成贵贱两类,认为两种人的病因和预防治疗方法都不相同。

第六部分:导引的哲学理论。一开始就借用道家代表人物老子的著作《老子》中的一段话来阐述身体保养与天地运行规律之间的关系,随后又结合人的身体阐述什么是"利身之道"和"与燥湿寒暑相应之道"[1]。

综观《引书》,以四季养生之理论为开端,并以导引之哲学理论作结,中述导引诸法,首尾呼应,结构完整,不愧为一部良好的导引专著。可见,《庄子》、《吕氏春秋》、《淮南子》等书中有关导引术的记载不虚。中国古代的导引术在汉初及先秦就已达到了相当的水平,所以才有类似《引书》这样的导引专著的问世。此后,中国古代导引术的繁盛应是以此为契机不断发展和积淀的结果。

## 二、导引古仙之钩沉

中国古代的导引术总是与几个传说中的人物有关,这些人在汉代被列为仙。

---

[1] 以上六部分见高大伦《张家山汉简〈引书〉研究》,巴蜀书社,1995年,第9—11页。

他们的特殊之处在于,除了具有超自然的能力和长生不死之外,都曾经从过政。这些人分别是彭祖、赤松子、王子乔(或王乔)和宁封子。关于彭祖,姜生、汤伟侠的《中国道教科学技术史》南北朝隋唐五代卷第二十一章中已作了探讨,下面谈一谈后三位。

从汉代起,在神仙的传说中,导引经常和两位大人物有关:赤松子和王子乔(王乔),[1] 他们在汉晋六朝成为大多数养生和导引信徒的模范。

汉代有几个与长寿有关的参考,如西汉的政治家、文学家贾谊的诗赋《惜誓》中就有:"赤松、王乔皆在旁,二子拥瑟而调均兮。"[2] 这两位仙人同样被写入司马迁《史记》,[3] 又记载于后汉末《太上老君中经》中。[4] 东晋葛洪则明确说:"未若修松乔之道,在我而已,不由于人焉。"[5]

据汉代神仙传,赤松子是神农和高辛时的雨师,可入火自烧,且能随风雨上下。在汉代,他和风伯都被列入祭祀仪式的星神。[6]《列仙传》是较早把赤松子作为雨师来记载的一个源头。根据康德谟(Max Kaltenmark)的观点,汉时赤松子能得到众望的主要原因,在于此传说人物是属于火的,是谶纬书籍中记载的方士,因为红色是提升、宣扬汉朝荣耀的象征色彩。[7] 的确,刘歆将五行与汉朝天运相应,以作为承递上天与不再被征服的参考。他将传说中的伏羲归为木德之运,由此类推,汉朝所属五行也不再是黄色土德,而是类似于炎帝或尧的红色火德。刘歆这个理论在公元26年被公开写定。[8]

王子乔的情况要比赤松子复杂些。根据《列仙传》记载,他是周灵王(前571—前545)的太子,喜好吹笙作凤鸣,游于伊洛之间,后被浮丘公接上嵩山。过了三十几年,向家人传话说:"告我家七月七日待我缑氏山头。"到了指定日期,他果然骑着白鹤来到山顶上,几天之后就离开了。其后,人们便在缑氏山麓和嵩山顶建庙

---

[1] 焦先是后汉末的文士,他年轻时很欣赏赤松子和王子乔的做法,其传记收于皇甫谧《高士传》,四部备要版,2.4b,中华书局,1936年。
[2] (宋)朱熹:《楚辞集注》,上海古籍出版社,1979年,第154页。
[3] (汉)司马迁:《史记》,卷七十九,第2424页;卷八十七,第2550页。
[4] 《太上老君中经》,《道藏》第27册,第142页。
[5] 魏鲁南(James Ware)译:《公元320年中国的炼丹术、医学和宗教——葛洪的内篇(抱朴子)》(*Alchemy, Medicine and Religion in China of AD320: the Nei-p'ien of Ko Hong [Pao-p'u-tau]*),第16页,Cambridge, Mass and London: M.I.T. Press,1966年。
[6] 康德谟(Max Kaltenmark)译:《列仙传》,1953年再版并校正与新增索引,De Boccard出版,1987年,第35页,第40页。
[7] 康德谟(Max Kaltenmark)译:《列仙传》,第35页,第40页。
[8] (南朝)范晔:《后汉书》卷一,中华书局,1965年,第27页;程安娜(Anne Cheng)《汉代儒家学说研究》(*études sur le confucianisme des Han*),第32—33页。

膜拜。

而汉代也有一位王乔,其传载于《后汉书·方术列传》中。据此传记,此人在汉明帝时担任叶令,有神术。他习惯在每月朔望时来诣台朝。[1] 他的生死伴随着超自然现象,因此人们为之建庙。而有人认为此人就是仙人王子乔。[2]

王乔和王子乔之间的联系是无法否认的。除了一般人之外,连官员和皇帝都认为王(子)乔深得名望,如蔡邕(133?—192)曾为之撰写过《王子乔碑》,证明在公元165年对此人有过公开的祭祀:"博问道家,或言颍川(河南),或言彥蒙(石碑的地点)……其疾病尪瘵者,静躬祈福,即获祚……延熹八年秋八月,皇帝遣使者奉牺牲以致祀。"[3]

至于宁封子,《太清导引养生经》说,有些导引姿势传说是宁封子所授予。根据《列仙传》,他大约是黄帝时的陶正。有神人能发出五色烟,并以此授给宁封子,宁封子为求仙而积柴自烧,并且随烟气上下,其后在灰烬中找到了他的骨头。当时的人共同把他葬于宁北山中,因此叫做宁封子。[4] 人们把有些导引法的创始也附会到他身上。

这几位仙人的新的传说形象是汉代出现的,他们在一些地方受祭祀,有时候也受到皇帝的祭拜。他们并非都被介绍成神人或隐士,而是往往被介绍成在社会中的劳动者。根据上面的说明,例如葛洪,他颂扬神仙,毫不迟疑地仰慕而以之为模范,如其书第十章云:"或问曰:昔赤松子、王乔、琴高、老氏、彭祖、务成、郁华皆真人,悉仕于世,不便遐遁,而中世以来,为道之士,莫不飘然绝迹幽隐。"[5]对葛洪来说,为了寻找永生而离开社会是错误的,他的理想是一个世人应拥有官职,并在生活上能做到至善的保养。因为,他认为管理自己的身体和管理国家是分不开的,也是有责任感的读书人应该做的,所以他写道:"或难曰:神仙方书,似是而非,将必好事者妄所造作,未必出黄老之手,经松乔之目也。"[6]

以上几位与导引有关的神仙人物,既有传说中的黄帝和神农时代的,也有有文字记载的殷商及周、汉时代的,或许确有其人,但他们是否与导引术有关,恐怕假托的为多,不可轻信。

---

[1] (南朝)范晔:《后汉书》卷八十二,第2712页;王利器注:《风俗通义校注》卷2《叶令祠》,中华书局,1981年,第63页。
[2] 吴文绶(Ngo Van Xuyet):《古代中国的占卜、方术和政治》(Divination, magie et politique dans la Chine ancienne),法国大学出版社,1976年,第86页。
[3] (清)严可均:《全后汉文》卷七十五,商务印书馆,1999年,第758页。
[4] 康德谟(Max Kaltemnark)译,《列仙传》,第43—47页。
[5] 王明:《抱朴子内篇校释》,中华书局,1985年,第51第186页。
[6] 同上。

## 三、导引之起源发微

根据前文涉及的有关导引术的几项资料,可以将导引术与古中国的舞蹈及萨满思想做个联系,并以此来探究一下导引术的起源问题。

### (一) 导引、萨满和舞蹈

导引动作常令人想到舞蹈,有时就是舞蹈。如果根据马王堆、张家山等地出土的有关导引资料,其中的导引法主要是彼此没有关联的肢体动作,但也有系列的肢体动作,仿佛是真正的舞蹈。张家山的《引书》中就记载了导引的部分系列动作。不过,舞蹈是萨满应用的基础技术。譬如,《周礼》中就曾说:"天旱,司巫则帅巫而舞雩。春招弭以除疾病。"[1]

萨满有很多的功能,其中就有治疗与超能力连接,可用以了解疾病的起源并驱逐之。作为人神间的中介,萨满的作用就是"引神"或"降神",可赶走恶神所造成的邪魔,还有像干旱等某些自然灾难或疾病。然而,就是这种吸引及驱逐恶魔的功能,首先用于体外,就成为导引的起源。驱魔或驱逐病邪的功能,在导引描述中是被肯定的,这可在夏德安的睡虎地资料中找到。[2] 其前言的第四行提到有关魔鬼的第一条定律;接着,提到有一套具有治疗功能的身体的四个姿势。其特殊的意义是夏德安所留意的,其前言所介绍的是使用身体姿势,而不是用护符或别的方法。身体本身成为驱魔的方法,这是很有意义的。前面所提及的这四种姿势,在后来的导引法中可以找到,如屈卧、箕坐、奇立等。从礼节的角度来说,这些姿势是不应有的,礼仪进行时亦同样被禁止,因为在礼节上,不能屈卧或用一只脚站着,而是身体必需端正,更不能将脚分开着坐下。第一个姿势"屈卧",是模仿胎儿的姿势,道教认为如此可以加强生命力;第二个姿势是"箕坐",同样是在导引文献中被肯定,如在庄子书中写到他的妻子去世时,以及夏德安在其文中所提到与此姿势有关的其他例子或祷文;[3]第三个姿势是"奇立",提出鸟禽伫立一脚的问题,或许有的舞蹈中包含这样的动作。[4]

---

[1] 西译本见 édouard Biot 译:《周礼》第二册,Imprimerie nationale,1851 年,第 102—104 页。
[2] 夏德安:《公元前三世纪中国的鬼信仰》(*The CHhinese Demonography of third Century B. C.*)1998 年,第 459—498 页。
[3] 夏德安:《公元前三世纪中国的鬼信仰》,第 459—498 页。
[4] 葛兰言(Marcel Granet):《古代中国的舞蹈和传说》(*Danses et legends de la Chine ancienne*),法国大学出版社,1959 年。

除了身体的动作和姿势使舞蹈和导引接近外,方士们中尤其是王子乔,也将这两种身体技术作了联系。一方面这个人物的名字令人想起轻跃的舞蹈,另一方面他的老师浮丘公传了《相鹤经》,帮助他成为神仙,也许这本《相鹤经》和鹤舞有关。康德谟提出这种可能。按照这个可能,鹤舞可能就是使用"蹻"的舞蹈,根据《说文解字》,"蹻"为高跷的艺术,读起来如同王子乔的"乔"字,这个字也指出高跷之意。[1]

风俗舞蹈大多在市集进行,而鹤舞似与死亡较有关系。葛兰言(Marcel Granet)特别强调鹤舞曾在吴王(前514—前495)之子死时进行于市集上,表示战胜死亡。[2] 鹤又与雷鼓有关,雷鼓则与死亡之舞有关,这种舞蹈遂被用为战胜死亡的象征。鹤成为仙人特定的鸟,所以他得到"仙子"或"蓬莱羽师"之名,蓬莱岛就是仙岛。另外,曾谈到鹤的还有董仲舒(前179—前104)的《春秋繁露》:"鹤之所以寿者,无宛气于中。"[3]

导引法中,马王堆帛画抄本里有个姿势像鹤,但题名中只看到鹤这个字,其他的字已经不见,所以知道是鹤的动作,是因为图中人物像鹤鸟般起飞的样子。这份抄本证明在公元前3世纪的导引法中,包括了模仿鹤鸟的动作。同样,在其后的公元6世纪,《抱朴子》中写道:"知龟鹤之遐寿,故效其道引以增年。"[4]因为舞蹈和导引可以驱逐对身体内外的不良影响,战胜死亡,并令人体的这个小宇宙制形成如大宇宙活动功能般的循环,从而达到使身体内外和谐的作用。导引还有利于身体内外之气的循环和交换。马王堆木简《十问》中的第八问说禹的功绩在治服洪水。禹还请教了治理自己身体的方法,因为保养身体,也是治理国家的必要条件:"禹问于师癸曰:'明耳目之智,以治天下,上均沉地,下因江水,至会稽之山,处水十年矣。今四肢不用,家大乱,治之奈何?'师癸答曰:'凡治正之纪,必自身始。血气宜行而不行,此谓款欸。六极之宗也。此气血之续也,筋脉之聚也,不可废忘也。于脑也弛,于味也移。导之以志,动之以事。非味也,无以充其中而长其节。非志也,无以知其中虚与实。非事也,无以动其四肢而移去其疾。故觉寝引阴,此谓炼筋。既伸又屈,此谓炼骨。动用必当,精故泉出。行此道也,何世不物?'禹于是饮湩以安后姚,家乃复宁,师癸治神气之道。"[5]

---

[1] 西译本见康德谟(Max Kaltenmark)译《列仙传》,第113页。
[2] 葛兰言(Marcel Granet):《古代中国的舞蹈和传说》第2册,第504页,第576页,注2。
[3] 苏舆:《春秋繁露义证》卷第十六,《循天之道第七十七》,载李元凯编《新编诸子集成》,中华书局,1992年,第449页。
[4] 王明:《抱朴子内篇校释》,第46页。
[5] 马王堆汉墓帛书整理小组:《马王堆汉墓帛书》,文物出版社,1985年,第150页。

吕不韦，公元前3世纪秦国的丞相，其集门客所编的《吕氏春秋》说："昔陶唐氏之始，阴多滞伏而湛积，水道壅塞，不行其原，民气郁阏而滞著，筋骨瑟缩不达，故作为舞以宣导之。"[1]这更是明确赋予舞蹈以治病功能，如此导引起源于原始舞蹈也就越发令人信服。

## （二）导引、萨满和动物

看完葛兰言有关《古代中国的舞蹈和传说》(*Danses et Legends de la Chine Ancienne*)之后，中国古代萨满与动物动作相关的重要性便不需要解释了，且前文已有一些譬喻。另一方面，有关动物和舞蹈及音乐之间的关系，在思特克（Roel Sterck）有关萨满的文章里已经被说明得很清楚了。[2] 动物的动作影响古代的舞蹈，尤其是它们具有预防的功能；为了使雨降临，为了驱逐不良影响或治愈疾病，古人模仿动物的呼喊；动物身体的某些部分，或皮肤，或羽毛，都曾被使用在萨满仪式中。

在诸多的导引资料中，提到最多的几种动物分别是：兽、禽、蛤蟆和爬行动物等。其中，禽是比较重要的，鸟翅伸展之后缩回是常被模仿的动作。甚至直到汉代，在导引动作中被经常提到的鸟类有：鸟、鹤、雁、鸢、鸥、鹞、鹭。相反地，我们想多讲一点其他较少被认识的鸟，也可以将这些鸟与萨满建立联系，但葛兰言已提及有些人已经建立了这种联系。

《淮南子》卷七提到鸢是"鸢浴"。他在后来的资料里不再出现，一般说那是绿颈鸭，但更可能的是猫头鹰。Rémi Mathieu令人注意到《山海经》提到的人面之鸟，通常是指猫头鹰。[3] 葛兰言则注意到这种动物，在《周礼》中的敲钟人就被称为"鸢氏"[4]。

同样，在《淮南子》卷七中提到了"鸥"，说有些人"鸥视首顾"；曹丕之《典论》中亦云："古之仙人为导引，熊伸鸥顾。"[5]这里令导引信徒注意到的就是鸥回顾的能力。的确，鸥这种传说的动物，也跟萨满动作有重要的关系。葛兰言说，在古代中国，这种鸟似乎被作为铁匠氏族的动物标志，并作为雷师，掌控季节。[6] 传说的

---

[1]（战国）吕不韦：《吕氏春秋》，《仲夏纪第五·古乐篇》，见《诸子集成》第6册，上海书店出版社，1986年，第51页。
[2] 参见思特克（Roel Sterck）的论文《改变兽性——早期中国的动物和音乐》，《通报》第86期，Leiden：Brill，2000年，第1—46页。
[3]（晋）郭璞：《山海经》，上海古籍出版社，1989年，第16页。
[4] 西译本见édouard Biot译《周礼》第2册，第490页。
[5]《魏文帝典论》，载黄奭学《黄氏逸书考》，第96页。
[6] 葛兰言（Marcel Granet）：《古代中国的舞蹈和传说》第2册，第515页，第521页。

焦点在于蟾蜍和鸱结合了鼓声和夏季的宗教仪式，[1]以利祈求雨、晴。葛兰言写道：有种鸱称为狍鸱，刻于夏鼎，别号三苗。的确，凭借禹步之舞，三苗受到了攻击和控制。在这里可以看到利用舞蹈来控制邪恶的敌对氏族的现象。

在导引中被提到的兽是：虎、熊、鹿、狼和几种类型的猴（猴、猿、白猿），《淮南子》卷七提及虎，说"虎视"。这种动物成为拥有驱邪的特殊功能，王充在《论衡》中指出画虎于门阑和于岁终驱逐瘟疫的习俗。[2] 为了迎接新年，在十二生肖动物的傩舞中也有虎，舞蹈以虎为怪，将之从北方赶走；它可以驱赶并食灭蛊——邪恶的巫蛊是由猥亵的动物带来的。在十二生肖的傩舞中，每种生肖动物均吃掉一种特定的蛊害，在仪式进行的时候赶走瘟疫，除旧布新。

熊是在所有动物中最常被提到的，例如《庄子》中说到了"熊经鸟申"。《淮南子》卷七也提到导引之人如熊与鸟。《后汉书·华佗传》同样说明古之仙者为导引之事如熊经鸱顾。马王堆帛画《导引图》的第一个图案，其中之一就模仿熊的动作。这种动物是替代大禹，因为他曾变成熊，用舞蹈控制洪水和治理天下。葛兰言说：熊，象征男性，阳性动物，相反，蛇是象征女性。

鹿，长期以来就是长寿的象征，常常与长生之神仙相伴，也和风伯或飞廉有关。飞廉是一种长着鹿头的鸟。

狼在中国神话中似乎不像我们以上逐次研究的动物那样被经常提到。而有些导引动作是模仿狼向旁边、又向后转头。这类动作在马王堆《导引图》和曹丕《典论》中也有涉及，如"众人无不鸱视狼顾"[3]。狼似乎更早地和草原民族一起出现。传闻蒙古大王成吉思汗的祖先就是灰狼，也有传闻说在土耳其迁徙的部落中，旗子上画着一只狼。[4]

最后是猿，根据马王堆《导引图》模仿的动作，《淮南子》和《抱朴子》中特别注意到它们的跳跃或吊挂在树枝上的能力。在神话中，夔只有一只脚，它是石头和森林的舞蹈之神，经常被描述得像只猿；在《山海经》中经常描写的猿，是一种跳跃的动物，和夔有亲戚关系，而夔也指单脚的鼓。我们不禁想起中国神话中重要的独脚动物或鸟的传说，由此可证明它和鼓及雷电的关系。

导引中的爬行动物有龟、蛇、虾蟆等。龟被认为可活千年，从西汉开始就相信

---

[1] 葛兰言（Marcel Granet）：《古代中国的舞蹈和传说》第2册，第515页，第521页。
[2] 黄晖：《论衡校释》，中华书局，1990年，第569页。
[3] 葛兰言（Marcel Granet）：《古代中国的舞蹈和传说》第2册，第515页。
[4] 参葛兰言（Marcel Granet）《古代中国的舞蹈和传说》第2册，第165、537、538、588页。

它是长寿的象征。[1] 因此,人们模仿它呼吸的方法或把头颈缩到体腔里,如在导引经中就有"龟鳖行气法"[2]。这里就不再赘述有关龟在中国古代宗教和神话中的故事。因为龟的盘形腹甲像是大地,而圆形的背甲则像天,所以龟被认为是宇宙的模型,它包含了天地的秘密,所以龟甲在商周时期常被用为占卜。

龙,出现在马王堆帛画《导引图》单独的动作中,《太清导引养生经》也有龙行气法。[3] 传说中作为动物的龙是夏朝的标志,也和大禹有关。龙隐藏在云雨之中,之所以召唤它是为了获得雨水。在古代中国很多地方,人们在过年时有舞龙的习俗,这种风俗直到现在仍不断延续并且传遍中国。如今,诸多的宗教或民间节日,也常伴有舞龙和舞狮活动。

虾蟆,在导引中与龙的性质相同,特别是有关行气。宁封子导引法之一,有两种行气法描述到虾蟆。[4] 虾蟆也是长生的象征。传说在五月五日必须要把一只多年的虾蟆晒干。其实,这天也是村中赶走鼠疫的日子。

总之,以动物为主题的重要性在萨满舞蹈与导引中是很明显的。前面我们说过大禹跳熊舞是为了治理天下。而萨满(和其后的道教)跳的禹步是为了驱鬼和捕蛇。他们也模仿了某种鸟,这种鸟很像鹤或雉,因为以这种方式所跳的禹步舞是为了辟地和驱逐蛇来养护自己:这种鸟常使用单脚舞蹈,而禹步则为跳跃的步伐。的确,在扁鹊的传记中也可以找到矫引,他解释说矫引和导引是一回事。[5]

## 四、导引功用之探讨

导引的起源应该与原始舞蹈有着千丝万缕的联系,但导引诞生后,便与舞蹈分道扬镳,走上了独立发展的路径,成为一种重要的疾病治疗技术和养生方法。下面从这两个方面探讨一下导引的功用问题。

### (一)导引和治疗技术

秦汉以降,在马王堆帛画《导引图》和张家山汉简《引书》中的许多导引动作被肯定为治疗某些疾病的方法,而且导引的治疗功能也被大约与二者同时期的中医

---

[1]《龟策传》说,长江边的人家经常养龟,以为这种动物能导引致气,有益于长生。(《史记》卷一百二十八,第1091页)。
[2]《太清导引养生经》,《道藏》第18册,第395页,第399页。
[3] 同上。
[4]《太清导引养生经》,《道藏》第18册,第399页。
[5] (汉)司马迁:《史记》卷一百五,第2788页。

奠基之作——《黄帝内经》所肯定。导引作为治疗技术,在《黄帝内经》中被提到了好几次。例如《黄帝内经》曾谈到不同的地理方位导致的自然环境和气候的差异,生活在其中的人群容易产生相应的地方病,对这些疾病的治疗也应采取不同的治疗方法:"东方之域……其病皆为痈疡,其治宜砭石;西方者……其病生于内,其治宜毒药;北方者……其民……藏寒生满病,其治宜灸芮;南方者……其病挛痹,其治宜微针;中央者……其病多痿厥寒热,其治宜导引按蹻。"[1]根据这段话,中国的中部地区(大约相当于今河南中东部地区)与导引的治疗方法有关。因为这里黄河经常泛滥成灾,地气潮湿,夏天气候闷热,秋冬阴冷,人们容易得"痿厥寒热"之症,宜采用导引按摩的治疗方法。而且先秦典籍《吕氏春秋》也有类似观点:"昔陶唐氏之始,阴多滞伏而湛积,水道壅塞,不行其原,民气郁阏而滞著,筋骨瑟缩不达,故作为舞以宣导之。"[2]

《黄帝内经》观察到人们"形志"的差异,所以把人分为五类,每一类的病灶部位各有一定的倾向性,其治疗方法也有相应的选择。其中,"形苦志乐"者,易得筋病,治疗方法宜用"熨引",[3]即用药熨和导引的方法。《黄帝素问灵枢集注》云:"缓节柔筋而心和调者,可使导引行气……"[4]这是说明在治疗方法的传授上要因人而异,对那些关节、经筋柔韧性好,而心气调和者,可教之以导引行气技法。

汉末张机对长生技术似乎也颇有研究,也说到导引治疗的用途。他在《金匮要略》中写道:"若人能养慎,不令邪风干忤经络,适中,经络未流传府藏,即医治之,四肢才觉重滞,即导引吐纳,针灸膏摩……"[5]

以上仅列举了早期的一些中医学典籍中把导引作为一种治疗技术的范例。南北朝之后,把大量的导引方法摘录其中的医学典籍更是不胜枚举。总之,导引作为疾病的治疗方法之一,与中医学有着密不可分的关系。

## (二) 导引与养生

庄子所在的战国时代,导引已经作为一种养生技术受到重视。这种养生的倾向随着时代的前进而渐渐被强调。同样在秦汉,导引的功能从马王堆帛画《导引

---

[1] (唐)王冰注:《黄帝内经·素问》卷四,《异法方宜论第十三》,人民卫生出版社,1963年,第80—82页。
[2] (战国)吕不韦:《吕氏春秋》,《仲夏纪第五·古乐篇》,《诸子集成》第6册,第51页。
[3] (明)吴昆注,山东中医学院中医文献研究室校点:《内经素问吴注》卷7,山东科学技术出版社,1984年版,第115页。
[4] 《道藏》第21册,第448页。
[5] (汉)张机:《金匮要略》卷1,台北:文渊阁四库全书影印本。

图》和张家山汉简《引书》以及汉代的文献中也可得到证明。

养生技术,特别是导引,在汉代较为普遍,许多这个时代的文士与此有牵连。例如,汉初开国功臣张良(约卒于公元前186年)就曾学习辟谷导引以轻身。[1] 导引也曾受到质疑,如王充(27—97)在《论衡》中表示:"道家相夸曰:真人食气。以气而为食。故传曰:食气者寿而不死,虽不谷饱,亦以气盈。此又虚也。夫气谓何气也? 如谓阴阳之气,阴阳之气,不能饱人。……道家或以导气养性,度世而不死,以为血脉在形体之中,不动摇屈伸,则闭塞不通。不通积聚,则为病而死。此又虚也。……人之导引动摇形体者,何故寿而不死?"[2]虽然如此,信徒并未停止对导引的迷恋,而且看起来在汉末时仍持续受到重视,如河南颍川的荀悦,在他的《申鉴》里写道:"善治气者,由禹之治水也。若夫导引蓄气,历藏内视,过则失中,可以治疾,皆非养性之圣术也。夫屈者以乎申,蓄者以乎虚也,内者以乎外也。气宜宣而遏之,体宜调而矫之,神宜平而抑之,必有失和者矣。夫善养性者无常术,得其和而已矣。"[3]

河南颍川似乎在汉末是养生技术的应用中心。对王子乔的信仰在此蓬勃发展,如葛洪写到汉时颍川的韩融和陈纪(130—200),就在靠近宓县的区域,他们相信仙者,因为他们的祖先曾目击仙人卜成升天。[4] 根据《后汉书·荀彧传》的记载,荀彧在董卓之乱(189—192)时,弃官返归乡里,而同郡的韩融,在当时集合宗亲千余家到密西山中避乱。[5] 同样,胡昭(162—250)在建安十六年帮助很多逃难的人避难山中,使他们得以存生。[6] 当时提到导引的,还有崔寔,他在《政论》中曾提到:"熊经鸟伸……呼吸吐纳。"[7]

导引作为一种养生技术,亦须与其他养生技术配合。三国方士刘根的传记中就说明了不同修道养生技术之间的关系:"凡修仙道,要在服药。药有上下,仙有数品,不知房中之事,及行气导引并神药者,亦不能仙也。"[8]

据文献所知,从汉初起,导引和辟谷就有紧密的关系。如前文已提到的汉初功臣张良在汉家天下已定之后,就开始依赤松子之方,导引不食谷。[9] 关于辟谷之术

---

[1] (汉)司马迁:《史记》卷五十五,第2048页。
[2] 黄晖:《论衡校释》,中华书局,1990年,第336、337页。
[3] (汉)荀悦:《申鉴》,上海古籍出版社,1990年,第21页。
[4] 王明:《抱朴子内篇校释》卷五,第115页。
[5] (南朝)范晔:《后汉书》卷七十,第2281页。
[6] 胡昭的传记在《高士传》,卷3,保留了胡昭有关如何强固生命精神的说法(27.8b)。
[7] (汉)崔寔:《政论》,清马国翰《玉函山房辑佚书》本。
[8] 吴文缀:《古代中国的占卜、方术和政治》,法国大学出版社,1987年,第209页。
[9] (汉)司马迁:《史记》卷五十五,第2048页。

起源很早,《庄子》一书中已有神人不食五谷的说法:"藐姑射之山,有神人居焉,肌肤若冰雪,淖约若处子。不食五谷,吸风饮露……"[1]辟谷并不是什么都不吃,与之相伴的往往有服食、服气和导引等。

[编辑　王育济]

---

[1]　(清)王先谦:《庄子集解》卷一,第5页。

# 地方精英的博弈：
# 马克思主义是如何生根中国的？
## ——以山东为例

闫化川[*]

【内容提要】 20世纪初，中国地方政治中的"政党"，往往是基于地缘或家族等私人关系网结合形成的小精英团体。这种团体的结合十分牢固，甚至超越了某些依托"革命理想"组合起来的"革命团体"。在中国"熟人社会"的特殊国情之下，革命团体的纪律约束力根本无法与延绵数千年的乡谊亲情分庭抗礼。在五四运动和新文化运动中崛起的山东地方精英以王乐平为代表，经由马克思主义这一文化传播平台，成功地发展出一种以新文化应对和掌控学生运动与集团政治的新策略。地方精英在齐鲁大地上对马克思主义思潮传播与博弈的最终结果，促成了中国共产党得以在山东地区建立其组织（或曰团体）和马克思主义在山东的生根。地方精英的精神启蒙作用，在马克思主义传播早期这一特定时间段发挥了无可替代的历史作用。他们的开创之功，是值得尊重的；他们的历史局限性，也是客观存在的。

【关键词】 地方精英；马克思主义；山东；共产党。

历史发展的推力及消长态势，往往是非线性和非主观性的。用结果推断原因的研究方法，对于探究或还原历史真相实无异于一"障目之叶"。中国共产党究竟如何在山东地区建立其组织（或曰团体）之历史真相，已然静寂无声地掩埋在了历史长河的泥沙层里面而难以考究，遗存文献似乎是略窥端倪的一个比较可靠的研究视角。但是，遗存文献也只能折射一定程度的历史真实。即使遗存文献本身的真实性毋庸置疑，也并不能认为它就是历史当事人真实意图的客观反映。研究者能够做到的也只能是将历史拼图尽可能完整地拼凑在一起，运用史识予以综合梳理分析，努力从中钩沉出一部分历史真相。

马克思主义最初只是一种可能的革命理论，马克思主义信仰者却是使之成为

---

[*] 闫化川，山东梁山人，历史学博士，现为中共山东省委党史研究室二处处长。

社会实践的关键。马克思主义从理论到实践的本土化嬗变,亦即马克思主义的中国化、大众化。作为新思潮的马克思主义传播至山东地区,毫无疑问要与当地社会产生不小的碰撞与互动。在五四运动和新文化运动中崛起的山东地方精英以王乐平[1]为代表,经由马克思主义这一文化传播平台,成功地发展出一种以新文化应对和掌控学生运动与集团政治的新策略。[2] 这一新策略,最初利用同乡、家族、亲朋等关系构成一个小型社会网络,整合了一些社会资源,逐渐形成了导师与门徒的私人关系。山东早期共产主义者藉由王乐平的这种"私人关系",聚合在一起,秘密成立了一个共产党团体。地方精英在齐鲁大地上对马克思主义思潮传播与博弈的最终结果,促成了中国共产党得以在山东地区建立了其组织(或曰团体)。地方精英的精神启蒙作用,在马克思主义传播早期这一特定时间段发挥了无可替代的历史作用。他们的开创之功,是值得尊重的;他们的历史局限性,也是客观存在的。

地方精英的另一个社会身份,往往也是当地深孚众望的知识分子领袖。"在落后的国家中,知识分子是少数的特出人物,也是政治气候的测量器,以往太平天国的革命运动,康、梁的维新运动和孙中山的革命运动等,也都是一些得风气之先的知识分子发动起来的。""中国共产党的组成,受了五四运动的影响,这是毫无疑问的。五四运动推动中国青年向左走,构成一种爱好社会主义的风气,这是使得共产小组得以产生并迅速发展的一个主要因素。"[3]美国学者阿里夫·德里克认为,五四运动是"近代中国史上的第一个运动"[4]。中共一大代表陈公博1924年1月在美国哥伦比亚大学提交的硕士论文《共产主义运动在中国》之中,即主张:"在追溯共产党的起源时,对我们来说比较实际的还是描绘1919年的'五四'运动,即大学

---

[1] 王乐平,名者塾,诸城相州人。他本人所填出生时间为"1887年9月13日"。1918年当选为省议会秘书长。1919年5月11日,当选为山东旅沪同乡会主席,在上海山东会馆召开力争山东主权的爱国大会。19日,率山东请愿团赴京请愿,北洋政府总统徐世昌被迫两次接见了王乐平等请愿代表。12月,带头弹劾山东督军张树元,轰动全国。1930年在上海被国民党特务刺杀,1933年归葬济南。
[2] "地方精英"(Local Elites)是历史社会学中的一个理论,是在上世纪中叶引入社会学理论后发展出的成果,它较之传统的"士绅"(gentry)概念,更具包容性和弹性,更看重精英与地方社会的关系,而不像士绅概念那么强调士绅与国家的关系以及士绅在国家与地方之间扮演的中介功能。这也符合晚清以来中央权威衰落和地方势力崛起的趋势。本文认为,在省一级或省级以下,使用"地方精英"概念则较为合适。
[3] 张国焘:《我的回忆》(第1册),东方出版社,1998年,第129页。
[4] [美]德里克:《五四运动中的意识与组织:五四思想史新探》,王跃、高力克编:《五四:文化的阐释与评价——西方学者论五四》,山西人民出版社,1989年,第65页。

生运动的序幕。"[1] 已有研究者指出,五四运动及其后的新文化运动,"最初是地方精英而非学生起着主导性的作用",山东即如此[2]。山东问题是五四运动爆发的直接原因。在五四运动及之后的新文化运动中,地方精英对于马克思主义新文化思潮在当地的传播,或不屑一顾,或不以为然,或果断跟进。身处五四运动风口浪尖的一些地方精英如王鸿一、张公制、王乐平等,纷起抗争,成为时代的弄潮儿。

西方研究者认为,1919年五四运动以后,在以马克思主义为指导的教科书中"可以看到一系列的论战,每次论战都有一方明显获胜,并在经历逐渐进步的过程中,最后到达马克思主义的胜利。然后在马克思主义阵营内部,导致'真正'的

王乐平先生像

马克思主义的胜利。对这些争论,不去着眼在胜利的看法,其间并没有什么明显的胜利和明显的失败"[3]。也许,以王鸿一、张公制、王乐平等为代表的地方精英,无论其在20世纪20年代的博弈结果如何,事实上恐怕也很难以"明显的胜利和明显的失败"来盖棺定论。以山东革命导师王乐平的弟子王尽美、邓恩铭等为首的共产党,在这一时期与国民党的博弈,虽然明显处于下风,但是他们已经在齐鲁大地上燃起了势不可遏的燎原之火。至1945年,中国共产党在山东白手起家,从无到有、从弱到强,建立了第一个省级政权,实现了局部执政,山东抗日根据地也因此成为国共两党大决战的战略支点。这一历史地位的取得,离不开王乐平等地方精英早期的精神启蒙与革命拓荒。

---

[1] 陈公博:《共产主义运动在中国》,中国社会科学出版社,1982年7月(根据美国哥伦比亚大学1960年版翻译、根据纽约奥克特贡出版社1979年版校订),第92页。中国共产党正式建立两年半后的1924年1月,陈公博在哥伦比亚大学写了一篇名为《共产主义运动在中国》的硕士论文,一直保存在哥伦比亚大学图书馆,未曾引起人们注意。后来被美国学者韦慕庭发现并整理出版。参看韦慕庭《共产主义运动在中国·绪言》,第2页。

[2] 季剑青:《地方精英、学生与新文化的再生产——以五四前后的山东为例》,《现代中国文化与文学》第7辑。

[3] [美]费正清等:《剑桥中华民国史》(上卷),中国社会科学出版社,1994年1月,第423页。

## 一、文化中的政治博弈

20世纪初,中国地方政治中的政党,往往是基于地缘或家族等私人关系网结合形成的小精英团体。这种团体的结合十分牢固,甚至超越了某些依托"革命理想"组合起来的"革命团体"。换言之,在中国"熟人社会"的特殊国情之下,革命团体的纪律约束力根本无法与延绵数千年的乡谊亲情分庭抗礼。山东的地方精英,在政治上能够发声并有一些话语权的,基本集中在省议会这个平台。自民国初年起,省议会即已形成了以王鸿一为领袖的"王派"和以张公制为代表的"张派"。"王派"的王鸿一、王乐平等人,均为国民党人。[1] "张派"的张公制,则属进步党。"王派"的成员,多来自鲁西曹州地区,又被目为"曹州团体"。1914年2月,在袁世凯授意下,时任山东督军靳云鹏解散了省议会,国民党和进步党均停止了活动。[2] 尽管政党活动被取消,但是"曹州团体"依然存在。[3] 于此亦可见政党的凝聚力,确不如乡情绵长稳固。

1916年,被解散的省议会恢复活动,两派议员重新集结,在省议会选举中展开了激烈竞争。代表北洋军阀系统的军事势力,也参与到了这一竞争之中。为此,两派曾经取得暂时妥协,组织"地方政治讨论会",着手地方事务,避免因自身分裂而给军事势力以可乘之机。这种互相妥协的局面,维持的时间并不会长久。1918年第二届省议会选举时,为争取选票,王派和张派重又分裂。督军张树元利用两派矛盾,趁机推举同乡郑钦担任了议长,王鸿一和张公制当选为副议长。[4] 派系政治的掣肘制衡之弊,亦由此可见。

1918年秋,副议长王鸿一发起成立"山东各界外交后援会",省议会秘书长王乐

---

[1] 同盟会1912年8月改组为国民党,1913年二次革命失败后被袁世凯解散,流亡党员逃往日本并于1914年在日本成立中华革命党。1919年10月10日,孙中山宣布将中华革命党改为中国国民党。为行文方便,统称以上三个阶段的革命党人为"国民党人"或"国民党员"。另,王鸿一,1874年生于鄄城县,1917年当选山东省议会议长兼省立第一中学校长,五四运动期间他领导全省民众团体开展大规模请愿活动,1930年病故于北京。

[2] 靳云鹏,1876年生于邹城,1913年底任山东都督,1919年、1920年两任国务总理,1951年病死于天津。

[3] 《济南十日见闻记》(二),《晨报》1920年12月12日。

[4] 《张公制自传》,《安丘文史资料》第11辑,政协山东省安丘市委员会文史资料委员会,1995年12月;《五四运动在山东资料选辑》第431页。另,张树元,1888年生于无棣县,1918年任山东督军、省长,1919年12月因侵吞军饷300余万元丑闻而遭山东省议会弹劾、辞职,1934年病死于无棣。郑钦,1860年生于滨县(今滨州),1911年辛亥革命时发起成立"十县联合会",1918年当选山东省议会议长,1921年亲临利津县黄河决口处指导堵复工作,1925年去世。

平、省议员聂湘溪任干事,省议会遂成为全省爱国运动的领导机关。王鸿一也因此成为全省风云一时的知名人士,并被梁漱溟称为"盖今世之一个真人也"[1]。11月中旬,在省议会的协助下,省立工业专门学校学生李开文(生卒年不详)等发起成立"山东学生外交后援会",会址即设在山东各界外交后援会内。这是五四之前,山东成立的第一个全国性的学生运动组织。王鸿一等得风气之先,在山东运动学生成立学运组织,成为山东政坛上象征民意、叱咤风云的领袖人物。

张公制也不甘示弱,奋声疾呼。1919年五四运动的次日,时在北京的副议长张公制和王鸿一,即召集参众两院山东籍议员共商计策,设法营救被捕学生[2] 7日,国耻纪念大会在省议会召开,与会民众3万余人。11日,山东

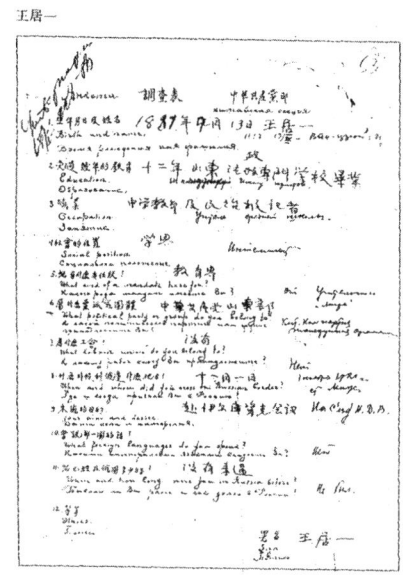

《调查表·中华共产党部·王居一(乐平)》,《上海革命史资料与研究》(第7辑),第774页影印件。原件现藏于俄罗斯国家社会/政治史档案馆。(下同)

籍旅京劳动者1万余人在北京彰仪门集会,请求政府拒绝在巴黎和约中有关山东交涉问题上签字。22日,济南工人、学生及其他各界民众10万余人在南门外大校场集会。23日,济南21所学校学生联合抵制日货,铁业工人展开罢工支援学生的爱国斗争。6月10日,济南学生、商人、工人举行了持续一周的罢课、罢市、罢工斗争,要求政府惩办卖国贼、释放被捕学生等,取得胜利。6月上旬,省议会、省学生联合会、省教育会等团体在省议会连续开会,于18日推选出赴京请愿代表83人,王乐平、聂湘溪等当选为议会代表[3] 当时社会舆论对省议会赞誉颇多,冲在"学生前面"的地方精英,在声援五四运动的新平台的博弈结果,较为明显的发展趋势似乎

---

[1] 参看王凤鸣、宁秀芹《毕生尽瘁为民生的社会活动家——王鸿一》,《山东档案》,2007年4期。

[2] 胡汶本、田克深编:《五四运动在山东资料选辑》,山东人民出版社,1980年8月(下引只注明书名),第255页。另,张公制,1876年生于安丘县,1913年当选为第一届山东省议会议长,1916年第一届山东省议会复会后仍任议长。1918年起任第二届山东省议会副议长兼育英中学校长,曾暗中支持山东党组织创办《劳动周刊》,1966年去世。

[3] 《五四运动在山东资料选辑》,第254、第312—314页。另据"山东省情网"有关资料记载,6月19日,山东各界组成109人请愿团,20日抵京后即赴新华门递交请愿书;28日,第二批请愿团108人到达北京。王乐平所在"83人请愿团",与山东各界"109人请愿团"、"108人请愿团"之间有何关系,尚不清楚。综合目前所掌握资料判断,山东请愿团似只有两批次,王乐平应该为第一批请愿团之首领。

是王派王乐平的声望开始蒸蒸日上。

倘若山东学运能够成功,王乐平日后在山东之地位很可能无出其右者。然而,山东学生运动最后并没有取得如北京学运那般成功的理想结局。

五四运动主要为社会精英领导的学生运动。这一集体政治形式,与地方精英所熟悉的派系政治很不同。鲁佛民曾以"律师公会代表"身份参加赴京请愿代表团,他回忆说:山东省学生联合会开始组织时,"由山东省议会议员多人参加,讨论交还山东青岛问题,迨后学潮渐次扩大,形成为真正群众运动时,议会人士均藏匿不见"[1]。面对大规模的集体政治活动,地方精英似乎并未做好准备。对于接踵而来的群众运动,更是唯恐避之不及。他们的种种表现,让曾经对其寄予期望的社会各界颇感失望。此后,安福系在山东建立地方组织"路矿维持会",王鸿一参与其中,事为学生侦悉并公布于众,王派首领王鸿一等人遂为民愤所指[2]。7月21日,山东各界人士在省议会召开各界联合救国大会,主席王鸿一刚开始致词,便招致听众的质问和诟骂,只得悻悻退出会场。王乐平随后继续发言,也同样遭到斥骂,亦被迫"遁去"。王派声望一落千丈,出现了戏剧性的转折。

事实上,对于学生运动,王鸿一确实也并不真正热心,而是一直持保留态度,甚至认为是"不务正业"。1920年1月,北大学生、新潮社成员徐彦之[3]回乡考察,在济南拜访王鸿一,王鸿一即明确表示反对当时的学生从事办杂志、结社团的活动,认为这是"务外"和荒废学业,直言"求学是自治,作修身的工夫"[4]。对发源于北大之"新潮流",他也表示怀疑。虽经徐彦之介绍,晤见蔡元培、李石曾,然"谈许久不得要领,始知两先生虽居北大中坚地位,其实是莫名其妙"[5]。既失去了学生和群众的支持,他在反对山东督军兼省长田中玉的斗争中便失去了根基,其地位已岌

---

[1] 《五四运动在山东资料选辑》,第241页。另,鲁佛民,1881年生于济南,1914年毕业于山东法政学校,1916年创办《公言报》,1917年取得律师证书开始挂牌营业。五四运动中他积极赞助山东学生联合会各项工作,还以"教育界代表"身份参加山东赴京请愿团。1922年外交解决山东悬案问题时,以"首席民意代表"身份在京列席鲁案会议。七七事变后由北平转赴延安,向毛泽东汇报了在北平十年情况,毛泽东赞誉他"十年党节可嘉"。1944年病逝于延安。

[2] 参看方传桂、王群演《砸昌言报馆始末》,中国社会科学院近代史研究所编《五四运动回忆录》下册,中国社会科学出版社,1979年3月,第705—706页。另,7月21日这天,济南各界群众千余人在工人代表王春浦等领导下,将皖系政客集团安福系所办《昌言报》报馆捣毁,并将其经理、主编等押出游街示众。

[3] 徐彦之,1897年生于郓城县,16岁考入北京大学之后颇受蔡元培赏识,在传播新思想、新文化,改革教育、男女同校、解放妇女诸方面做了大量工作,参与组织了"中国马克思主义研究会",1917年官费赴美留学,1937年任山东省议员,1938年受孔祥熙之聘为孔子77代孙孔德成的辅导教师,1940年在重庆遇日军空袭身亡。

[4] 徐彦之:《济南两周见闻记》(二),《晨报》1920年1月24日。

[5] 王鸿一:《三十年来衷怀所志之自剖》,《山东文献》,第3卷第2期,1977年9月20日。

岌可危。田中玉见势则恐吓王鸿一说:"你在山东,我不保障你的安全。"在此情势之下,王鸿一被迫辞职,离开了山东。[1] 此后,他与梁漱溟携手鼓吹"村治"理论,基本上告别了地方政治舞台。

## 二、角色互动下的信仰追求

马克思主义在中国传播的源头主要是在北京,并通过《新青年》杂志的流传而传播至内地。[2] 马克思主义在山东的传播,亦是随着《新青年》杂志所倡导的新文化运动而渐次展开的。传播学一些理论业已指出:大众传播中的信息流动,首先抵达"观点领袖"(Opinion Leader),然后经由他们传递给受众。[3] 一种观点(意见)的社会传播程式,一般为:广播、印刷品等传媒载体(原始观点)→观点领袖(提炼改造的观点)→广大受众。研究者并且指出,在每一社会经济层次和每一职业层次上,都存在着各自的观点领袖。[4] 受教育程度和经济地位越高的社会阶层,越容易接受信息(观点或意见)。[5] 这些传播学理论,能比较合理地解释马克思主义在中国传播的早期阶段,掌握话语权的地方精英,为何能够自然而然地扮演了观点领袖的社会角色。马克思主义在山东的传播,按照官方权威说法,是经历了一个"由城市到农村,先学生、后工人、再农民"的传播过程。[6] 如果把这一传播过程稍加解剖,则不难发现:马克思主义在山东的传播路径,首先是在城市内传播,传播者(观点领袖)首先是城区的精英人士。因此,这些地方精英往往具有观点领袖、地方名士、政治要员等多重社会角色。

新潮社是1918年末在北京大学成立的一个学生社团。《新潮杂志社启事》称:

---

[1] 参看谌耀李《王鸿一先生荣哀录》,《菏泽学院学报》1989年第3期。另,田中玉,1864年生于临榆县,1919年12月至1920年6月任山东督军兼省长,1920年10月再兼省长,1923年10月因临城劫车案被免去山东督军职务,1935年病死。

[2] 参看费正清等《剑桥中华人民共和国史》(上卷),中国社会科学出版社,1994年1月,第497页。

[3] 这个假设被称作"二级传播"。Paul F. Lazarsfeld, Bernard Berelson and Hazel Gaudet, *The People's Choice*, New York: Columbia University Press, 1948 (2nd edition), p.151. 另,"Opinion Leader"也译为"意见领袖"。

[4] [美]伊莱休·卡茨(Elihu Katz):《二级传播:对一种假设的最新报告》,引自[美]奥格尔斯等著、关世杰等译《大众传播学:影响研究范式》,中国社会科学出版社,2000年10月,第29页。

[5] [美]奥托·N.拉森(Otto N. Larsen),理查德·J.希尔(Richard J. Hill):《一则新闻扩散中大众传媒和人际传播的作用》,引自[美]奥格尔斯等著、关世杰等译《大众传播学:影响研究范式》,第61页。

[6] 参看中共山东省委组织部、中共山东省委党史资料征集研究委员会、山东省档案馆编《中国共产党山东省组织史资料(1921—1987)》,中共党史出版社,1991年2月,第13页。

"同人等集合同趣组成一月刊杂志,定名曰《新潮》。专以介绍西洋近代思潮,批评中国现代学术上、社会上各问题为职司。不取庸言,不为无主义之文辞。成立方始,切待匡正,同学诸君如肯赐以指教,最为欢迎!"[1]1919 年 1 月,《新潮》杂志正式创刊,下设编辑部和干事部,编辑为傅斯年、罗家伦、杨振声,干事为徐彦之、康白情、俞平伯。杂志甫一出版,便受到读者的欢迎,创刊号一月内再版了三次。"新潮流"伴随着学生运动,滚滚而来,声势渐大,成为地方精英中不可小觑的一股社会力量。

《调查表·中华共产党部·王尽美》,《上海革命史资料与研究》(第 7 辑),第 780 页影印件。

1919 年秋,既为《新潮》杂志社编辑又是五四运动学生领袖的傅斯年,从北京大学国文系毕业,回到原籍山东办理官费赴欧留学事宜。其间,他亲眼目睹了山东政治教育的腐败黑暗,也看到了"一件很可乐观的事,就是有了所谓的新旧之争,而第一师范就是争的场所"。他还注意到了"王乐平的齐鲁通讯社在济南销新思想的出版物,很有些力量"[2]。

在傅斯年所称的"新旧之争"中,当时"大肆攻击"新派教员"最为有力"的《新齐鲁公报》,却并非军阀或保守势力的报纸,而是国民党山东党部的机关报。该报曾积极支持学生运动,以批评军阀政府镇压活动、支持社会进步而著称。[3]《新齐鲁公报》的前身《齐鲁公报》,乃山东各界联合会的机关报。1912 年 4 月,《齐鲁公报》又以《齐鲁民报》、《新齐鲁公报》之名义复刊出版,铅印,对开 4 版,日刊。[4] 但是,《齐鲁公报》及其麾下的一批山东国民党人"似乎尚未充分认识到新文化的意义及其与学生运动的关联,不过王

---

[1]《新潮杂志社启事》,《北京大学日刊》,1918 年 12 月 13 日。
[2](傅)孟真:《济南一瞥记》,《晨报》1919 年 12 月 23 日。
[3] 山东省地方志编纂委员会办公室编:《山东省图书馆馆藏山东地方史志文献选目》,山东省图书馆,1983 年 12 月,第 300 页;《五四运动在山东资料选辑》第 254 页。《齐鲁公报》的总经理为同盟会会员王讷,总编辑为赵心如。王讷,1880 年生于安丘县,1911 年 11 月创办《齐鲁公报》,1912 年被查封后又以《齐鲁民报》名义出版,还曾创办山东高等师范学堂并任监督(即校长),历任山东省教育厅长、实业厅长等,1960 去世。赵心如,生平情况不详。
[4] 参看张登德《〈齐鲁公报〉对辛亥革命后中国政局的关注和评论》,《东岳论丛》,2012 年 5 期。

乐平等部分国民党人已经开始着手于新文化的介绍和传播了"[1]。王乐平及其齐鲁通讯社(书社),很快成为了山东传播马克思主义的主阵地。

1919年10月,王乐平召集教育界部分同人,创办了齐鲁通讯社。据当时《晨报》记载:"五四后,就是沉闷的山东,也是如梦初醒。""在今夏间,王者塾曾约些同志在济南组织了通讯社,一方面做通信事业传达到外边去,一方面代派各地出版物,为介绍新思想的先声。直到现在,各种杂志销路一天天推广起来,志同道合的人也渐渐多了。谁知官府里得到这种消息,就变尽方法取缔。"[2]遭到官方明令取缔和禁售的两种杂志,即《建设》、《解放与改造》。通讯社附设贩书部,专门贩卖各项杂志及新出版物。创设贩书部本意不为营利,营业额却逐月增加,第一个月只卖了五六十元,后来每天平均可卖十几元钱。齐鲁通讯社在短短两个月时间,"已经有了骇人的效果了。《新青年》、《新潮》、《少年中国》、《新教育》诸报,销数都在百份左右。其他如《解放与改造》、《建设》、《星期评论》等期刊销数亦都不少"[3]。营业额接连翻番的利好业绩,其中很重要的一个原因就是山东知识分子接受新文化新思潮的迫切心情"如大旱之望云霓"。1920年9月,该社正式更名为"齐鲁书社",董事会公推王乐平为社长,聂湘溪为副社长,租赁大布政司街(今省府前街)北头路东铺房为营业地点。在招股简章中,明确表示"本社以传播文化为宗旨","不纯粹以营利为目的,而以促进社会文化的进步为主要目的"[4]。一旦齐鲁书社打开了山东知识界与外界思想交流的文化闸门,山东思想界、教育界沉闷压抑的社会风气便为之一振,马克思主义等新思潮便如洪水一般,在齐鲁大地上传播开来。山东马克思主义者的思想启蒙,山东党组织的几乎所有成员,都曾与齐鲁书社发生

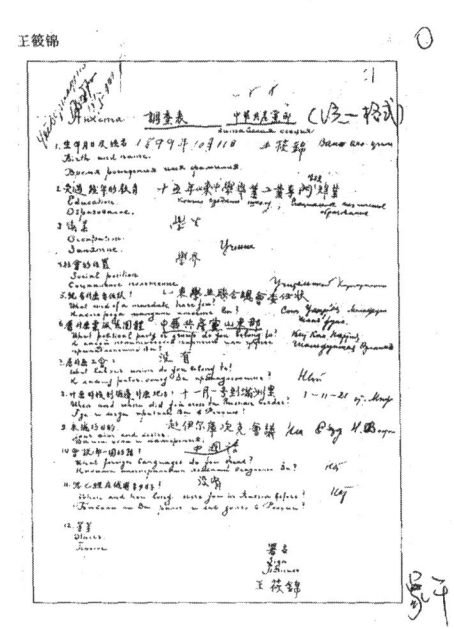

《调查表·中华共产党部·王筱锦(象午)》,《上海革命史资料与研究》(第7辑),第773页影印件。

---

[1] 季剑青:《地方精英、学生与新文化的再生产——以五四前后的山东为例》,《现代中国文化与文学》第7辑。
[2] 《济南特约通信·山东的文化运动》,《晨报》1919年12月28日。
[3] 徐彦之:《济南两周见闻记》(四)续,《晨报》1920年2月1日。
[4] 《山东新文化与齐鲁书社》,《晨报》1920年10月7日。

过联系。如王翔千(育英中学教员)、王尽美(一师学生)等都曾在齐鲁书社购买新书,从中接受了新思想。[1]

齐鲁书社既是五四时期山东新文化运动的中心,又是山东国民党的秘密活动机关。[2] 据担任过齐鲁书社经理的王立哉(王乐平堂弟)回忆,在公开销售书报的门市部后面,另有厅房三间,陈设桌椅及桌球台架等,供青年学生驻足休息和各方人士联络开会,从事政治活动。齐鲁书社众多的读者群,逐年递增的营业额,也颇为同行所羡妒。[3] 齐鲁书社不但在青年学生中有着巨大的市场,也为政党政治提供了可能的社会新资源。对于文化与政治之间的紧密关系,王乐平在五四运动之前,即已有所察觉,意识到青年学生在今后很可能会成为一支重要的政治力量。1916年10月,诸城同乡学生在济南成立诸城旅济学生会,王乐平亲自祝词:"峨峨青年,摩厉以须。异日宣劳,实为国柱。"[4] 王乐平在五四运动中相当活跃,主动接近青年学生并介入到学生运动中,并曾在女师驱赶校长周干庭的运动中发挥作用,受到了青年学生的信任。[5]

其表弟范予遂回忆说:"在他每次回到诸城时,都向我们讲述天下大势,宣传孙中山关于推翻君主专制建立民主共和的主张。"[6] 范予遂是《曙光》杂志的撰稿人,与王统照交往甚密。《曙光》杂志的主笔王统照、王晴霓与王乐平,均出自诸城王氏家族。《曙光》杂志创办伊始,便在济南、烟台和东京的山东侨胞中设有代派处,它

---

[1] 参看黄秀珍《我的父亲和山东建党、建团活动》、王来棣《中共创始人访谈录》,明镜出版社,2008年。该文另请参看山东省档案,"省校·全宗号3·目录号1·卷号207·顺序号16",《党成立前后山东地区的一些情况》。

[2] 参见丁惟汾主编《山东革命党史稿后编》(一),台北:山东革命党史编纂委员会,民国60(1971)年,第1页。另见成湘舟《关于齐鲁书社的沿革略记》(《山东出版志资料》第1辑,山东人民出版社,1984年);《齐鲁书社的创办及活动》,刘大可《山东重要历史事件》(北洋政府时期),山东人民出版社,2004年。

[3] 王立哉:《九十忆往(二)》,《山东文献》第11卷第4期,1986年3月20日。

[4] 王钧五、臧任堪:《王乐平传略》,政协日照市文史联谊委员会编:《日照文史》第7辑,1999年12月,第54页。另,1916年,诸城旅济同乡会成立,丁昌燕被推举为会长。丁昌燕(1863—1937),字师汝,号剑虹居士,诸城人,光绪十六年(1890)进士,官至四川省大足县知县。后因同情农民起义被革职,归里后任诸城县防御会会长,1915年任山东省议会议员,1916年被推举为诸城旅济同乡会会长,1930年任山东省志馆馆长,1937年抗日战争事起后回归故里,病逝于下六谷村。

[5] 隋灵璧:《回忆王乐平》,五莲县政协文史资料委员会编《五莲文史资料》第3辑,1992年6月版。另,周树桢字干庭,1875年生于潍县,1902年留日期间加入同盟会,历任淄川县长、山东高等师范学校学监、山东省立女子师范校长、齐鲁大学国文系主任等,1957年病逝。

[6] 范予遂:《辛亥革命对我的影响》,山东省政协文史资料委员会编《文史资料选辑》第12辑,山东人民出版社,1981年,第68页。另,范予遂,1893年生于诸城县,1917年考入北京高师,在校期间参加了五四运动,参与创办《工学》杂志。参看范予遂《九十回顾》,山东省政协文史资料委员会编《文史资料选辑》第16辑,山东人民出版社,1985年,第4页。

在济南的代派处便是齐鲁书社。[1]

傅斯年所称"新旧之争"的"场所"省立一师,该校一些学生也常常在齐鲁书社开展活动,并于1920年10月成立了励新学会,会址即设在齐鲁书社内院图书室内,出版了《励新》杂志。励新学会常以齐鲁书社为活动场所,王乐平亦经常出席讲演和指导。王尽美与王乐平既是同乡(王尽美是莒县人,莒县毗邻诸城,现已划归诸城)也是远亲,王翔千、王志坚、王象午、李祚周等或为王乐平的族人,或系亲戚。[2]在诸城相州王氏家族中,王翔千、王象午、王统照为15世,王乐平、王志坚为16世。王志坚、邓恩铭、王尽美等发起"励新学会"时,王乐平捐资十元钱作为该会基金,并作演讲。王乐平不但为"相州王氏"的翘楚,在济南、青岛青年学生中也享有"较高的威望"。[3] 1919至1921年间,王乐平以齐鲁书社为核心,逐渐形成了"诸城－济南－北京"的地缘关系网络,并以社团形式寻求社会实践和政治活动的空间,经常为一些秘密集会、通讯提供掩护,帮助筹措经费等。以励新学会为例,便颇得王乐平支持。对于诞生不久的山东党组织,他更是经常给予经济支持。据1922年9月代理中共山东直属支部书记的马克先称:

> 山东党成立不久,经费来源很困难,一部分是由北京寄来,但不能按月寄。有紧急开支时,由党内收入较多的同志捐助。那时王乐平也经常给予帮助。……我也……感谢他对共产党的经济帮助。[4]

王乐平不但对山东党组织的各种活动给予支持,对成立山东青年团组织也提供了多种方便。励新学会最年轻的会员王克捷,1973年8月10日曾回忆说励新学会"其实即是共青团"。[5]囿于"孤证不立"的考证原则,这一说法未引起有关研究

---

[1] 余世诚、刘明义:《中共山东地方组织创建史》,石油大学出版社,1996年1月,第85、102页。

[2] 《五四时期的王乐平》,《五莲》,山东省出版总社潍坊分社,1988年11月,第59页。丁龙嘉、张业赏:《王尽美》,河北人民出版社,1997年12月,第25页。

[3] 余世诚:《王哲同志谈王乐平情况(1985年6月18日)》,本文已经王哲本人审阅,引自《山东党史资料》1986年1期。另可参看:中共山东省委党史研究室存档文献资料,第2页。

[4] 马克先口述、董天佳整理:《济南建党后初期活动片断》,《山东党史资料》,1982年3期。马克先,1895年生于北京,1915年毕业于武昌高等范学校,1922年到济南私立正谊中学任教,当年9—11月代理中共济南地方支部书记,1937年抗日战争爆发后流亡四川,1948年任济南正谊中学校长,曾任民盟济南副主委等职,1982年去世。

[5] 在1971年12月和1973年8月,王克捷曾写过三首回忆邓恩铭的诗,回忆他与邓恩铭的相识经过和亲密关系。上引文为他1973年8月10日所写《再忆又铭》。又铭,即邓恩铭。

者的重视。但是王统照的遗著《民国十年日记》[1]发现之后,里面记载了一个可能要改写山东党团史的重要史实:1921年4月,励新学会的王志坚、邓恩铭二人,曾被北京SY青年团教育委员宋介(唯民)委以组建山东"SY青年团"的重任。

据《民国十年日记》1921年"4月14日"记载,4月13日晚,宋介与范予遂(佩鞘)结伴由济南返回北京。次日下午两点钟后,宋介向王统照谈起"济南青年及学校现状",又称在济南可由王志坚、邓恩铭诸人成立一SY青年团。[2]宋介时已当选为北京SY青年团教育委员。另据潜伏在北京SY青年团内部的密探关谦"密报"称,召开该次会议时,宋介缺席,只知其已回济南,为何事而往则不详。[3]北京青年团负责人张国焘亦称,1921年春曾在济南成立了一个SY青年团。综合这些信息,不难推断出宋介济南之行筹建"SY青年团"之说,应当属实。

按照相州王氏的族谱,王志坚系王统照之族侄、王乐平之族弟。以年龄论,他年长了邓恩铭一岁(根据励新学会会员通信一览表所填各自年龄)。王统照与宋介为乡党挚友,又分别担任《曙光》杂志的主笔和主编,故此肯将其拟委任王志坚筹组济南SY青年团之机密告知王统照。王统照遂将此事付诸笔端,载入日记。这一秘密,至王统照病逝时已尘封36年,至2004年公开发表时已经尘封了83年。

在《民国十年日记》中,宋介之名出现的频率颇高,他与王统照二人关系之密切可见一斑。宋介此次济南之行,他本人亦曾撰文纪念,当然筹组SY青年团之事他是三缄其口、不提一字。[4]

以"相州王氏"之一王志坚为首的济南SY青年团,命运多舛。《民国十年日

---

[1] 王统照,1897年生于诸城,1918年考入北京中国大学英国文学系并参与创办《曙光》杂志,1920年冬发起组织文学研究会,建国后历任山东省文联主席、山东大学中文系主任、山东省文化局局长等。1957年王统照病逝后,其三子王立诚在遗物中发现了他写的《民国十年日记》,整理之后,公开发表。王立诚说:"在整理他的遗物时,发现了这本秘藏终生,从不示人的日记,纸色发黄,抚之已脆……",这是"一部纯粹恋爱方面的私人日记"。这一部"生活实录",忠实记录了王统照的社会交往与活动,也是"五四"新文学运动以来"发掘出的极少数活生生的历史见证之一"。(参王统照遗稿、王立诚整理:《民国十年日记(第二部)》,《潍坊学院学报》,2005年1期,第1页。)
[2] 《民国十年日记(第二部)》,《潍坊学院学报》2005年1期,第7页。王志坚,1899年生于诸城,与王尽美为省立一师同班同宿舍同学,是励新学会核心成员和山东学运中名噪一时的风云人物,1928年曾在杭州半山寺出家为僧,1929年回乡筹办相州小学,教书为生。1947年国民党进攻诸城时,他因脚疾转移不便,被中共诸城县公安局枪杀。1979年,中共诸城县委研究确定王志坚"属于误杀",1987年确定王志坚为"因公牺牲"。
[3] 《关谦关于北京社会主义青年团第四次大会情况报告》,北洋政府步军统领衙门档案,原载《青运史资料与研究》第一集,第122页。
[4] 宋介:《两周中之山东》,《曙光》第二卷第三期,1921年6月出版。另,宋介,1893年生于兖州,1918年秋考入北京中国大学政治经济系,1919年主编《曙光》杂志,1921年初参加北京SY青年团并任教育委员,随后赴美留学,抗战时期曾任伪济南道道尹等,1946年被国民党山东省高等法院判处有期徒刑5年,1951年被中共山东省政府处决。

记》此条记载,实为截至目前关于山东建团问题的最早一则文献史料。由于诸多原因:(1)1921年5月,北京SY青年团"实在办不下去了","只得宣告暂时解散";[1](2)7月,宋介大学毕业,随后赴美留学;(3)襁褓之中的"济南SY青年团",相继失去了上级组织(北京SY青年团)和直接联络人(宋介);恐怕也只能不了了之。

济南SY青年团之筹建,委以励新学会"交际主任"王志坚和庶务邓恩铭,而励新学会会址又设在王乐平的齐鲁书社,由此推断张国焘或王统照可能起到了一个"牵线"作用。[2]张国焘后来成为了北京SY青年团的主要负责人,宋介1921年4月济南之行按照常理推测应该是受命于张国焘。既然王统照没有言明是由他本人引荐,张国焘的可能性应该会更大些。众所周知,中共一大筹委会曾首先邀请山东的王乐平参会,但是王乐平另外委托王尽美、邓恩铭去赴会。建党如此,建团亦大概如此。据此而论,王乐平在中共山东党团史之地位,"革命导师"之形象已呼之欲出。[3]

不可否认,王乐平1921年10月至1922年春的赴伊尔库茨克远东会议之行,耳闻目睹了俄国十月革命无产阶级专政的胜利果实

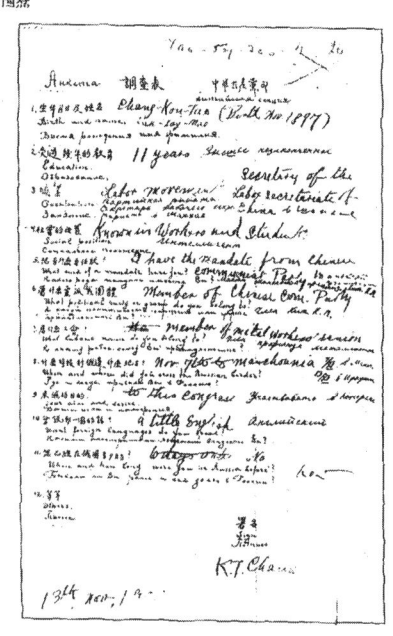

张国焘

《调查表·中华共产党部·张国焘》,《上海革命史资料与研究》(第7辑),第802页影印件。

---

[1]《"一大"前后》(一),第26页。参看王亚春《北京社会主义青年团创建时期的几个问题掇拾》,《北京党史》,2000年5期,第21页。
[2] 张国焘与王乐平的交集始自1911年上海全国各界联合会,下文有详。
[3] 在一篇《国民党左派——王乐平》的网络文章中,记述1927年4月,原来在军阀压迫下团结一致的山东省党部也出现了分裂:两个委员王子壮、孟民言去了南京。共产党员丁君羊(1930年脱党)来到武汉,与时任中央组织部秘书、汪精卫之内侄陈春圃,商量改组山东省党部。丁自任主任委员,鼓动三百名山东旅鄂青年学生,游行请愿要求改组山东省党部,打倒蒋介石之走狗丁惟汾、王乐平、路友于(时路友于与李大钊被军阀张作霖杀害于北京;丁惟汾跟着蒋介石在南昌)。王乐平对敌斗争向来无所畏惧,对党内同志间的暗箭却倍感寒心,对革命小将的狂热又有理难说清,只能向中央执行委员会提出书面声明:愿到监委会申辩,并一如既往,坚持不去南昌,也不为蒋介石做狗。对共产党员依然是帮助爱护。在武汉最黑暗、共产党员受迫害最严重的时候,他想方设法利用关系送共产党员鲁佛民乘轮船离开武汉。他曾对支持他或反对过他的人说:"这是历史潮流,非你我之间的个人恩怨,不要为此纠缠不休了。"他也曾对丁惟汾说过:"国共两党之间要和平竞赛,不要互相拆台。"(参考网址:http://blog.sina.com.cn/s/blog_4c977257010009w5.html)

之后,严重动摇了他对中国革命前景的基本判断,对于马克思主义也产生了很大怀疑。而这种信仰的改变,在当时也绝不是发生在先进知识分子之中的个案,更不宜简单视为对革命信仰的"叛变"。西方研究者认为,1917—1921年间,"改信马克思主义既涉及信仰者对中国现实的认识,也涉及其个人的性格和气质,同时又与其对学说的理解相关"[1]。这一判断还是比较中肯的。

## 三、亲情纠结里的组织关系

研究者往往喜欢一厢情愿地用结果推断原因,以为只有王尽美、邓恩铭(因为参加了中共一大)才是山东党组织的创建者,反而忽略了在此组织关系之上更有亲情纠结的复杂社会关系。毫无疑问,在王乐平亲手编织的这张私人关系网络之中,真正能够掌控局面的也只有他本人。

1919年11月10日,由全国学生联合会发起的全国各界联合会在上海四川路青年会召开成立大会。张国焘称,在这次会议中,他曾与王乐平"共同工作过"[2]。张国焘颇尊重王乐平,在王尽美等人面前却动辄以"导师"自居。1921年6月,张国焘称王尽美"他们视我为他们的先进者和老朋友,向我提出许多问题,不厌其详的要我讲解。他们一面静听,一面记录要点,并商谈如何执行的方法。他们来到上海以后,仍本着学习的精神贪婪地阅读有关书刊,有时且向到会的代表们请教"[3]。尽管王乐平并未亲自参加中共一大,但是中共高层对他仍是继续倚重。1922年9月,中共山东直属支部成立,从北京来济南正谊中学任教员的马克先任代理书记之后,曾在背后议论王乐平家里"出入的人活像高等流氓",王乐平知道之后即给陈独秀去信,张国焘于11月即撤去马克先的代理书记之职[4]。无论孰是孰非,王乐平在当时中共高层内具有一定话语权是不言而喻的。

1921年10月,王乐平、王象午、王尽美、邓恩铭、王复元五人赴伊尔库茨克会议时,皆在所填《调查表》自称为"中华共产党山东部"(即中共山东支部)党员[5]。

---

[1] [美]费正清等:《剑桥中华民国史》(上卷),第495页。
[2] 《我的回忆》第1册,第184页。
[3] 张国焘:《中国共产党第一次全国代表大会》,摘自《我的回忆》第一册第二篇第六章,香港明报月刊出版社,1971年版,引自《中共"一大"资料汇编》,155页。
[4] 马克先口述、董天佳整理:《济南建党后初期活动片断》,《山东党史资料》,1982年3期。
[5] 参看《调查表·中华共产党部·王筱锦》、《调查表·中华共产党部·王居一》、《调查表·中华共产党部·王福源》、《调查表·中华共产党部·王尽美》、《调查表·中华共产党部·邓又铭》,《上海革命史资料与研究》(第7辑),第773、774、776、780、782页。根据《调查表》记载,这5人排序依次为王筱锦(象午)、王居一(乐平)、王福源(复元)、王尽美、邓又铭(恩铭)。

在这五人团体之中,显然王乐平才是核心人物。有研究者认为,王乐平应该是山东共产党的创建者,此说有其道理[1]。如果说王乐平为创建者不够准确,称之为"奠基者"似无不妥[2]。

反对者认为,"王乐平不是真正的马克思主义者,王乐平的共产党员身份是值得怀疑的"。王乐平亲笔所填写的"这张《调查表》的可靠性是经不起推敲的"。其理由为:(1)"王居一"之名,未见他使用过;(2)党的名字,不是"中华共产党山东部",应该为王尽美填写的"中国共产党山东部"[3]。这些反对理由,其实更站不住脚。因为:(1)当时的所谓中共党员,几乎都不是"真正的马克思主义者"。(2)包括王乐平在内的山东5位代表,在填写《调查表》时均采用了化名(假名)。不仅如此,在远东局事先准备好的一幢两层楼的招待所中,4位日本代表(一位学生、三位工人)"用的都是假名"[4]。以最著名的王尽美为例,王尽美原名"王瑞俊",自此之后方使用"尽美"之名[5]。(3)所谓"中华共产党",乃是会议主办方专为"中国共产党"设计的一个称谓。凡是与会的中国代表的《调查表》,均为"中华共产党"。这只要亲见了这些《调查表》(见附图)之后,应无任何异议。

俄罗斯当代文献保管与研究中心(现名为"俄罗斯国家社会/政治史档案馆",Russian State Archive of Socio-Political History,全宗号495,目录号154,卷宗号181)存档并已公开的原始文献——参会代表的《调查表》,对于王乐平的中共党员身份有着确凿无疑的记载。该《调查表》第六项"属什么党派或团体",王乐平填写为"中华共产党山东部",其中"华"、"产"、"东"均为繁体字[6]。从字迹分析,应该为王乐平的亲笔。不但王乐平,同时赴俄参加伊尔库茨克会议的其他四位山东代表亦均如此填写,只有王尽美大概系笔误而填写成了"中国共产党山东部"[7]。中共

---

[1] 殷汉文、李肇年:《济南共产主义小组的发起人和创建者是王尽美和邓恩铭吗?》,《东岳论丛》,1993年2期,第74—75页。但是,该文误认为,"中国共产党部"只有山东代表四人:王尽美、王居一(王乐平)、王福源、王筱锦(王象午),竟将"邓又铭(恩铭)"遗漏。

[2] 参看苗体君、窦春芳《关于济南共产主义小组创始人的新考证》,《宝鸡文理学院学报》(社科版),2007年2期,第22—26页。该文也沿用了殷汉文、李肇年的一个明显错误,即:将山东"邓又铭(恩铭)"遗漏,致使将山东中共党员五人误作为四人。闫注:本文首次提出王乐平为"奠基者",其他研究者似乎喜欢使用"创建者"之称谓。

[3] 臧金峰:《再论山东共产党小组的创建人问题》,《哈尔滨学院学报》,2010年11期,第27—33页。该文亦犯有一个错误,即:误将山东代表人数统计为六人了。

[4] 《我的回忆》第1册,第183页。

[5] 《中国国民党第一、二次全国代表大会会议史料》,转引自萧甡《关于王尽美"名字"的考证》,《中共党史研究》,2001年6期,第90页。

[6] 参看《调查表·中华共产党部·王居一》,《上海革命史资料与研究》(第7辑),第774页。

[7] 参看《调查表·中华共产党部·王筱锦》、《王居一》、《王福源》、《王尽美》、《邓又铭》,《上海革命史资料与研究》(第7辑),第773、774、776、780、782页。

代表张国焘填写的《调查表》,也是"调查表·中华共产党部"表格,并无"中国共产党"之称谓。[1] 国民党代表张伯亚填写的《调查表》,仍然使用的是"调查表·中华共产党部"。[2] 山东党组织第一次使用"中国共产党"这一名称,据记载是在1923年5月5日召开"马克思诞辰105周年纪念会"会后所散发的传单。

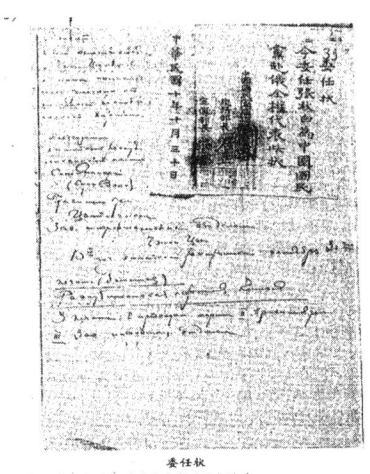

孙中山为张伯亚(中国国民党赴俄全权代表)开具的委任状,《上海革命史资料与研究》第7辑,第829页影印件。

陈独秀为张国焘(中国共产党代表)开具的委任状,《上海革命史资料与研究》第辑,第825页影印件。

如果只有王乐平的一份《调查表》,显然系"孤证";但是,这五份《调查表》一起问世则可以相互印证,足以证明山东党组织的秘密存在了(而且成员可能不止五人)。无论是否机缘巧合,这五份《调查表》都是山东党组织(团体)的一次公开亮相。至于为何未能留存更多的文本证据,这大概主要是因为当时白色恐怖的特殊时代背景。如果罔顾这一历史事实而刻舟求剑,是不能够得出实事求是的历史结论的。

这些遗存文献,在1980年代尚未公布,因此国内外研究者对于山东党组织的创建问题并未形成一致共识。1981年12月,山东省中共党史学会成立。1982年1月6—10日,该会在济南举办"关于山东地方党组织创建时期的若干问题讨论会",党史界40余人集中讨论这一问题。尽管大家认识到这一问题"也是山东党组织创建时期中的一个重要的、带关键性的,而且又比较难统一认识的问题",实际并未形成

---

[1] 参看《调查表·中华共产党部·张国焘》,《上海革命史资料与研究》(第7辑),第802页。
[2] 参看《调查表·中华共产党部·张伯亚》,《上海革命史资料与研究》(第7辑),第806页。

共识。[1] 此外,由于意识形态等原因,研究者对于中共创建者之一的张国焘等有关回忆也往往视而不见。张国焘称,陈独秀"是组织中国共产党的最先发动者和设计者。他具有决心和信心,拟定发展中国共产党组织的初步蓝图,并从事实际活动。由于他多方推动和组织,各地的马克思主义者的零星活动终于演进到中国共产党的正式组成"[2]。陈独秀"又希望李大钊先生和我从速在北方发动,先组织北京小组,再向山东、山西、河南等省和天津、唐山等城市发展"[3]。毫无疑问,在陈独秀、张国焘等筹建中共之时,一度成为举国瞩目的五四运动导火索策源地——山东,已经势所必然进入了他们的规划视野之中。张国焘进一步指出,"中国共产党各小组,能在像湖南、山东这样的省份发展起来,倒也不是偶然的。山东因为是日本侵略的目标,所以一般青年在北方各省中显得较为左倾"[4]。另据1942年1月周佛海(日本小组代表)的回忆:

> 接着上海同志的信,知道七月间要开代表大会了。凑巧是暑假期中,我便回到上海,党务发展得真快,不单是我们去年计划的上海、汉口、长沙、北京、广州,都成立了组织,就是济南也有了支部。……汉口是陈潭秋、包惠僧,上海是李达、李汉俊,济南是谁记不清了。……[5]

---

[1] 贾蔚昌:《关于山东地方党组织创建时期若干问题讨论会讨论情况介绍》,《山东党史资料》(增刊)1982年3月出版,第16—17页。其中,余世诚认为:"济南共产党小组"的成立时间"在1920年底或1921年初的可能性最大";人数最初建立时是3人,1921年春可能发展到5人,到"一大"召开时可能为8人;成员有王尽美、邓恩铭、王翔千、贾石亭(贾甫)、王象午、鲁伯峻、庄龙甲、王复元、王用章。刘明义认为:"1920年秋末(约10月),树立了共产主义信仰的王尽美、邓恩铭等人发起秘密成立了康米尼斯特学会(共产主义学会)也就是被后人所称的共产主义小组或共产党小组";成立时间推定"在1920年秋末(即10月中、下旬)是比较妥当的";成员"可以肯定的有王尽美、邓恩铭、王象午、王复元","可能性大的有王用章,有可能是的有贾甫、王志坚、李祚周、王克捷、赵震寰等"。李肇年、王文泉认为:"济南共产主义小组"的成立时间,大概在1920年冬到1921年春,"很难得出更具体的结论了";成员"则只有王尽美、邓恩铭、王翔千三人","还应有王复元、王用章二人"。曲琦明确提出"一大"以前没有"济南(山东)共产主义小组"的否定观点;参看曲琦《棒打假党史——给中央党史的第二封信》。
[2] 张国焘:《我的回忆》第1册,东方出版社,1998年,第90页。
[3] 《我的回忆》第1册,第98页。
[4] 《我的回忆》第1册,第124页。
[5] 周佛海:《扶桑籍影溯当年》,摘自《往矣集》1943年初版,1944年增订8版,引自《中共"一大"资料汇编》,第169—170页。另参见周佛海《回忆中国共产党的成立(1942年1月)》,摘自周佛海《往矣集》(1942年1月上海平报社版)中的《扶桑籍影溯当年》;引自《共产主义小组》(下),第793页。

根据施存统"口供"[1]以及张国焘的回忆录,其实已经能够绘制出一份"中共早期党组织分布情况简表",如下:

综合上述史料加以分析,不难发现:山东党组织(共产党团体)应该在中共一大召开之前即已存在。存在争议之处,在于所谓"中共济南小组"的成员,公认的1921年党员只有王尽美、邓恩铭二人,而无第三人。而争论焦点,也是集中在对"组织"或者"团体"之概念的纠缠上。日本学者石川祯浩认为长沙小组"不过是与毛泽东交往过密的两三个志同道合者,远非一个团体或组织"。无独有偶,中共长沙、山东及日本小组均被认为是"只有两个党员"。对于山东,针对某些研究者简单依据一些并非直接当事人的口述史而率意解说的泛滥现状,他又特别指出:

中共早期党组织分布情况简表

| 地区 | 来源及数量 | |
|---|---|---|
| | 施存统"口供" | 张国焘"回忆录" |
| 上海 | 18 | 9 |
| 北京 | 5 | 15 |
| 湖北 | 9 | 8 |
| 湖南 | 11 | 10(约) |
| 广东 | 7 | 7(约) |
| 山东 | 10 | 8 |
| 日本 | 2 | 2 |
| 总计 | 62 | 59 |

……很遗憾,没有任何原始资料可以解答这些问题。武汉和长沙的情况,因为有直接当事人的回忆录,尚可粗知其概要;而济南的情况,由于直接当事人王尽美和邓恩铭都离世极早,本人生前没有任何回顾材料,只有他们周围的有关人士写的间接回忆录。在国内当初曾经存在的"共产主义小组"里,就数济南小组的真实情况最难把握。此前关于"济南共产主义小组"的几乎所有研究,其所依据的也都是间接的回忆资料;而这些回忆的内容,有不少经不起推敲,因而,这类资料再多,也不可能使我们把握事实真相。[2]

时至今日,一些研究者仍然对于王乐平五人的《调查表》等遗存文献熟视无睹,甚至未见其影印件即主观臆断或上纲上线,这些都不算是科学的研究态度。众所周知,考证需要大量的文本证据和完整的证据链。但是,特定的历史环境,决定了山东党组织无法为其提供文本上的"出生证明";而这又决不是仅仅只有山东如此,其他皆如此。如果按照"反方举证"原则,可以发现反方实际并未能提供有分量的

---

[1]《中国共产党成立史》,"附录三 施存统口供",第369页。
[2]《中国共产党成立史》,第193—194页。

## 地方精英的博弈:马克思主义是如何生根中国的?

反驳证据,而那些想当然的口舌之争至少在研究者看来并无任何意义。

在王乐平精心编织的这张社会网络之中,既掺杂了错综复杂的家族、同乡、亲朋关系,又与其人格魅力有关。也许,王乐平的人格魅力,更能吸引方方面面的青年才俊聚集在其麾下,这张网络才能源源不断向外扩张。因此,其政治声望虽然屡遭挫折,他仍然能够一而再地成为山东比较醒目的一面旗帜。在这面旗帜之下,最重要大概是一种导师和门徒的事实关系。但这种革命者之间的师生关系,又大不同于既往的"门生故吏"关系。这种导师和门徒的关系,在当时甚为普遍。

在中共的顶层和中层,更多的依靠是与陈独秀、李大钊两人的私人关系,在大

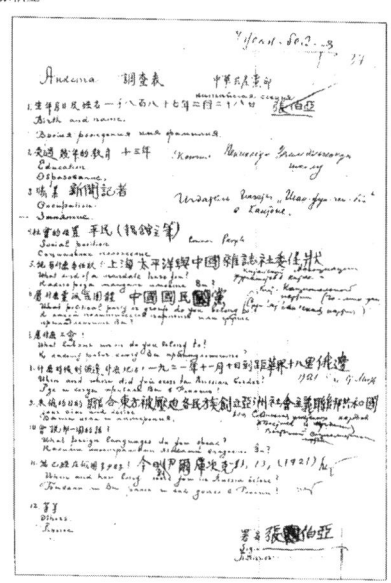

张伯亚

《调查表·中华共产党部·张伯亚》,《上海革命史资料与研究》(第7辑),第806页影印件。

多数情况下,是导师和门徒的关系,而不是依靠不带个人色彩的纪律。事实上,一旦这些联系纽带因其他原因而被削弱,有关的党员便会表现出脱离组织倾向。[1]

王乐平即依托这些私人关系,在身边聚集了一批革命青年。王乐平的革命门徒之中,王尽美、王翔千、王象午、邓恩铭等人选择了继续信仰马克思主义;王志坚等人选择了"出世"的逃避主义;王复元、王用章等则背叛了马克思主义……王乐平本人,试图以"改组理论"挽救革命,结果出师未捷身先死。不同的信仰抉择,也决定了他们各自不同的人生归宿。

1930年,王乐平在上海被国民党特务刺杀身亡。

王尽美1921年6—7月参加中共一大,8月返回济南,10月赴伊尔库茨克会议,11月1日到达满洲里,1922年春回国后协助王乐平在齐鲁书社成立"平民学会",1924年随王乐平参加国民党一大并被任命为"特派员"之一筹建国民党山东党部,1925年病逝。

---

[1] [美]费正清等:《剑桥中华民国史》(上卷),第508页。

邓恩铭，1900年生于贵州省荔波县，水族。[1] 邓恩铭自称"生性与人不同，最憎恶的是名与利"。[2] 后来，他又"因爱人关系未能充分切实负责工作，生活表现阔绰，不能无产化，感情太重，太主观冲动，对中学工作不注意，对政治分析不清楚"而受到批评。[3] 1923年3月，邓恩铭在给刘仁静的信中，汇报完青岛工运工作之后，最后一句却写道："听说张特立掉到爱河里淹没了，你们还不赶快救救他？"[4] 张特立即张国焘，邓恩铭字里行间充斥着揶揄之气，并不掩饰他对张国焘的讥讽，由此也可以看出邓恩铭的倔强性格。这年底，张国焘与杨子烈（杨毅）结婚，1924年5月张国焘夫妻被捕变节。在《张国焘供出在京党员姓名单》中，有李大钊、高尚德、刘仁静、方洪杰、朱务善、陈佩兰、缪伯英等11人；《张国焘供出各路在党工人姓名单》中，有京绥路7人，京奉路21人，胶济路3人，正太路2人，京汉路8人，津浦路2人，粤汉路1人，道清路2人，陇海路1人，广州24人，招供名单都有具体的姓名和地址。[5] 根据北洋政府京师警察厅1924年6月11日逮捕李大钊的密令称："据张犯国焘提讯明确，伊等以私组工党为名，实行共产主义，南方首领为陈独秀，北方则以李大钊为首，伊与张昆弟为辅助者。"[6] 1931年，邓恩铭第三次入狱后，与其他22人被枪决，英勇就义。[7]

王象午与王尽美同岁，沉稳干练，1926年被开除出党，1941年病故。

王翔千是山东党组织的另一核心人物。在一些晚辈心中，被认为是"山东

---

[1] 贵州省博物馆：《邓恩铭事迹访问调查报告》(1964年1月)，李肇年编《邓恩铭同志资料选编》(征求意见稿)，1979年5月，第50页。邓恩铭1921年参加远东各国共产党及民族革命团体第一次代表大会时在满洲里填写的《调查表》中，自称其"生年月日"为"1900年10月15日"。邓恩铭究竟是汉族还是水族，一说邓恩铭的"祖先父母及他本人绝对是汉族"，"大众日报及新编辞海把他写成苗族是不对的"。其弟邓恩光称，"我们也搞不清楚"，"为了读书和外出工作方便，又怕人家歧视"，"就干脆讲我们也是汉族"。后来调查认为"应是水族为宜"。参看贵州黔南自治州文化局《中国共产党第一次全国代表大会代表邓恩铭烈士故居调查报告》(1978年12月7日)，李肇年编《邓恩铭同志资料选编》(征求意见稿)，1979年5月，第57—60页。
[2] 邓恩铭：《给父亲的信(1925年5月8日)》，《邓恩铭同志资料选编》(征求意见稿)，第119页。
[3] 《山东革命历史文件汇集》(乙种本)，第44页。
[4] 《邓恩铭关于青岛工运工作等问题致刘仁静的信》，《山东革命历史档案资料选编》(第一辑)，山东人民出版社，1981年9月，第6页。
[5] 参看《张国焘的供词》，《历史档案》1981年2期。
[6] 《程总长照会京师警察厅密令一九二四年第一百五一号》，《中华民国内务部档案汇编》第六册，凤凰出版社(原江苏古籍出版社)，1991年6月，第52页。
[7] 《山东枪决大批红匪》，《申报》民国二十年(1931)四月八日。

共产党之父"[1] 王翔千号"劬髯",颇具名士风范,据王统照《民国十年日记》记载,王翔千曾编写过一部食谱。[2]

工人阶级出身的王复元,1921年10月追随王乐平参加了远东会议,1927年出席中共五大返回途中谎称失窃,将山东党组织活动经费1000元贪污,事泄后被开除党籍。1928年底,王复元索性叛变,抓捕了邓恩铭等17人。次年,王复元被中共地下组织"清理门户"除掉。

## 四、共产党组织与马克思主义在山东的扎根

中共一大之前,山东党组织(团体)已经秘密成立了。而且,现在发现的一些遗存文献业已能提供部分文本证据。1921年12月日本警视厅的讯问笔录记载,时在日本的"赤化嫌疑犯"施存统所留存的"口供"称:至1921年12月,国内学(党)员"约六十余人",其中"济南十名"。[3] 张国焘称,由他负责的北京小组还在济南帮助成立了"一个共产党小组和社会主义青年团"[4]。总之,以王乐平为首的地方精英在山东的政治博弈、文化博弈已显见成效。

1921年9月,陈独秀从广东回到上海之后第一次召集的会议即这次中央扩大会议,北京、武汉、上海、山东、湖南、广东"各地代表十多人"出席,负责北方区工作的罗章龙向中央建议调王尽美去北方部工作,"中央赞成,但山东党不同意。后来各方商量结果,山东书记部与北京合并,尽美调到北京,山东党由邓恩铭等负责。北方书记部另派专人驻济南协助山东党委工作"[5]。王尽美9月参加中央扩大会议时,大概已经对自己将被学校开除的警告有所风闻,因而产生"异地工作学习"的想法并在罗章龙帮助下得以实现。表示"不同意"的"山东党",似乎在1921年9月已经确凿存在了。"山东党"的这一意见,并没有得到中央的支持。

如果说邓恩铭不能服众,山东党的另一核心人物王翔千则应该是不二的人选。但是中共中央最后决定,"另派专人驻济南协助山东党委工作"。中共中央的这一

---

[1] 姜贵:《旋风》,1951年9月—1952年1月写作完成,1957年自费出版500册。台北市九歌出版社1999年再版(繁体竖排版)。此书在鲍威德《Urban Change in China: Politics and Development in Tsinan, Shandung, 1890-1949》中列为"清末民初山东社会史的参考文献"。
[2] 参看王统照《民国十年日记》,"2月13日",《潍坊学院学报》,2004年1期,第2页。
[3] 《中国共产党成立史》,"附录三 施存统口供",第369页。
[4] 《我的回忆》第1册,第123页。
[5] 罗章龙:《记北方劳动组合书记部》,《社会科学战线》,1980年3期,第13页。

组织布局,颇耐人寻味。所谓"专人",似乎是指马克先、吴容沧等。1922年11月,暂代书记仅两个月的马克先被免职,由吴容沧接任。马克先被免职,是山东党员"排挤"之故还是另有原因,不详。

王乐平墓碑局部

在北方区工作的王尽美因为"机智勇敢",被工人们起了一个绰号为"盖韩信",而"张特立足智多谋称为张孔明","吴容沧性如烈火称南方蛮子"[1]。"性如烈火"的吴容沧接替了马克先,但是其工作能力似乎还不如邓恩铭。[2] 据马克先称,新任书记吴容沧"很能花钱,当时党的活动经费很困难,很难满足他"。有一次吴容沧"欠账太多",马克先便写信给张国焘,"代吴请款",张国焘回信称"即行设法汇寄"。[3] 所谓"代吴请款",冠冕堂皇之下亦很难摆脱实为向中央(张国焘)告状的嫌疑。吴容沧"很能花钱"的原因,据说是他喜欢上了一个女戏子。[4] 1924年他铤而走险"抢劫银行"索要1000元"活动经费",被捕入狱四年余,致使山东党组织遭受重大打击,"引起当地重大反感,在济南的同志,几乎逃亡殆尽!"[5]他出狱后离开济南,下落不明。[6]

吴案之后,1925年2月,尹宽任山东地执委书记,8月即调任上海工作。尹宽匆匆调走,亦另有原因:他与王翔千之女王辩私奔了。[7] 王辩的自由恋爱之举,现在

---

[1] 罗章龙:《记北方劳动组合书记部》,《社会科学战线》,1980年3期,第18页。
[2] 参看李曙新《吴芳和吴容沧是两个人》,《党史博采》,2012年5期,第59页。吴容沧,又名吴慧铭,浙江杭州人,1920年加入北京社会主义青年团,1922年底任中共济南支部代理书记,1923年10月中共济南地委成立时任中央特派员。
[3] 马克先:《关于吴容沧》,此件为济南市总工会采访马克先之后马克先本人的笔复件;参看《山东党史资料》1982年3期,《山东党史资料》1986年1期。
[4] 参看姜贵《旋风》,第3章。
[5] 《山东地方报告》,《中国共产党党报》1924年6月1日。
[6] 参看李曙新《吴芳和吴容沧是两个人》,《党史博采》,2012年5期,第59页。
[7] 尹宽,1896年生于安徽桐城,1924年赴苏联莫斯科东方大学学习,回国后任陈独秀秘书,1929年因坚持追随陈独秀而被开除党籍,1966年病逝。王辩,1906年生于诸城,1917年随父来济南读书,1920年考入山东省立济南女子师范学校,1923年加入青年团,1925年在济南竞进女校任教,11月赴莫斯科中山大学学习,1927年在中共安徽省委宣传部工作,1930年到东北地区从事地下工作,1937年回山东工作,建国后调任北京图书馆苏联图书室主任,1987年病逝。

看来无可厚非,在当时却掀起了轩然大波。此事"导致山东全省的党员们群情激愤,一致要求中央严惩拐骗少女的尹宽,开除其党籍",据说当时山东党员"几乎全体都闹起来","要求中央开除尹宽的党籍",山东党的元老"王翔千本人要带刀来上海,与尹宽拼老命。山东的同志们都支持他"。"后来山东方面退了一步,要求举行大婚,并要求由陈独秀与恽代英作证婚人"。陈独秀"让尹借养病之机离开上海区委书记的位置","王辩则派到莫斯科去学习"。此事遂不了了之。[1]

大概或因为此缘故,王辩追求爱情之举,不但思想激进的革命父亲王翔千断然不能接受,全体山东党员几乎都不能接受,其中肯定也包括她亲叔叔王象午。王象午1926年被开除出党,恐怕与此多少会有牵连。王翔千最为沮丧,竟气得回了相州老家。1928年底,他"与党组织失掉联系",之后"辗转各地,以教书为生"。当然,官方说法是1925年底由于局势恶化,他遭到"通缉","被迫离济返乡,与党组织失去联系"。

除了中央指定的几位书记马克先(1922.9—11)、吴容沧(1922.11—12)、尹宽(1924.10—1925.8)之外,基本仍由王尽美主持着山东地方党组织工作。1925年8月,王尽美病逝,邓恩铭接任书记(1925.8—11)。王尽美的棺柩,由王象午护送至原籍入葬。王尽美遗属孤儿寡母五人,此后一直受到王乐平、王翔千等族人的不断接济。

王翔千[2]的辈分比王乐平长一辈,只是叔侄二人关系似乎不太融洽。王乐平创办齐鲁通讯社之后,王翔千曾多次去该社购买新书。1920年10月底,据说是王翔千组织了一些学生在齐鲁书社内成立了励新学会。[3] 这些学生,主要有一师王尽美及王志坚、一中邓恩铭、工专王象午、商专贾乃甫等。王翔千曾有一篇回忆录,但是并非他本人直接写成,乃是经过曾任山东省政协副主席的马保三的修改、转述,并经过山东省和中央党史资料征集委员会的编辑。在该回忆录中,王翔千把励

---

[1] 在当时,凡是去了莫斯科的中国女人"都有爱人在国内",但是她们几乎"都在莫斯科另找爱人",中国女同志在莫斯科的这种行为被戏称为"倒戈",其中唯一例外的姑娘就是王辩。1927年王辩回国,尹宽时任中共安徽省委书记,二人调到一起工作。王辩不久被捕,出狱后尹宽已成"托派",王辩遂与尹宽断绝关系。王辩后来改名黄秀珍。参看郑超麟《郑超麟回忆录》(上册)第七章《记尹宽》,东方出版社,2004年。原文刊于1998年香港版《史事与回忆》。

[2] 王翔千生于1888年9月,1907—1911年在北京译学馆学习,1911—1912年任济南《大东日报》编辑,1912—1913年任《齐鲁民报》编辑,1913—1916年回乡办学校,1916—1921年任济南法政专门学校文案、育英中学教员,1921—1922年主编《劳动周刊》,1922—1923年任省立十中(益都,今青州)教员,1923—1925年任《晨钟报》主笔,1925—1928年回乡。

[3] 参看黄秀珍《我的父亲和山东建党、建团活动》,王来棣《中共创始人访谈录》,明镜出版社,2008年。该文另请参看山东省档案,"省校,全宗号3,目录号1,卷号207,顺序号16",《党成立前后山东地区的一些情况》。

新学会视为山东党组织的"母体",认为它(励新学会)成立之后"从此奠定了革命的基础",在研究山东建党问题时"很值得我们追溯"。励新学会不久分化,其一部分先组成"马克思学说研究会",继成立"共产主义小组",以后成立"共产党山东支部"。[1] 所谓"山东支部",可能即指1922年9月初成立,马克先暂代支部书记,王翔千掌管文印工作。[2] 只是,山东党组织这一段历史(励新学会—马克思学说研究会—山东共产主义小组—共产党山东支部),似乎太过"完美"而让人不敢尽信,篡改痕迹也隐约可见。

1925年11月,邓恩铭首次被捕入狱,不久"保外就医"获释。其后,孙秀峰(1925.11—12)、张昆弟(1925.11—1926.9)、吴芳(1926.9—1927.5)相继负责山东工作。此后,邓恩铭(1927.8—10)、卢福坦(1927.10—11)、邓恩铭(1927.11—1928.2)、卢福坦(1928.2—1929.2)轮流负责山东工作。[3]

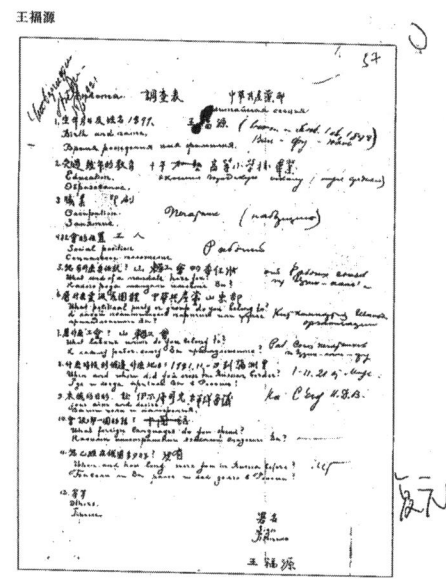

《调查表·中华共产党部·王福源(复元)》,《上海革命史资料与研究》(第7辑),第776页影印件。

《调查表·中华共产党部·邓又铭(恩铭)》,《上海革命史资料与研究》(第7辑),第782页影印件。

---

[1] 王翔千:《山东共产党的发端(1951年)》,摘自《山东党史资料》(增刊)1982年3月,引自中共中央党史资料征集委员会编《共产主义小组》(下),中共党史资料出版社,1987年9月,636页。

[2] 马克先口述、董天佳整理:《济南建党后初期活动片断》,《山东党史资料》,1982年3期。

[3] 参看中共山东省委组织部、中共山东省委党史资料征集研究委员会、山东省档案馆编《中国共产党山东省组织史资料(1921—1987)》,中共党史出版社,1991年2月,第14—19页、第40—44页。

## 地方精英的博弈:马克思主义是如何生根中国的?

山东马克思主义传播进入组织传播阶段之后,特别是山东党组织的成立,有力地推动了山东地方党团组织建设和工人运动的纵深发展。1922年5月,中共济南独立组成立;6月,中国劳动组合书记部山东分部建立。8月,中共济南支部成立。1923年,中共济南地方执行委员会建立。1925年2月,中共山东地方执行委员会建立。1927年6月,中共山东省委成立。这一时期,先后建立潍县、寿光、青州(益都)、高密、张店、鲁北等党的地方执行委员会;在济南、青岛、张店、淄博、博山、寿光、广饶、青州、潍县、高密、烟台、枣庄、曲阜、沂水、泰安、莱芜、齐河、禹城、平原、庆云、阳谷、东昌(聊城)等地建有党的支部;在惠民、菏泽等地也有少量党员。至1927年7月,全省有党员近1500人。[1]

根据新挖掘的一些史料,1921年4月山东社会主义青年团(SY青年团)已在筹建,北京社会主义青年团教育委员宋介曾来济南指导建团,并指定王志坚、邓恩铭诸人负责,但是未见它开展活动的史料记载。[2] 直至1922年,山东重建了青年团。8月,贾乃甫、郝永太等人在济南首批加入青年团;王尽美等党员也加入了青年团。9月,青年团济南地方团成立。1923年初,团济南地方执行委员会建立。此后,张店、青州、烟台、寿光等地相继建立团支部,青岛建立团地方执行委员会。1926年7月,团山东区委建立。1926年冬至1927年夏,团益都、寿光、潍县等县委和青州地方执行委员会先后建立。[3]

山东工人运动也在短时间内得到较快发展。1921年夏,山东第一个工人组织"津浦铁路济南大槐树机车厂工人俱乐部"成立。1922年6月,中国劳动组合书记部山东分(支)部成立,这是党公开领导山东工人运动的机关。同时,济南津浦大厂工会成立,发起山东矿业工会淄博部;济南印刷厂工人同志会、纺织工人会也相继成立。1923年,山东工人运动在声援"二七"大罢工活动中出现第一次工运高潮。7月,济南理发工人成立济南市理发工会(对外称济南理发业联合会)。数日之间,济南16个县、8000余人参加了理发业联合会。1925年2月,胶济铁路和四方机车厂取得罢工胜利,成立胶济路总工会,下设6个分会。胶济铁路全线罢工及其胜利,被邓中夏誉为"异军突起"。4—7月,青岛纱厂工人举行3次大罢工,数十家工厂企业成立工会组织,刘少奇、傅书堂到青岛指导罢工斗争。[4] 至此,山东的马克思主义已由政治理论完全转变为政治实践,并顽强地扎根于山东本土了。

---

[1] 《中国共产党山东省组织史资料(1921—1987)》,"概述",第2—3页。
[2] 王统照遗稿、王立诚整理:《民国十年日记(第二部)》,《潍坊学院学报》,2005年1期,第7页。
[3] 《中国共产党山东省组织史资料(1921—1987)》,第27页。
[4] 《中国共产党山东省组织史资料(1921—1987)》,第33—34页。

## 余 论

1920—1930年的十余年间,在山东首府济南曾经风云一时的地方精英们相继凋零、谢幕。1925年,王乐平最著名的共产党门徒王尽美首先不幸病逝。翌年,王乐平亲手创办的齐鲁书社被迫关闭。1926年,工作扎实、务实干练的王象午,被开除出党;山东党的另一核心人物王翔千也随后"自行脱党"。原本支撑、维系山东党组织的"相州王氏",相继离开了该组织(团体)。1928年底,王乐平正在上海忙于筹建"中国国民党改组同志会"(简称改组派)。而这时,他在济南倾注了不少心血的"中共山东党"却正在分崩离析。不久,他的门徒之一和曾经的同志王复元在济南叛变了中共,并直接导致了山东另一位著名共产党员邓恩铭被捕。[1] 以"相州王氏"为班底的"中共山东党",此时此刻几乎已经名存实亡了。

1929年王乐平成为改组派负责人(另一负责人陈公博,当时已出国);10月,国民政府下令通缉王乐平;1930年2月,王乐平被七名特务暗杀,"改组派"遂告解体。[2] "改组派"曾经提出"没收地主土地,工人有罢工自由"等,在当时青年中影响很大。[3] 王乐平"在上海法租界环龙路迈尔西爱路三一四号寓所遇刺谢世"的消息,让当年亲自处理王用章叛变事宜的堂弟王立哉大受刺激,称这是"余自参加革命以来,所受刺激最深之一次"。[4] 1933年,王乐平迁葬济南千佛山墓地。[5] 1931年,亦即王乐平被暗杀的第二年,邓恩铭等22名共产党人被以"破坏三民主

---

[1] 王复元,又名王全,1900年生于济南。早年读过私塾,当过修表工。1919年在山东省立第一中学当电工兼传达员,1921年在济南《大东日报》任校对、参与创办《山东劳动周刊》,曾任青年团济南书记。1927年出席中共五大返回途中,谎称失窃,将山东党组织活动经费1000元贪污,时任省委书记邓恩铭将其开除。1928年11月,王复元叛变,抓捕了邓恩铭等17人。1929年8月,中共青岛地下组织将王复元秘密处决。为处决王复元,中共及山东组织也付出了沉重代价,负责锄奸的王科仁、张英分别于1930、1932年被捕牺牲,假扮张英妻子的傅桂兰(傅书堂之妹)当年即被捕关押至死。

[2] 李娉:《从改组左派走向共产信仰——从馆藏资料剖析王乐平的政治生涯》,《东京文学》,2011年4期。

[3] 参看刘建皋《改组派初探》,《历史研究》,1981年6期。

[4] 王用章,又名天生,1897年生于济南,1917年被募为华工赴欧洲,1920年回国,1921年与参与创办《济南劳动周刊》等,1923年出席中共三大,1924年代理中共济南地执委委员长,1925年被捕,1928年出狱后任中共山东省委交通处主任等。1929年夏,刚出狱不久的王用章叛变。1949年,被逮捕,1957年死于济南狱中。参王立哉《九十忆往(四)》,《山东文献》,第11卷第4期,1986年3月20日。

[5] 《王乐平先生公葬记》,《山东文献》,第八卷第二期,1982年9月出版。

义"、"阴谋暴动"之罪名枪决于济南纬八路刑场。[1] 如果用一个"小数据"来统计和分析,可以发现:王乐平去世时年为43岁,王尽美年仅26岁,邓恩铭年仅31岁,王复元年仅29岁,王象午年为42岁,王志坚年为48岁,王翔千享年68岁。这七人之中,正常死亡的只有王尽美、王象午、王翔千三人。死于国民党之手的有两人:王乐平、邓恩铭;死于共产党之手的也有两人:王复元、王志坚。

在山东近现代化的历史进程中,如何客观评价这些地方精英的贡献及影响,是一个难以恰当把握的研究难点。马克思主义在山东传播的得与失、成与败,必须回到当时的历史环境之下去认知,必须放置于马克思主义中国化的曲折进程之中去考察。马克思主义在山东传播的早期,以王乐平为首的地方精英首先起到了推波助澜的关键作用,促成了山东党组织(团体)的秘密成立。马克思主义从一种社会思潮发展成为指导山东工人运动的实践,山东党组织力量的日渐增强、马克思主义影响的日益扩大,都是奠基在他们开创之功的基础上。在传播对象(受众)的选择上,山东共产党以中下层民众为主,国民党则偏重于中上层。国共两党的组织发展路线,似乎自发地采用了"蓝海战略"(Blue Ocean Strategy)原理,各取所需、各得其所而不致发生大的正面冲突。而居中斡旋的调和者,似乎非王乐平莫属。王乐平所幻想的"国共两党之间要和平竞赛,不要互相拆台"之主张,也彰显了他对于政党政治不甚了解与天真幼稚的一面。从这个角度而言,王乐平的"知识分子"特质显然颇为浓郁,这或许是以他为首的山东地方精英(亦多为早期马克思主义者)一个比较突出和共同的时代烙印。

[编辑 刘大可]

---

[1] 《山东枪决大批红匪》,《申报》民国二十年(1931年)四月八日。

# 英雄美人的历史模板:蔡锷与小凤仙

曾业英、谢本书等　王娜整理

**【引言】** 自古以来英雄与红颜的传奇故事一直为百姓所津津乐道。从范蠡与西施、项羽与虞姬、司马相如与卓文君,到李靖与红拂、李岩与红娘子,这些爱情故事已成为民间文化的重要组成部分。在民国初年风云变幻的政治形势下,蔡锷与小凤仙的"知音情"无疑是乱世情缘画卷中浓重的一笔。

蔡锷与小凤仙的故事由来已久,早在蔡锷逝世后的第四天,即1916年11月12日,《长沙日报》的《文艺丛刊》就发表了谭戒甫撰写的《蔡公松坡之轶事四则》,第一次完整构建了整个故事。此后的民初通俗小说如杨尘因的《新华春梦记》、蔡东藩的《民国通俗演义》、许指严的《新华秘记》以及荫余轩放的《民国野史》中,也都涉及这段"蔡锷与小凤仙"的轶事。此外,他们的故事还曾被多次拍成电影,成为数代国人耳熟能详的爱情传奇。

然而,相较文艺界的热闹,学术界对此的研究却相对冷清。通史类的历史著作如《辛亥革命史》(王天奖、刘望龄主编,人民出版社1981年版)、《中华民国史》(张宪文等著,南京大学出版社2006年版)、《中华民国史》(朱汉国、杨群主编,四川人民出版社2006年版),专门史如《护国运动史》(谢本书著,贵州出版社1984年版)均未提及蔡锷与小凤仙之关联。多家出版社推出的蔡锷传记如《革命先烈先贤别传:秋瑾、赵声、黄兴、蔡锷、胡汉民(下册)》(杜英穆编著,台北名望出版社1976年版)、《蔡锷传》(谢本书著,天津人民出版社1983年版)、《蔡锷》(刘福祥、赵矢元著,黑龙江人民出版社1984年版)、《蔡锷外传》(彭本乐编,未来出版社1986年版)、《蔡锷》(毛振发著,军事科学出版社1988年版)、《将军行——蔡锷传》(任光椿著,团结出版社1996年版)、《蔡锷》(李春秋主编,中国华侨出版社1996年版)、《将军拔剑南天起:护国英雄蔡锷》(苑宏光、胡乃源著,吉林人民出版社2011年版)、《蔡锷与护国精英》(朱信泉主编,团结出版社2011年版)、《共和守护者:蔡锷传》(顾则徐著,中国友谊出版社2012年版)、《蔡锷大传》(谢本书著,广西师范大学出版社2013年版),或多或少提到二人,肯定"小凤仙确有其人,蔡锷与小凤仙的接触也确有其事",但都未能对此种论断进行历史的考证,甚至有些描述直接引自前述民初小说。严格意义上的历史著作仅有陈旭麓的《小凤仙其人》(载于《陈旭麓文集》第3卷《思辨留踪》)和曾业英的《蔡锷与小凤仙——兼谈史料辨伪和史事考证问题》(载于《近代史研究》2009年第1期),以及蔡锷曾外孙袁泉的《我和外公眼中的蔡锷将军》(中华书局2013年版)为我们梳理蔡锷与小凤仙之间的关系提供了具有学术参考价值的资料。

以上所列研究成果是从去伪存真的角度出发,考辨历史真实中的蔡锷与小凤仙,廓清了许多市井传说中的种种不实之处。虽然他们的爱情故事大多是传说,不尽真实,但是这种不断生发演绎的"爱情故事"背后却又的的确确蕴含着真实的历史,这种"才子佳人"、"英雄美人"的叙事模式,作为一种客观存在的文化现象,是有价值的,并应当进入历史研究的视野。可惜这种研究是少之又少,目前来说仅见数种对类似历史现象的研究成果,如《性别视角下的虞姬式叙事研究》(郭娜,陕西师范大学硕士论文,2008年)、《赛金花故事中的"英雄美人"想象模式》[祁洋波,《河南工程学院学报》(社会科学版)2011年第2期]、《才子佳人小说演变史研究》(苏建新,福建师范大学博士论文,2005年)。此类成果为进一步研究蔡锷与小凤仙爱情故事的构建及演变提供了有益的思路。

蔡锷潜赴云南前在天津的留影(摄于1915年9、10月间)。

蔡锷(1882.12.18—1916.11.8),原名艮寅,字松坡。汉族,湖南宝庆(今邵阳)人,中华民国陆军上将。1911年云南重九起义的主要领导者、总指挥。1915年云南护国起义的主要组织者和领导者,中华民国开国元勋。近代著名的革命家、军事家、政治家、爱国将领,中华民国历史上第一位享受国葬殊荣的革命元勋。

现综合蔡锷本人的言论、当年报纸的报道、相关人员的回忆、历史学家的考据,从下述五点进行分析,希望可以藉此启发我们看清历史真相是如何走向传说,传说背后又体现了何种社会心理:

【一】 传说中的蔡锷与小凤仙

【二】 共和还是帝制:蔡锷及其政治态度

【三】 蔡锷出京:被情色化的政治事件

【四】 意料之外又情理之中的历史真实

【五】 "英雄美人"传说的背后

## 一、传说中的蔡锷与小凤仙

**许啸天**(近现代作家):蔡锷为避人耳目起见,从此便醇酒妇人,终日潦倒起来。蔡将军在花业中涉足,颇赏识一个名妓名小凤仙的。这小凤仙不但长得容貌绝世,且读得许多书本,深明大义。因家境贫寒,父母逼她坠入平康,但小凤仙总抱着择人而事的志愿。平日出入她妆阁的,颇多俗宦贱贾,小凤仙却一个不拿他们放在眼里。小凤仙见了蔡将军,便出奇地缠绵起来,谈吐风雅,举动温柔,全无半点儿窑姐儿的气息。从此蔡将军便借小凤仙的妆阁,为同人秘密汇集的地方。此时,小凤仙与蔡将军已有了相当的交情,蔡将军见小凤仙心地忠实,且深明大义,便也将自己的机密是对她说了。小凤仙知道了蔡将军的家世,自夸眼力果然不差,从此他二人的爱情更是深结不解。

小凤仙旧照——接触过小凤仙的人称其"面作瓜子形,色纯白,体态轻盈,远望若仙子",但"惜上颚左右有二牙外露,开口颇损美观"。从照片亦可看出,小凤仙其实姿色平平,并不漂亮。

蔡将军此时感动了小凤仙的柔情。虽也有金屋藏娇之意,但时机未至,只得好言安慰着小凤仙,俟军事平定以后再实行婚娶。现在只得彼此忍受着这两地相思的滋味。蔡锷要安慰美人起见,第二天从总统府见了袁世凯出来,穿着上将制服,全身披挂的金碧辉煌,便赶到小凤仙妆阁里来。小凤仙也浓妆艳服,与将军并肩坐在一辆油壁香车里,前面一只栗色高头大马,高视阔步地在大街上来往着。照耀得街上人人眼花,个个称羡。小凤仙依傍着蔡将军的肩头,心中说不出的得意,谁知这是蔡松坡预定的计谋,他带着小凤仙在大街上听戏上馆子,玩儿了一天,直到更深,回至小凤仙妆阁中,才将计谋对小凤仙说之。小凤仙知道蔡将军要和她分离了,惹得她直哭了一夜;蔡将军打叠起千万温存安慰她,又留下一万元钱,听她使用。两人卿卿哝哝直谈到天明。蔡锷趁清早改装成一个煤夫,从小凤仙院子的后门悄悄溜出去。(《民国春秋演义》,上海国民图书公司,1929年,七十回"国会重光冯华甫中选 伟人遽弱黄克强病逝"、七十一回"识英雄小凤仙寄痴情 苦风尘蔡松坡赉壮志")

**高阳**(台湾当代著名作家):小凤仙是湖北黄陂人,却在上海堕落风尘,花名凤

# 英雄美人的历史模板:蔡锷与小凤仙

杨尘因著《新华春梦记》插图"蔡锷小凤仙离别"(转引自邓金明《民初"时事小说"中的蔡锷与小凤仙》,《文史知识》2011年第10期)。

杨尘因任《申报》副刊编辑时结识原北洋政府外交次长唐有壬,唐向杨提供了有关袁世凯称帝活动的电文及新华宫内的一些内幕,杨尘因依此写成章回小说《新华春梦记》。该书写于1915—1916年间,全书100回,计70万字。小说以史为据,以辛辣、诙谐的手法揭露了袁世凯强奸民意、卖国求荣的丑恶行径,对蔡锷的爱情生活,也运用了较多笔墨加以描写。袁世凯之子袁克定为了避免袁氏丑闻外泄,派人到上海各书店收购此书,并出重金向杨尘因收买版权,杨迁居租界避而不见。由于该书被大量收买,因而存世较少。

云。二次革命失败,志士亡命,官僚得意;冠盖京华,挥金如土。上海的名妓,纷纷北上淘金;风云就是其中之一,改名小凤仙的牌子,在赛金花当年曾张艳帜的陕西巷一挂出来,很快地就大红大紫了。她的红,不是红在容貌,红在气度;这也就是能博得蔡锷激赏的原因。小凤仙对他亦是倾心相待;牌子虽未摘下,实际上早就没有停眠超宿的客人,因而蔡锷一到,可以排闼直入,毫无顾忌。

小凤仙因为听说蔡锷为了她,夫妇反目,吵得非常厉害,于心大为不安。她自然倾心于这位英气内敛,温文儒雅的将军;但为蔡锷着想,不得不下提慧剑斩情丝的决心。去看蔡太太的目的,就是要为了表明心迹。她决不愿见蔡锷闹家庭纠纷;但也不忍一下就决绝,而且那样做不是聪明的办法,会激起蔡锷对妻子更深的反感。她要求蔡太太信任她;给她一段时间,让她慢慢儿设法疏远。"蔡太太叫我'好妹妹';说是'蔡将军不得志,全要靠你安慰他。你是聪明人,别的话我就不多说了'。回到家,我整整想了一夜,才想明白:你是一条苦肉计。"(《小凤仙》,春风文艺出版社,1987年,第205—211页)

**肖复兴**(当代著名作家):那一天,蔡锷大将军就是在这里(编者按:八大胡同陕西巷里的云吉班)遇见了小凤仙,有了历史意义的风云际会。恍然之中,竟有了"古路无行客,寒山独见君"的感觉;也有了"敛眉俱握手,含笑共衔杯"的场面。当小凤仙和蔡锷相熟之后,有一天,蔡锷在云吉班兴之所至,写了一副对联送给小凤仙,我倒相信确有其事。

对联是这样写的——"自古佳人多颖悟,从来侠女出风尘"。这副对联吻合小凤仙的身份和性格,也流露出蔡锷的心情和感情。他将小凤仙比作侠女,内心里已经把她定型,框定了她与自己不仅仅囿于儿女情长,而是和革命大业有着密切关系。

袁世凯称帝,蔡锷亡命日本前夕,是在小凤仙的帮助和掩护下,才得以逃脱厄运的。那天正好云吉班里有姐妹过生日(有说是蔡锷自己过生日,不可信,因为太巧),她故意把窗户打开,将蔡锷将军的大衣和帽子挂在衣架上,来了个调虎离山计,让人误以为蔡锷一直在艳窟香窝里沉湎,却早已趁着热闹的乱劲儿,被小凤仙拉着走出大门,躲过暗探的眼睛,到前门火车站,逃将出去。

袁世凯终于在全国人民的讨伐中,没做几天皇帝就下台死去了。而蔡锷将军也病魔在身,又操劳过度,终于坚持不住,倒了下去,最后死在日本的福冈,年仅37岁。传说在上海召开蔡锷追悼会的时候,小凤仙曾披一身洁白的孝衣,悄然而至,还送来两副挽联——

不幸周郎竟短命,早知李靖是英雄。

九万里南天鹏翼,直上扶摇,那堪忧患余生,萍水姻缘成一梦;十八载北地胭脂,自悲沦落,赢得英雄知己,桃花颜色亦春秋。(《八大胡同别章》,作家出版社,2007年,"传奇小凤仙:'红颜祸水'是怎样变成巾帼英雄的")

## 二、共和还是帝制:蔡锷及其政治态度

**蔡锷**:我国政体确定共和,惟幅员辽阔,统一匪易。此时有能挈五族为一家者,敝省无不服从,以期民国早日成立。况袁公一代伟人,中外钦仰,敝省曾于南北未合之时,以"中国有必为共和之时机,袁公亦诚有被推总统之资望"二话,于上年冬月敬日电陈黎副总统,曾登载武昌《中华民国公报》。及袁公受职,敝省复肃电奉贺,非徒表欣戴袁公之意,实亦喜统一国家之成也。[《致北京全国联合进行会及上海各报馆电(一九一二年四月十一日)》,载毛注青等编《蔡锷集》,湖南人民出版社,1983年,第215、216页]

袁氏叛逆,以致强邻生心,内乱潜滋。际兹千钧一发之会,吾侪乃不得不负重而趋。同人于京津计议多次,决心与此恶魔一战,以奠国家,而安生灵。袁氏诡诈阴险,此次谋叛,附和最力者不过寥寥数辈,然皆另抱目的,实已陷于众叛亲离之地,倾覆甚易。一切计划,早已分途并进,且深信其确有把握,较之辛亥之役,或尤易易。[《致雷飙电(一九一五年十二月二十一日)》,载毛注青等编《蔡锷集》,湖南人民出版社,1983年,第370页]

英雄美人的历史模板:蔡锷与小凤仙

当时锷等以为起事之后,可用军事上之态度,表示国人反对帝制之意;如袁氏而良心不昧,即当俯从民意,中止帝政行动。讵料袁氏并无悔祸之心,竟反调大军南下,以实行武力压制,以为如此,则真正之民意可以被其压倒,而帝制即可成功。因此,致令生民涂炭,将士丧亡,举国骚然,四民失业,袁氏岂能辞其咎耶? 及见人民反对日烈,帝制终无成功之望,始不得已勉行取消。论者以为袁氏至此,必能退位,以让贤者,乃复尸位不去,此非吾人所能解者。试问袁氏居此失败地步,能否掌执国家大权,操纵如意? 即使能之,又试问袁氏尚有何面目以见国人? 今姑将道德廉耻,暂置勿论,又试问当此纪纲法律、对内对外之威信荡然扫地之秋,袁氏焉能使国中之有才有德者,以供其指挥耶? 袁氏独断独行,五年于兹,试问成效安在? 据吾人所闻,袁氏屡次布告国人,自谓当初不欲再入政界,因辛亥时迫于公义、国人之请,不得已始出肩任国家大事,以尽爱国爱民之苦衷。[《复陈宦书(一九一六年五月)》,载毛注青等编《蔡锷集》,湖南人民出版社,1983 年,第 491、492 页]

护国军第一总司令蔡锷出征前留影,蔡此时已患肺病。(引自袁泉著《我和外公眼中的蔡锷将军》,中华书局,2013 年)

由于长期积劳成疾,蔡锷患有严重的肺病,后转为喉结核。梁启超曾邀请一位德国医生为蔡锷治病,此西医未做深入检查就轻率地认定蔡锷得的是花柳病,遂用"606"驱梅,将蔡锷一针打垮,病情急剧恶化。1916 年 9 月,蔡锷赴日本治病,11 月 7 日晚,痰结塞于喉,陷入病危状态,8 日凌晨 2 时病逝。

**谭戒甫**(民国时期先秦诸子楚辞金文专家):蔡松坡生性静默,与人谈论,辄扼要数言,和易容众,未尝有忤色。然遇事认真,为广西干部学堂监督时,诸生好辩者,常恶语怒斥之,甚或掴之以掌。其严烈如此。貌清癯,身仅中材,颇不称其志气,且两颊薄削。(《蔡公松坡之轶事四则》,1916 年 11 月 12 日《长沙日报·文艺丛刊二》,第 3 张第 9 版)

**陶菊隐**(民国时期著名记者):(袁世凯)心目中的军事新人物,陆军总长一席以蔡松坡为最适宜……蔡锷在云南做都督,他自然放心不下,若内调为军政首长,使他楚材晋用,无直接兵权而负建军之责,再派一名心腹做次长随时监视着他,那是再好也没有的……蔡锷的心理与百里的完全相同,建立国防是他们的第一义,无论内除国贼,外御强邻,必以练兵及训练军事人才为其起点。蔡锷是个沉默寡言的人,却有锐利的眼光和深刻的鉴别力,他何尝未看透袁所欲建立的只是为个人争权位的军队而非为国家御侮的武力呢,但是他很想将计就计,假手袁世凯以完成现代化的国防。他认为家天下已非时代所许,新军人施以精神教育,其思想及信仰必然和过去只知效忠个人的奴才式的军人不同,所以他很想吞下袁世凯的香饵,进行其化私为公的建军工作。(《狷介与风流:吴佩孚将军传·蒋百里先生传》,山西人民出版社,2007年,"从南下反袁到蔡松坡将军的死")

**曾业英**(中国社会科学院近代史研究所研究员):1912年南北统一之前,蔡锷对袁世凯还是有所警惕的。可惜,蔡锷这种态度并没有保持多久,随着清帝退位,袁世凯当选为临时大总统,其立场很快发生变化。蔡锷这时不仅没有反袁之心,相反还为巩固其统治尽了大力。自袁世凯上台至"二次革命"结束,蔡锷始终是站在袁世凯一边的。但是,这是否可以说他就是袁世凯的死党了呢?那也不能。因为:第一,蔡锷对袁世凯仍保有一定的独立性,并非事事都依其意志为转移。第二,蔡锷虽以拥袁为基本立场,但对袁的所作所为也非毫无异议,一味盲从。第三,蔡锷并不以效忠袁世凯个人为目的,而是着眼于国家和民族的利益。最后,蔡锷虽有拥袁集权之心,却无拥袁称帝之意。蔡锷曾不止一次地指出:"回复专制",搞"子孙万世之业"是不得人心的,谁要执意为之,就一定要遭到人民的反对,用他自己的话来说就是势必出现"第二、三次之革命",这表明他是反对"回复专制"的。

蔡锷对袁世凯真正有了本质上的认识,那是1915年8月,袁世凯指使杨度等组织筹安会,公开鼓吹帝制以后的事,离"宋案"发生差不多整整两年零四个月了。这说明蔡锷对袁世凯的认识,比孙、黄经历了一个漫长得多的过程。可见,蔡锷在认清袁世凯以后,毅然发动护国战争,为推翻"洪宪"帝制建立了丰功伟绩。(《蔡锷与"二次革命"》,《历史研究》,1983年第1期)

**谢本书**(云南省社会科学院历史研究所研究员):蔡锷对这三件事(编者按:指"辛亥革命与民国建立"、"袁世凯独裁与二次革命"、"袁世凯复辟帝制与护国战争")所取的态度,发挥的作用,不论其功过如何,都是特定历史时代特征的反映,因而使他成为这个时期反映时代特征的指示器和重要坐标。首先,蔡锷对待辛亥革命的态度,我们可以用主张稳重、积极参与,最后创造奇迹几层意思来加以概括。其次,蔡锷对于二次革命的态度,我们可以用追求安定、维护国权、反对动乱,结果走上拥袁的道路几层意思来加以说明。最后,蔡锷对护国战争的态度,我们可以用积极参与、巧施智慧、坚韧不拔,最后光荣献身几层意思来加以概括。当袁世凯帝制公开化以后,蔡锷从拥袁转向了反袁的立场。这绝不能单纯用"投机"来加以解释,因为隐藏在这种转变背后的,仍然是蔡锷一以贯之的"爱国"思想为其出发点的。日本灭亡中国的"二十一条"的出笼,以及为帝制制造舆论的"筹安会"的公开化,不能不给蔡锷以巨大的刺激。他在袁世凯的眼皮底下,巧施智慧,开展了巧妙而又积极的反袁活动,使得以狡诈著称的袁世凯也显得笨拙起来。最后逃出北京,经日本、香港等地,来到云南,参与发动和领导反袁护国战争。这样的经历,比之三国时代关羽的过五关斩六将,其惊险程度不知超过了若干倍。(《蔡锷与民初政局》,《社会科学战线》,1996年第6期)

**邓江祁**(时为湖南师范大学博士研究生):蔡锷在京中假装成与梁启超"分家的样子",逢人便说:"我们先生是书呆子,不识时务","书呆子哪里劝得过来,但书呆子也做不成什么事,何必管他呢"。并在"主张中国国体宜用君主制署名"的题名录上签了头名,以麻痹袁世凯,同时,佯装无所作为,故意寄情声色,饮酒看花,终日作乐,以迷惑袁世凯。但在暗中他却与京中有关人员联络准备,与西南各省军政人员密电往还。待一切准备就绪后,蔡锷在梁启超的智巧安排下设法潜出北京,经天津、日本、台湾、香港、越南秘密入滇,与唐继尧等人于12月25日联名发出通电,宣布云南独立,揭开了护国战争的历史巨幕。

蔡锷的反帝复辟思想是其民主革命思想的重要组成部分,也是其反对封建专制制度、向往资产阶级民主政治制度思想的集中反映,更是促使其参与发动和领导辛亥云南重九起义和反袁护国战争,从而成为中国近代史上风云人物的重要因素。蔡锷反帝制复辟思想体现了蔡锷对君主专制制度的坚决否定和对民主立宪制度的真诚追求。(《蔡锷政治思想研究》,湖南师范大学2004年博士学位论文)

**袁泉**(青年作家,蔡锷重外孙):1915年的袁世凯,权力虽已登峰造极,但还是有危机感。他深知,在共和体制下,政党政治是大势所趋,自己这个军权人物势必只是一个过渡。所以,袁氏集团决定做一次危险的尝试,在推翻帝制仅四年后再恢复帝制,企图用世袭制永保自己稳坐江山。既然在战略上属险棋,在战术上就须周密盘算,见机行事。袁世凯在留意各方的态度,其中当然也包括蔡锷。此时蔡锷有三种选择:一、反对;二、保留意见;三、赞成。第一种几乎可以不论,已有大计的蔡锷当然不可能在北京就把反袁挂在嘴上。第二种理论上成立,实际上不可能,因为对方要看的不是态度,是动机,保留意见就等于是反对,所以只能虚与委蛇。就在为复辟帝制造舆论的筹安会成立不久,蔡锷在将军府领衔签名拥护帝制。但袁世凯之识人,绝对高明、精到、通透,他不会轻信蔡锷的作秀,而蔡锷也深知这一点。袁世凯在小心地捕捉和判识蔡锷释出的信息。紧接着,蔡锷又现身八大胡同。老到的袁世凯当然还是不会相信一向克己严肃的蔡锷会就此纵情酒色,但他也看得出蔡锷的意思,那就是:帝制你要办便办,我不干预。既然签名拥护帝制以及出入八大胡同都是作秀,是双方一种心照不宣的特殊对话,那就不必太当真。很多人都相信蔡锷和小凤仙如胶似漆打得火热,并以此成功蒙蔽了袁世凯。这种英雄美人的演绎虽然美妙,但却严重低估了袁世凯,也不符合事实。(《蔡锷与小凤仙并非如胶似漆打得火热》,《北京晚报》2007年12月19日)

护国军出师前部分将领合影,左起:李曰垓、罗佩金、蔡锷、殷承瓛、李烈钧。(引自谢本书著《蔡锷传》,天津人民出版社,1983年)

1915年12月25日,蔡锷等在云南组成护国军举兵讨袁,反袁斗争进入高潮。护国运动起因是袁世凯在1915年12月于北京宣布接受君主立宪制,起初表示支持君主立宪国体的蔡锷背叛袁世凯,唐继尧、李烈钧等宣布云南独立,并且发动反北洋政府的内战。袁世凯在内外压力下被迫于1916年3月22日撤销帝制,废除"洪宪年号",仍称大总统。6月6日袁世凯在内外交困、众叛亲离中死去,7月14日唐继尧通电撤销军务院。7月25日中华革命党也发出通告,宣布停止一切军事行动,护国战争宣告结束。

## 三、蔡锷出京:被情色化的政治事件

**哈汉章**(蔡锷同学,时为副总统黎元洪幕僚):(1915年11月10日)为予祖母寿辰,宴客北京钱粮胡同聚寿堂。蔡松坡同学往还素密,是日早至,谓予曰:今日大雪,可在此打长夜之牌。予知松坡有用意,即托刘禺生代为召集。聚博终夜,(次日7时)松坡由予宅马号侧门出,直入新华门,门卫异之,意以为受极峰所传。侦探抵府门,亦即星散,未甚置意。松坡抵总统办事处,侍者曰:将军今日来此过早。松坡曰:我表快两小时矣。随以电话告小凤仙,午后十二点半到某处同吃饭,故示闲暇。乃密由政事堂出西苑门,乘三等车赴津。松坡走后,予受嫌疑最重,从此宅门以外,逻者不绝。刘成禺、张绍曾次之,丁槐则佯无所谓。小凤仙因有邀饭之举,侦探盘诘终日,不得要领。乃以小凤仙坐骡车赴丰台,车内掩藏松坡上闻。予等亦宣扬小凤仙之侠义,掩人耳目。明日,小凤仙挟走蔡将军之美谈,传播全城矣。(《春耦笔录》,转引自刘成禺等《洪宪纪事诗三种》,上海古籍出版社1983年,第169—170页)

**李鸿祥**(原滇军师长,时任总统府顾问):适蔡患喉疾,发音嘶哑,乃托辞拟赴天津入日人所办共立医院治病,向统率办事处请假一星期。韩凤楼在家为蔡饯行,饭毕,韩与我送蔡至前门车站,登火车赴天津。[《增补云南辛亥革命回忆录》,载《辛

亥革命回忆录》(六),文史资料出版社1981年,第149—150页]

**符致兴**(中国社会科学院近代史研究所):帮助蔡锷安全出京的不是小凤仙,而是澳大利亚新闻记者端纳。

1915年12月1日,端纳邀约他的美国好友、时任北京美孚煤油公司经理的孙明甫前往演乐胡同拜访蔡锷,讨论南方起兵讨袁等问题。两人走后不久,袁世凯的密探便出现在蔡宅附近。蔡锷随即将其险恶处境电知端纳。端纳听完电话后,当即吩咐仆人,赶到演乐胡同蔡家,将蔡锷藏在洗衣篓里,亲自送上火车直达天津。在天津,端纳又与当地一位船工谈妥,由他将蔡锷送上东渡日本的轮船,然后才打道回府。(《蔡锷离京并非小凤仙之助》,《民国春秋》,1993年第4期)

**陈旭麓**:(蔡锷)以醇酒妇人的消极态度,瞒过了袁世凯及其爪牙,得乘机潜离北京,走天津,赴日本⋯⋯取道香港、河口,达昆明,联络旧旅,组织护国军,把袁皇帝拉下了马。其间小凤仙实有主动助蔡得脱羁绊之功。(《陈旭麓文集》第3卷《思辨留踪》,华东师范大学出版社,1997年,第373页)

**丁凤麟**(《解放日报》高级编辑)、**施宣圆**(《文汇报·学林》专刊主编):亲昵的日子里,她不顾袁世凯的威势,千方百计掩护蔡锷,并与蔡锷相互谋画出逃的计策。(《护国运动主将蔡锷》,上海人民出版社,1984年,第74页)

**许姬传**(时任梅兰芳秘书):(1951年小凤仙在沈阳拜见京剧大师梅兰芳,)极其详细地讲述了她当年如何在"北京陕西巷云吉班卖唱做生意"时"认识了蔡将军",如何觉得他的"举动与别的客人不一样",如何询问他是否"革命党"?蔡锷又如何向她"说了实话",坦承自己是反对袁世凯做皇帝的"革命党",并"郑重其事"地请求她帮助自己"逃出北京城"。她又如何被"老蔡的话"所打动,表示只要"办得到的,一定尽力而为"。最后,她趁妓院"掌班生日"摆酒庆贺之机,巧作"布置",帮助蔡"趁院中乱轰轰时,出了云吉班,直奔车站"而去的亲身经历。(《许姬传七十年见闻录》,中华书局,1985年,第106—110页)

**曾业英**:别的不说,蔡锷从来就不自称"革命党"。可小凤仙硬说蔡锷向她"说了实话",坦承自己是反对袁世凯做皇帝的"革命党",并"郑重其事"地请她帮助自己"逃出北京城"。仅此一点,就足可证明小凤仙的自述不具可靠性。因为:第一,这不符合蔡锷的性格。如前所说,蔡锷"生性静默,与人谈论,辄扼要数言"。熟悉他的人都说他"居恒默默而寡言笑兮,大智渊乎其如愚"。第二,蔡锷身居袁世凯权力中心的北京,前有1912年8月,湖北革命党人张振武、方维突遭袁世凯以所谓"怙权结党,桀骜自恣","破坏共和,图谋不轨"的罪名逮捕、杀害的惨剧,后有同年8月和1914年2月,章太炎、尹昌衡先后被袁世凯软禁和构陷下狱的暴举,血雨腥风,险恶不已,岂能不倍加小心、谨慎。第三,蔡锷反袁称帝心迹,事实上连他的母亲、妻子都没有告诉过。1916年1月27日,蔡锷在写给夫人潘蕙英的信中说过这样一段话:"堂上以下,闻余此次举动,初当骇怪,继必坦然,盖母亲素明大义而有胆识,必不以予为不肖,从而忧虑之也。"所谓"此次举动",当指1915年12月25日的云南护国起义,"堂上以下"听到此消息,竟会"骇怪",表明她们在此之前对此毫无思想准备,这不正好说明蔡锷反袁称帝的内心秘密,在云南护国起义爆发前始终是深藏不露的,连自己的母亲、妻子也未透露过一言半语吗?此事也进一步说明,所谓蔡锷夫妻佯装反目,纯属子虚乌有。第四,梁启超的以下说法,也可作为蔡锷家人不知其反袁称帝秘密的佐证。他说:"蔡公走了,他家里完全不知,倒天天打电话来问我要人,我只好拿别的话支吾过去。"既然如此,怎能想象蔡锷会将自己内心深藏的秘密,轻易告诉一个萍水相逢的风尘女子,甚至弱智、低能到要请求她的帮助。可见,小凤仙自述,只是一面之词,不足为据。至于小凤仙何以口出此言,因无直接证据,不敢妄评,或许与以下情况不无关系:一是借此自我炫耀,因为蔡锷自护国讨袁去世后,成了举国上下,一致颂扬的"再造共和"的伟人;二是争取梅兰芳的好感和信任,以解决她甚为窘迫的生活问题。(《蔡锷与小凤仙——兼谈史料辨伪和史事考证问题》,《近代史研究》,2009年第1期)

**郭廷以**(台湾历史学家):蔡锷为一有抱负的军事政治家,二次革命后被袁调往北京,而他在云南的潜势力仍在。筹安会起,他与梁启超共筹对策,梁要他深自韬晦,待时而动,……蔡与袁虚与委蛇,佯示拥护帝制,暗事部署,与唐继尧联络。十一月中旬,得日人协助,微服出京,经日本、越南入滇。(《近代中国史纲》,香港中文大学出版社1980年,第457页)

**费正清**(美国汉学家、历史学家):辛亥革命后,蔡锷被推为云南都督,1913年底接受中央政府的职务,曾直言不讳地表示拥护中央集权的国家政体,并与1914年解散各级议会的事有很大牵连。蔡锷对袁世凯的幻想最后破灭。帝制运动发起后,蔡氏即与梁启超等人策划,密谋反袁;两人秘密离开北方,去接受反袁的新任务。(《剑桥中华民国史1912—1949年》上卷,中国社会科学出版社,1994年,第244页)

**魏明**(天津社会科学院历史研究所):实际上蔡锷由北京到天津,由天津到日本都是经过袁世凯批准的。蔡锷自1915年10月下旬至11月下旬先后四次呈文请病假,就医地点由北京到天津到日本,袁世凯均一一照准,而且在最后一个呈文上批示:"呈悉,一俟调治就愈,仍望早日回国销假任事,用副倚任。"于是,12月2日,蔡锷便动身去日本了。这四个呈文体现了蔡锷高超的斗争艺术,他巧妙地摆脱了职务,他请假的时间一次比一次长,病势一次比一次严重,要求调治的地点一次比一次远,终于使狡猾多疑的袁世凯相信了他确已病入膏肓,蔡锷在这场智斗中胜利

了。(《蔡锷出京与袁世凯的智斗及史实订正》,《中州学刊》,1986年第1期)

**谢本书**:蔡锷的离京,不是也不可能是先请示报告,经批准后才行动的,事实上是"先斩后奏",走脱了才托人补送报告的。袁世凯的《政府公报》只是官样文章,不可不信,也不可全信,如果对袁世凯北京政府的《政治公报》上的东西什么都信以为真,那会上当的。蔡锷不是1915年11月下旬才离京去津的,而是在11月11日逃离北京,然后托人向袁世凯连上第二、三、四个请假报告的。袁世凯一方面无可奈何,只好照准,并交《政治公报》刊登,给人造成这样的印象:似乎蔡锷仍在其掌握之中;另一方面则派人加紧对蔡锷的监视。12月2日,蔡锷偕戴戡,穿上日本的和服,改变姓名,乘日商山东丸东渡日本。蔡锷上船时,给在北京的周钟岳打一电话,要他将请假报告送交袁世凯。(《讨袁名将:蔡锷》,兰州大学出版社,1997年,第152—156页)

**贺舜田**(曾鲲化外孙女婿):最近,曾龙珠(编者按:曾鲲化之女)老人与我闲谈时,说到了她父亲曾鲲化当时筹划蔡锷逃离北京,并在她家化装出逃的真相。曾鲲化早年与蔡锷同在日本留学,加入同盟会,后经孙中山提名,担任民国政府交通总长。为了帮助蔡锷摆脱袁世凯对他的软禁,精心策划了蔡锷逃离北京的方案。按照计划,蔡锷携小凤仙将密探引至中央公园(今中山公园)"来今雨轩"露天茶社,蔡锷与小凤仙对面而坐,抽烟品茶,极为悠闲。跟踪而至的密探坐在不远处,注视着他们的动静。少顷,蔡锷起身对小凤仙说:"我去解手即来,你不要离开!"密探见蔡锷身穿短衫,口衔香烟去厕所,桌椅上又留有他的衣物,便没在意。这是蔡锷和曾鲲化事前分析了密探的心理,采取的金蝉脱壳之计。蔡锷绕过厕所,出了园门,直奔府右街石板房二十号曾鲲化家里,随即迅速换上了曾龙珠之母刘灿华的蓝衫和黑裙,男扮女装,由曾家的厨师(新化县人)和马车夫(北京人)两人用轿子抬着,放下轿帘,并故意将绣花鞋尖露在帘外,径直抬往崇文门火车站……曾鲲化利用交通总长职务之便,将蔡锷从崇文门火车站送上早已准备好的直达天津的专车,终于逃出北京。(《蔡锷将军逃离北京的真相》,《邵阳日报》1984年9月12日,第4版)

**袁泉**:在严密监视下,他机智巧妙地和西南方面切取联络,进行策划和部署。10月下旬蔡锷登长城偶染风寒,引发肺部不适。于是28日便试探性地向大总统告假五天,老袁据呈批准了。11月3日,蔡锷又打报告,说病情加剧,要求续假"赴津就医",老袁又批了但仍然派人去天津监视,他还没看出蔡锷正在酝酿一场"大阴谋"。(《我和外公眼中的蔡锷将军》,中华书局,2013年,第192页)

## 四、意料之外又情理之中的历史真实

### （一）蔡锷与小凤仙确有往来

**谭戒甫**：时公已移京棉花胡同，犹惜身份，去辄以夜半。及以嫌疑被搜检时，始连日逗留凤仙家，品茶奏曲为乐。（《蔡公松坡之轶事四则》，1916年11月12日《长沙日报·文艺丛刊二》，第3张第9版）

**李鸿祥**：一日在妓馆设筵，有客挥条召来扬州班雏妓小凤仙，年方十四五，貌非甚美，而歌喉宛转。伴媪自称女母，临行殷勤请我召女。越日，我叫条，蔡锷见小凤仙能唱，征我同意转条。[《增补云南辛亥革命回忆录》，《辛亥革命回忆录》（六），文史资料出版社，1981年，第149页]

**胜公**（《国风日报》记者）：方踌躇间，忽友人拍予肩曰：君何思？予曰：无他，感想旧游耳。友人曰：礼堂中有女泣声动人，是松坡所识妓所谓小凤仙者是也。素冠素裙素履，悲不自胜，几欲以泪浴面。予曰：果尔，则此女亦历史中人物矣。今何在？曰：已出礼堂。记者欲一识其人，惟不知何往，嗒然欲返。有自外来者曰：适遇小凤仙垂涕泣于签名处。乃知其含哀去矣。归路中述其悲状者盈耳。（《追悼会半日之感想》，北京《国风日报》1916年12月2日，第2版，转引自曾业英《蔡锷与小凤仙——兼谈史料辨伪和史事考证问题》，《近代史研究》，2009年第1期）

《昨日之追悼大会·小凤仙之痛哭》：侠妓小凤仙布衣青裙，颈围白布，亲往致祭，未到祭坛，痛不自禁，即放声大哭，一时观者如睹（堵）。其挽蔡先生联曰：不幸周郎竟短命，早知李靖是英雄。（北京《民主报》1916年12月2日，第2页，转引自曾业英《蔡锷与小凤仙——兼谈史料辨伪和史事考证问题》，《近代史研究》，2009年第1期）

《纪中央公园之追悼会》：有妓女小凤仙，先与蔡公本有关系，今日一入公园，亦呜咽不能成声，举步难行，由其母拽之而行，到灵殿前，悲惨尤甚。（北京《爱国白话报》1916年12月2日，第1184号，第1版，转引自曾业英《蔡锷与小凤仙——兼谈史料辨伪和史事考证问题》，《近代史研究》，2009年第1期）

《追悼大会纪事》：会中最可传为笑话者，为张氏小凤仙之挽联，文云：不幸周郎竟短命，早知李靖是英雄。文虽不好，尚不太坏，惟下联未免自誉过甚。无论凤仙与红拂之境遇不同，即松坡死后情形，凤仙亦迥不及燕子楼头之关盼盼也。且凤仙来吊，虽着素衣，俯首而进，然睹其形态，似决非伤心人。吾观此种无谓点缀，不但不能为松坡添佳话，恐反为其盛德之累矣。并有人说小凤仙实拟借松坡英雄之名,而高其卖笑声价,思之甚有理也。(北京《国风日报》1916年12月2日,第2版,转引自曾业英《蔡锷与小凤仙——兼谈史料辨伪和史事考证问题》,《近代史研究》,2009年第1期)

**竞存**(身份不详):蔡将军之于小凤仙,人比之吴将军之于小阿凤。吴于清季暗谋革命,亦以流连阿凤处为掩人耳目之地。阿凤亦名妓,时人以与黄陂(编者按:指黎元洪)、老谭(编者按:指京剧大师谭鑫培)并称南楚三杰者也。后为武昌革命某将军梳栊,近某银行买办夫己氏以一万五千元之代价买小妮子为独有。烟花劫后,罗敷有夫,汽车呜呜,日驰逐于歌台舞榭,不知所谓吴将军者矣。等是凤也而相较竟若霄壤,吴将军其有知乎?地下遇松坡应道:凤兮凤兮,仙乎仙乎,当年走马章台,公何修而得此?而并自笑遇人不淑也。(《红颜也解哭英雄》,北京《民言》1916年11月18日,第2版,转引自曾业英《蔡锷与小凤仙——兼谈史料辨伪和史事考证问题》,《近代史研究》,2009年第1期)

"云吉班"里的小凤仙(右)(摘自肖复兴著《八大胡同别章》,作家出版社,2007年)

民国时期北京的妓院主要集中在南城的"八大胡同",小凤仙栖身的"云吉班"便位于其中之一的陕西巷。当时妓院大致分为三等,最上者曰小班,次曰茶室,又次曰下处。云吉班属于专供上流社会行乐的小班。1913年2月北京八大胡同的花界举办了一次选秀活动,评选标准沿袭前清惯例,分才、情、色、艺四科,每科评出博士一名,学士若干。小凤仙并未上榜,可见此时她还只是云吉班中的一般风尘女子。

**南迁**(身份不详):余未尝识凤仙,沪报虽刊有凤仙小影,庐山真面究竟如何,姑不评论。就其行事言之,公园大恸,决非擦姜挥泪辈所可同日语也。假耶真耶,即空即色。至其崇拜英雄,愿附骥尾,不可谓非聪明女子矣。凤兮凤兮,妓界之可人矣乎。坡公有知,亦当含笑。(《残脂剩粉》,北京《中华新报·隽语》1916年12月19日,第8版,转引自曾业英《蔡锷与小凤仙——兼谈史料辨伪和史事考证问题》,《近代史研究》,2009年第1期)

**蔡淑莲**(蔡锷之女):妈妈以前有小凤仙的照片。有一次父亲带着母亲去看戏,还远远指给她说那就是小凤仙,母亲说长得端端正正,穿得朴朴素素,是个像样的女孩子。(冯焰:《访蔡锷的女儿蔡淑莲》,载《辛亥风云》,中国展望出版社,1982年,第83页)

**曾业英**：就我所接触的资料来看，蔡锷这时确与小凤仙有所交往，而且还有迹象表明，当时无论民间还是官场，对于此事均有传闻。不过，在蔡锷逝世以前，却没有发现关于此事的任何直接记载，甚至连"小凤仙"三个字也不见于各种报刊，仅仅偶尔见到事态明朗化以后，才能理解的零星半点暗示性记载而已。

原来是蔡锷与李鸿祥一起去陕西巷云吉班听歌，发现小凤仙唱得不错，经李同意"割靴"于他的。从此，小凤仙三个字就和当时社会各方密切关注的人物蔡锷发生了联系，和蔡锷为之奋斗的反袁护国大业有了关联。这是小凤仙由一般风尘女子变成"名妓"的根本原因。

小凤仙在1951年的自述中曾说过，她和蔡锷相识后，蔡锷曾出钱为她赎过身，使她得以回到奶妈身边，继续在云吉班做生意。证诸其他史料，我以为小凤仙这一说法有一定的可靠性。理由是：（1）蔡锷是个心地善良，有爱心，而又不爱钱的人。（2）小凤仙本有不甘沉沦，期待他人为其赎身之意。（3）有1916年一位不署名的人士的类似说法为佐证。蔡锷对小凤仙既有如此大恩大德，在那个容许一夫多妻的年代，小凤仙对蔡锷产生一定"恋情"，是符合感情发展逻辑的，完全有此可能。（《蔡锷与小凤仙——兼谈史料辨伪和史事考证问题》，《近代史研究》，2009年第1期）

### （二）蔡锷与小凤仙交往只是政治策略

**蔡锷**：（编者按：1916年5月，蔡锷在四川前线养病期间给潘夫人的信）与君别久，相忆殊深。月来养疴来永（编者按：指永宁），公务较简，而回溯远道之思，时潮涌于胸臆。假使能仗飞机，驶赴五华，图片时之良晤，予病当不药而瘳矣。

昨接来书，慰我良多，借谂玉体清吉，永儿已能嬉笑，甚盛，甚盛。……戎马倥偬中苦忆汝母子，望摄一相片寄来为幸。（蔡端编：《蔡锷集》，文史资料出版社1982年，第227—228页）

**谭戒甫**：逗留凤仙家，品茶奏曲为乐，间亦同乘马车驰骋闾阓间，是效刘备后园种菜之故事。（编者按：《三国演义》中刘备被曹操软禁后，为防不测，在其许昌相府后园种菜，亲自浇灌，以为韬晦之计。）（《蔡公松坡之轶事四则》，1916年11月12日《长沙日报·文艺丛刊二》，第3张第9版）

**蔡淑莲**：《民国通俗演义》和所演的戏里都写着父母有反目的事，母亲说实际生活并没有过。（冯焰：《访蔡锷的女儿蔡淑莲》，载《辛亥风云》，中国展望出版社，1982年，第83页）

**袁泉**：关于所谓的"锷凤恋"，外公笑言那都是文艺家的创作。外公说，潘夫人有言，其实将军与小凤仙关系很平淡，他去云吉班完全是逢场作戏。当时曾外公满脑子想的都是如何与老谋深算的袁世凯周旋,如何不泄露机密,使出京反袁的计划得以顺利进行,他既要与西南方面保持联络,互通消息,又要在北京走访要员,了解他们对帝制的真实想法,以便对局势作出清晰的判断。表面一切平静,实则危机四伏,一着不慎就可能引来杀身之祸。如此紧要关头,哪有心思和一个十五六岁的风尘女子谈情说爱?何况曾外公身为军人,律己甚严,从不贪恋钱财美色。(《揭秘蔡锷的家事与战事:与小凤仙只是逢场作戏》,《北京青年报》2013年3月15日)

图为存世唯一一张蔡锷全家福,居中者蔡锷,怀抱长子端生,左侧为如夫人潘蕙英,怀抱三女淑莲,右侧为夫人刘侠贞,怀抱小女,前排为长女铸莲和次女福莲。蔡锷调任进京后,将母亲王氏和刘、潘夫人及子女接到北京,一家人居住在棉花胡同66号。不过只住了一年,由于蔡母不习惯城里生活,蔡锷让刘夫人带着她的两个女儿和端生回老家侍奉母亲。刘夫人离京前,一家人去照相馆拍了此全家福。

实际上,小凤仙京中名妓的名头是在护国成功之后才得到的。因为她曾同护国主将蔡松坡有过交往,自然芳名远播。但在此之前,她不过是清吟小班里一个普通的卖唱女。而正因为她很普通,蔡锷才选择了她。试想一下,一个青涩单纯平凡的小凤仙和一个阅历多交游广城府深的小凤仙,哪一个更有利于蔡锷隐匿遁形呢?既然蔡锷走进花街柳巷是为了掩饰而非取乐,那么就一定会事先考虑什么样的隐蔽物符合自己的需要。(《我和外公眼中的蔡锷将军》,中华书局,2013年,第十一章"说不尽的小凤仙——兼谈蔡锷出走之谜")

**曾业英**:蔡锷与小凤仙这段经历,其实很简单,也很平常,无非是蔡锷因袁世凯鼓动恢复帝制,导致人心思动,政局不稳,其富国强兵的梦想再次破灭,便在郁郁寡欢之余,"亦委随流俗,不岸然以立异",去了前门外的八大胡同,在陕西巷的云吉班里认识了这位年仅十六七岁的张姓风尘女子。起初,蔡锷尚"犹惜身份",为避人耳目,往往"夜半"始往。及至10月14日棉花胡同寓所被搜,他意识到袁世凯已明显对他起了疑心,潜在危险正快速向他迫近,有必要"效信陵君醇酒妇人以自掩",才将他和小凤仙的交往更加公开化和"扩大"化。至于小凤仙,不过是个普普通通的风尘女子,非国色天香,也无过人智慧,既不是什么"名妓",更不是助蔡出京的"侠妓",所谓小凤仙"挟走蔡将军",不过是跟踪蔡锷的侦探及哈汉章等人为撇清自己与蔡锷出京一事的关系,故意给小凤仙栽的"赃"。

蔡锷与小凤仙不同,小凤仙面临的是生活的窘境,而蔡锷面临的是政治的压力,他日思夜想的是怎样挣脱袁世凯的羁绊,回到云南昆明发动武装起义,反对袁世凯称帝的问题。考察历史,不能离开当事人所处的具体环境,二人所处环境如此不同,所思所想当然不可能一样。因此,对于蔡锷是否也对小凤仙存在"恋情"的问题,就不能像小凤仙那样仅看感情逻辑,而应着眼于更广阔的历史逻辑了。

蔡锷是个包藏宇宙,吞吐天地,胸怀大志,腹有良谋的有志之士,他在身陷袁世凯牢笼、只求插翅高飞的特殊历史时期,一度与小凤仙有所交往,并不表示他对小凤仙存在什么"恋情",只是他反袁称帝谋略中的一个环节而已。小凤仙对蔡锷纵有什么想法,也只是剃头挑子一头热。(《蔡锷与小凤仙——兼谈史料辨伪和史事考证问题》,《近代史研究》,2009年第1期)

蔡锷如夫人潘蕙英(1892—1956)旧照。
1911年辛亥重九起义后不久,蔡锷在昆明与年仅19岁的潘蕙英成亲。这以后的五年中,潘蕙英从云南到北京又回到云南,始终陪伴在蔡锷的身边,为蔡锷生下了两男一女。在指挥作战、悉心布政之余,蔡锷给潘夫人写下许多信,诉说对妻儿的思念,有时甚至一日连写数封。1915年11月11日,蔡锷离京,当时已有七八个月身孕的潘夫人也跟着到了天津,随侍在侧。18日蔡锷登船赴日,潘夫人和女儿淑莲则由副官长何鹏翔护送南下,后来在香港与蔡锷会合,一同经越南入滇。据蔡锷后人描述,蔡将军在北京密谋反袁时,真正的知情者是潘夫人,协助蔡将军的也是潘夫人,而不是小凤仙。

### (三)小凤仙并未帮助蔡锷返滇

**袁泉**:其实以蔡锷的处境、以蔡锷的谋略,北京去天津根本无需求助小凤仙,也无需告诉她。他已把戏做足,袁世凯并未限制的基本自由,他去天津是经常性。况且他还有那么多朋友部下,助力足够多。再来,他也不是"逃"出北京,到天津后还在密探的监视下逗留了一个礼拜,才登船赴日。

蔡锷能比较顺利地走出京津,很大程度上是拜肺病所赐。这肺病助蔡锷走脱,而一年后,它又夺去了蔡锷的生命,历史总是令人感慨唏嘘。(《我和外公眼中的蔡锷将军》,中华书局2013年,第十一章"说不尽的小凤仙——兼谈蔡锷出走之谜")

**曾业英**:蔡锷又何以能够公开、自由往返京津呢?这是因为:首先,蔡锷早早就公开表态支持袁世凯称帝了,袁找不到限制其自由的借口。其次,如前所说,10月14日,袁世凯派人搜查了蔡锷的寓所,但是,偷鸡不着蚀把米,什么证据也没有找到,反而被京沪报纸曝了光,让世人看到了他袁大总统搜蔡锷之家却一无所获的窘境,以致不能不多少顾及一点社会民情,未敢在北京"首善"之区对蔡锷过度"出手"。再次,蔡锷向来在天津"养疴",袁世凯难以拒绝其赴津就医的要求。蔡锷出京,的确不存在严格意义上的"逃离"问题,而是在袁世凯不得不暂许其自由往返京津的情况下,借口"赴津养疴"自行出京的;唯有离开天津才称得上"逃离"。

蔡锷京津脱险,经历了离京、离津两个过程。他以超人的政治智慧和谋略,有效掩饰了自己反袁称帝的心志,利用身染喉疾,需赴天津就医的机会,在袁世凯所许的自由度之内,于 11 月 11 日自行出京,安抵天津。之后,又在朋僚的多方协助下,通过"时赴病院,时或不往,旋移德义楼"等措施,巧妙避过袁世凯的耳目,于 18 日夜登船东渡,成功踏上了回滇反袁称帝的征程。

现已查明,蔡锷"南下"时,所乘交通工具不是"车",而是"船",即日本的山东号。送蔡锷离津的也不是小凤仙,而是德义楼的茶役。所谓小凤仙与蔡锷"在津分手时,情重万千,不忍遽舍"云云,纯属杜撰,不足为据。(《蔡锷与小凤仙——兼谈史料辨伪和史事考证问题》,《近代史研究》,2009 年第 1 期)

## 五、"英雄美人"传说的背后

**苏建新**(时为福建师范大学博士研究生):对才子佳人的推崇其实是包含家国一体思想因子在内的。中国封建社会中占据统治思想地位的儒家把婚姻推崇为"人伦之首",却一直强调婚姻必须听从父母之命、媒妁之言,而这种家长一手包办的婚姻常常无视婚姻当事人尤其是女子的权力,因此才子佳人婚姻观与传统婚姻观相比,凸现了相当程度的自由、民主色彩。(《才子佳人小说演变史研究》,福建师范大学 2005 年博士学位论文)

**袁泉**:正因为蔡锷这一去关乎国家命运,也就很自然地被赋予了神圣意义和传奇色彩。人们总是坚信此事背后一定有非同寻常的内幕,必定神秘而惊险。所以蔡锷出京的经过,至今还是众说纷纭莫衷一是。从历史学的角度看,这不是好事;而从传播学的角度看,这未必不是好事。(《我和外公眼中的蔡锷将军》,中华书局,2013 年,第十一章"说不尽的小凤仙——兼谈蔡锷出走之谜")

**邓金明**(上海大学文学院讲师):这种内在的心灵秩序是外在的政治秩序的前提和基础。这一点对于我们理解《新华春梦记》这样的"时事小说"(也有的称为"政治小说")显得非常重要。通过《新华春梦记》等小说对"蔡锷与小凤仙"的描写,我们能发现其背后潜藏的种种传统文化心理情结。

首先是清官情结。小凤仙之拥护蔡锷,并不是因为她对帝制与共和的是非之分有多清楚,而只是因为觉得蔡锷不同流合污、为人正直、有情有义而已。其次是英雄美人情结。不论是"英雄气短儿女情长"、"英雄难过美人关"还是"爱江山更爱美人",在"英雄美人"上,市井民间更愿意相信"英雄"人性、人情的一面,因为"无情未必真豪杰",这是人之常情。最后是风尘侠女情结。作为"侠妓"的小凤仙有情有义,甚至为了国家大义而不得不放弃儿女私情,这也就是陈平原先生所说的,清末民初"写情小说"所描写的大都是"无情的情场",其中之一正是这种为了政治而忘情的现象。(《民初"时事小说"中的蔡锷与小凤仙》,《文史知识》,2011年第10期)

**曾业英**:英雄加美人的天然组合,既能吸引众人眼球,又具超强的生命力,固然是个重要因素,但就学术研究而言,根本原因还是忽视了史料辨伪和史事考证这一历史研究的核心和基础工作。综观今人对蔡锷与小凤仙的研究,虽有观点和评价方面的分歧,但却有一个共同点,不论分歧何方,均只知引证于己有利的史料,而不问所引史料的可信度如何,即使有所质疑也是对人不对己,从不考虑自己所引用的史料是否真实可信。各方皆在自觉不自觉中,或多或少地抛弃史学界长期形成和遵奉的实证原则,忽视历史研究首重史料辨伪和史事考证的优良传统。

历史本是以往发生过的人和事,历史研究就是设法重现这些已经风云流散的人和事,为尽可能实现这一目标,就不能不借助以往留存下来的史料。诚然,往事已逝,留存下来的史料又有限,即使有幸留存下来的,也因记述者的立场、认识、目的、方法等主客观原因,不一定全面和真实可信。退而言之,即使由于史料不全,或者不客观、不真实,给追寻历史真相造成一定的困难,也只能是研究者更加努力搜求史料,考证史事,追求史学主流价值的动力,而不能成为无视史料的重要性和颠覆史学主流价值的理由。"后现代"论者执意反其道而行之,似已不是"武断"二字所能解释的了。(《蔡锷与小凤仙——兼谈史料辨伪和史事考证问题》,《近代史研究》,2009年第1期)

[编辑 何昭旭]

# 重写电影史？
## ——近 15 年来民国电影研究的转折

刘 磊*

【内容提要】 进入新世纪以来(2000—2014 年),民国电影史研究主要是在历史研究特别民国史研究的促发下展开,在"整体化"与"微观化"的研究过程中呈现较为明确的考据意识和史料追求,并涌现出一批较有实力的青年学者。他们从电影检查制度、电影传播与接受、电影人物生存境遇、电影产业发展状况、中外电影文化交流等方面重新考察了民国电影的多重面貌;从上海电影、陪都电影、东北电影、香港电影、台湾电影等多地或互动或独立的格局中,以及粤语影片禁与弛的纠缠中再现了民国电影的地理景观;从"战争"与"沦陷"、"孤岛"与"大后方"的背景下探究了民国电影的殖民性与抗争性、妥协性与进步性。

【关键词】 民国电影;电影史;整体史观;微观史学。

一

曾经有学者这样比喻历史学家与社会、经济研究者之间的关系,他们"都致力于自己的专业,在自己的庭院中辛勤劳动,如果他们再能关心一下邻居的工作,就十全十美了。可是却被高墙堵住了。我们之所以站出来大声疾呼,就是针对这种可怕的分裂"[1]。事实上,这种"可怕的分裂"也存在于中国电影史的研究中。尽管,自上世纪 80 年代以来,中国电影史学界的学者们不止一次地呼吁和强调电影史研究的历史学特性,然而,到目前为止,中国电影史学研究与历史学研究,还没有展开真正意义上的、广泛的、有效的对话与交流。一方面,电影学研究者们先行一步,

---

* 刘磊,女,1988 年生,山东胶州人,山东大学历史文化学院 2014 级博士研究生。
[1] [日]井上幸治:《年鉴学派成立的基础——昂利·贝尔在法国史学史中的地位》,《国外社会科学》,1980 年第 6 期。

很早就展开了关于中国早期电影史/民国电影史的研究,但能够进入史学研究领域或前沿的专业性成果尚不多见;另一方面,在历史学界,仅有个别的学者对中国电影史研究有所关注,而且他们各自为阵,难成体系。

电影史是一门交叉学科,既是电影研究,又是历史研究。从电影的角度来看,它研究的是电影的历史沿革;而从历史的角度来看,它研究的是历史中的电影现象。历史学家汪朝光教授曾呼吁"未来研究中应将电影研究融入历史研究之主流"[1],电影学家郦苏元先生也强调电影史研究应"运用一般史学研究的观点和方法,使其具备应有的史学品格和史学价值"[2]。电影作为社会、文化的有机组成部分,为后人观察当时社会、政治、经济、文化乃至日常生活提供了一个独特的视角,正如一位学者指出"没有电影史的中国近代历史叙述将是不完全和不科学的历史叙述"[3]。电影自诞生的第二年(1896年)就来到了中国,20世纪20年代中期以后,中国电影便建立了与世界电影产业基本同步的较为完善的产业体系,这与历史学对近代中国弱势地位的叙述似不无距离,其中的缘由也是非常值得研究的。所以说不仅一般历史学研究的原则和方法适用于电影史研究,而且电影史研究亦可对一般历史研究产生影响与启示。历史学者们与电影史研究者们应该加强沟通,打破隔膜,共同为电影史研究努力。

大体来看,中国电影史研究可以分为四个阶段:

一是1949年以前,这一时期的代表著述如程树仁《中华影业年鉴》(1927)、谷剑尘《中国电影发达史》(1934)、郑君里《现代中国电影史略》(1936)等。总体看来,上个世纪20—40年代的著述大都偏重对中国早期电影历史的客观描述,属于记述性研究。然而,像郑君里《现代中国电影史略》也从中国电影的社会背景、商业景观和技术水平等角度,探讨了中国电影与文化运动关系、电影之艺术性与商品性的矛盾等问题,具有一定的学术水平和历史价值。

二是新中国建立之后至80年代,这一时期以1963年出版的《中国电影发展史》为标志。由于各种原因,《中国电影发展史》问世后20多年,中国电影史研究一直处于停滞状态。直到80年代中期以后,一批新的中国电影史论著才在《中国电影发展史》基础上陆续出版出来。

---

[1] 汪朝光:《光影中的沉思——关于民国时期电影史研究的回顾与前瞻》,《历史研究》,2003年第1期。
[2] 郦苏元:《新的视点 新的阐释——新时期中国电影史研究回顾》,《当代电影》,1998年第6期。
[3] 李道新:《民国电影:概念认定与历史建构》,《南京艺术学院学报》(音乐与表演版),2013年第3期。

三是上世纪90年代,"重写电影史"一度成为这个时期标志性的口号。所谓"重写电影史",主要或潜在针对的是上个世纪60年代出版的、一直被奉为"经典"的《中国电影发展史》。由于特殊的政治、思想和文化氛围,《中国电影发展史》用阶级斗争的观点和阶级分析的方法来分析电影的历史发展规律,它强调电影服务于思想宣传的意识形态性和阶级特性。在"新时期"思想解放运动及社会性大反思背景下,《中国电影发展史》鲜明的时代印记和政治立场遭到学者们的质疑,一批富有全新史学观的开拓性研究也就在此时大量涌现出来,汪朝光、李道新曾对21世纪初之前的中国电影史研究成果做过全面梳理,在此不多加重复。可以说,自90年代以后,中国电影史研究已经从政治表述为主的革命史,转向了关注艺术本体的艺术史,转向了考察电影企业、电影市场发展规律的经济史以及探究电影文化内涵的文化史,研究思路也从宏观通史逐步过渡

《中国电影发展史》由程季华主编,程季华、李少白和邢祖文编著,1963年2月中国电影出版社出版。在"文化大革命"中,此书曾被认为是宣扬30年代文艺思想的"大毒草",书被收缴,纸型被毁。改革开放后,1981年得以重新出版,1998年第四次印刷。

为断代、地域和个案研究。但是由于"重写电影史"矫枉过正,导致"翻案史学"、依赖西方理论的"阐释史学"以及"以论代史""以评代史"等史论不分、轻视史料、缺乏考证的电影史研究方式,在上世纪八九十年代大行其道。针对这种浮躁的现象,有学者倡导改"重写电影史"为"再写电影史",不是颠覆,而是"承前启后",一方面继承前人的成果,另一方面为后人提供继续发展所需要的东西。[1]

四是进入新世纪以来,即近十几年的电影史研究。总体来看,对此时期中国电影史研究产生重要影响的史学方法论主要来自两方面:一是整体史观,二是微观史学。这两方面在上世纪90年代的电影史研究中已初见端倪,但真正遍地开花却是在进入21世纪以后。

对于中国电影史学界而言,整体史观的真正确立与一本专门探讨电影史学研究观念的译著——美国学者罗伯特·艾森和道格拉斯·戈梅利的《电影史:理论与实践》有着莫大的关系。传统电影史是"一部又一部影片依次连接而成的历史,或

---

[1] 饶曙光:《再写〈中国电影史〉及其相关问题》,《南京艺术学院学报》(音乐与表演版),2014年第3期。

者是一位又一位导演传送创新火炬的历史",即把不同时代的影片和创作者,以历史编年和历史分期的方法,按照时间顺序予以归类和排列,评价其艺术价值和历史地位。而《电影史:理论与实践》提出一个重要的观念——"作为历史的电影史研究",电影史关注的不只是"电影的历史",更重要的是"历史中的电影"。罗伯特·艾森和道格拉斯·戈梅利指出"电影史比'影片的历史'这一短语所包含的东西要复杂得多,因为影片不是自然而然出现的,它们在特定的语境被生产和消费","电影的发展包含了电影作为特殊技术的变革,电影作为工业的变革,电影作为视听再现系统的变革以及电影作为社会机构的变革","从历史上讲,电影从未能够与其他系统——大众娱乐、其他大众传媒形式、国家经济体制及其他艺术形式分离开来"[1]。因此,整体史观就是把电影看成一个完整的系统,认为每一个历史现象都是各种因素和联系合力作用的结果,而电影史关注的就是这种系统性。电影史学家不能像传统电影史一样,把眼光仅仅停留在影片上,而要扩展到影片之外甚至电影之外,也就是说电影研究重点由文本移向泛文本,这意味着电影史研究资料不仅包括影片,还包括非影片资料,像电影广告、海报、报刊杂志、公司档案、地方志、诉讼材料、城市规划、人口统计等等与影片创作、生产、发行相关的资料。从而电影的历史写作最后也成为历史的电影写作。国外研究中,像蒂诺·贝里奥《哥伦比亚影业:电影大公司的形成,1930—1943》以哥伦比亚公司为对象,研究了美国制片厂结构、生产方式和营销行为等方面;唐纳德·克拉夫顿根据影片《爵士歌王》的媒体报道和票房记录,对电影的接受史进行了研究。受整体史观影响,进入新世纪以来国内出版的著述,也一改以往编写电影史的线性思维模式,正在努力把电影研究置于历史的场所,力图将"时间"的单一向度转换成"空间"的多维视野。可以说,近期国内的民国电影史研究进入了一个相对活跃的历史时期。例如,胡霁荣著《中国早期电影史(1896—1937)》(上海人民出版社,2010)以上海电影为中心,尝试从传播学的角度描述和分析中国早期电影的演变历程;臧杰著《民国影坛的激进阵营:电通影片公司明星群像》(中央编译出版社,2011)通过塑群像的手法,以袁牧之、陈波儿、兰萍、孙师毅等电影人为切入点,逐一再现电通影片公司的历史现场;一些学者们还利用自己的地域优势,推动了民国电影史研究的突破,像重庆关于陪都电影的研究,南京对金陵大学电影教育的研究等;[2]另外,2007年中国电影资料馆和电影频道节目中心合作成立的"中国电影人口述历史"项目组,开展了专业性口述历史

---

[1] 以上参见[美]罗伯特·C·艾伦、道格拉斯·戈梅里著、李迅译《电影史:理论与实践》相关章节,中国电影出版社,1997年。
[2] 陈山、钟大丰、吴迪(启之)、李道新、吴冠平:《关于中国电影史学研究的谈话》,《电影艺术》,2007年第5期。

采集工程,从北京、上海到长春、重庆,再到香港、台湾,采访了在世电影人或影人的后代,拯救了大量直观的历史记忆。[1]

当然,电影总归是一种视觉文本,其意义的构成、转化都与文字文本有着不同的规律。将电影置于一般历史语境之中,绝不意味着电影史的个性受到扼制,也

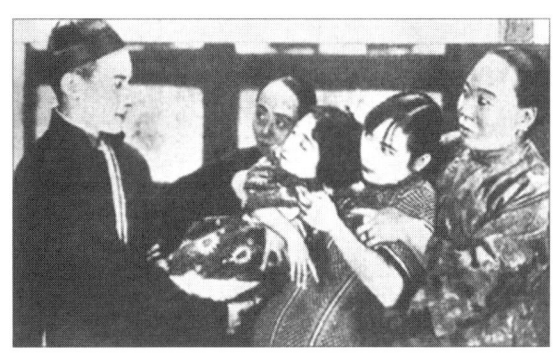

《歌女红牡丹》(1931)剧照,该剧为中国第一部有声电影。

绝不意味着电影沦为一种历史的"文献"、"注脚"。过去,中国电影史曾简化为中国意识形态史或阶级斗争史,今天我们也不应该把它仅仅置换成中国社会史、经济史、科技史,而丧失电影个性特征。过去,传统电影史研究倾向于以电影文本为中心,而不关心银幕以外的事情,今天我们也应该警醒电影史研究过于关注电影外部环境而忽略了电影发展的内部律动,淡薄了电影的本体观念。在"电影史外史"[2]取得累累硕果时,电影"本体"研究却未出现重大突破,诸如中国早期电影在本土化过程中剪接风格、影像构成、电影语言等的演化流变都还没有梳理出一条清晰的历史线索,这在未来的电影史研究中应该引起足够的重视。

整体史观的发展直接推动了对电影历史的微观研究。既然把电影看成是由各种因素各种联系构成的系统,那么就意味着电影研究"几乎可以从任何一个地方着手"。例如,影片《卡萨布兰卡》中曾出现三又二分之一秒的黑夜中机场探照灯盘旋的画面,之后镜头又从窗外对准屋内站在窗前向外观看并陷入沉思的男主人公身上,理查德·莫尔特比以这个小场景为例,对电影叙述的模糊性进行了研究,揭示了不同时期的观众对经典好莱坞影片中出现的断层和没有结果的情节的接受程度,进而分析了电影与观众之间的复杂关系。[3] 因此,电影的微观史研究不是强调电影发展这一宏大文化现象的叙述和把握,而是关注尘封在角落里的"历史细节",比如一个演员、一部影片、一件事件,甚至一个镜头,通过详细的考证、分析,来揭示其内在历史价值。过去,我们研究历史,钟情于历史上的风云人物,因此也把电影史研究框定在文化精英层面(艺术家、企业家、理论家等)的电影活动领域,而"下层的历史",即一般电影从业人员和普通观众的相关电影活动则常常被"精英层"所漠

---

[1] 陈刚:《建构中国电影史料学》,《电影新作》,2013 年第 3 期。
[2] 萧知纬:《电影史外史——从民国时期对电影的抗议看民间社会与公共空间的消长》,《当代电影》,2008 年第 2 期。
[3] 参李道新《中国电影史研究的发展趋势及前景》,《北京电影学院学报》,2001 年第 4 期。

视,而电影的微观史研究就是从小人物的日常生活和衣食住行这些世俗层面来观察电影的历史现象。一些在过去被认为不重要的电影人物,像陈云裳、周世勋、任矜苹等,目前也日益受到史学研究的关注和重视。简而言之,电影的微观史学研究就是从宏观到微观,从精英到下层,从宏大叙事到日常生活的转变。

## 二

### (一) 对民国电影政策、检查制度的研究

制度史研究在史学研究领域是一个"老问题",也是一个"新问题"。所谓"老"是因为制度史研究一直是史学研究中的基础研究,但长期以来,制度史研究在对象上主要围绕"典章"展开,在方法上主要通过静态梳理渊源流变而进行。随着"生活史"、"文化史"等新兴研究领域的盛行,制度史研究一度出现被边缘化的趋势。所谓"新"是指近几年来,制度史研究出现了新的研究方法和研究视野,涌现了一批新的研究成果。电影检查制度研究可以说是制度史研究中一种新的视野,而且历史学者最初也是通过研究电影检查制度而进入电影史研究领域的。

从上个世纪90年代末起,民国史学者汪朝光教授就陆续发表了多篇关于民国时期电影检查制度的学术论文,以时间为经,区域为纬,总体性研究与个案研究相结合,对民国时期电影检查制度做了较为全面、立体的探讨。这些学术成果于2013年编集在《影艺的政治——民国电影检查制度研究》(中国人民大学出版社,2013)一书中。该书的学术价值主要体现在以下几个方面:一是从历史连续性角度思考问题,梳理了上个世纪20年代北京政府时期、30年代国民政府时期、抗日战争时期及抗战胜利后电影检查制度的演变;二是从一定的区域关系着手,分别研究了上海市、汉口法租界甚至哈尔滨的电影检查制度及其运作,同时也从"政治空间"方面,对比分析了抗战时期大后方与沦陷区(包括汪伪、华北伪政权、伪满)电影检查的联系、区别与影响;三是把制度史研究放到一定的"事件"中,从动态的角度探究其机制运作,如详细描述了上海电影检查会在处理"《不怕死》事件"中的举措与作用等。

对民国电影检查制度的研究,除汪朝光教授外,还有南京师范大学的青年学者宫浩宇,在其《1927—1937年南京政府电影政策研究》(南京艺术学院博士学位论文,2012)中不仅梳理了南京国民政府时期电影政策的演变,也从电影界、媒体舆论的角度反观察了民间力量对官方意志渗入的协商与抵制。这种从非制度的角度来研究制度史的方法也是"无意"中呼应了近几年来制度史研究的新趋势。制度史研究的另一个趋势就是,在研究过程中,把制度仅仅作为一般历史现象,而重点挖掘

制度之后的深层原因。上海大学电影学博士生钟瑾著《迷失在权力的漩涡——民国电影检查研究》(中国电影出版社,2012)中,以"权力的斗争"为线索,详细研究了民国时期各方势力对电影检查权的争夺。作者认为,当时对电影检查权的争夺主要表现在四方面:一是官民权力的博弈,二是国民党党派及行政系统内部对检查权的争夺,三是外国势力对于电影检查权的干预,四是国共两党对文艺统制权的较量。把电影检查制度放入广阔的社会背景之中,将制度史研究方法与社会史方法有效结合起来,是该书的一大亮点。

电影《火烧红莲寺》(1928—1931)剧照。
该剧共拍摄18集,掀起了中国电影史上第一次武侠神怪热,但却在国民政府的电影检查制度下曾遭到禁演。

总体来说,民国电影检查制度研究还是一个值得深入开采的宝矿,目前的研究还多只是限于史料的梳理与叙述,民国电影检查制度的生成机制、变革动力还有待于更为深入的考察。另外目前国内外学术界对民国电影检查的研究主要集中在国民政府电影检查方面,对涉及租界电影检查的专门性研究相对较少,只有法国里昂大学博士生赵伟清《上海公共租界电影审查(1927—1937)》(上海交通大学出版社,2012)。虽然当时的上海被划分为三个行政区域,但是整个上海的电影业是互为一体的,华界与公共租界、法租界的行政机构对电影实施的管理也不可能单独进行,所以进一步研究租界的电影检查制度有利于民国电影检查制度研究乃至民国电影研究的完善。

电影检查制度研究属于制度史研究的一部分,制度史研究当前取得的突破性成果可以为电影检查制度研究提供借鉴。传统制度史研究主要重视对"典章"的梳理,新制度史研究突出特点就是借鉴了社会史的研究方法,像利用社会学的结构功能理论视角,依据制度本身的逻辑机理来动态考察制度从制定到实际运作的情况、制度制定部门与执行部门及其他部门之间的关系等。另外,行为分析研究也是非常值得借鉴的方法,"以人的活动为中心来考察一定制度下人能够怎么做?他们又做了什么?其着眼点,不是制度的形成过程,而是一定制度的'影响过程'",这种方法提示我们,在考察民国电影检查制度时,既要考察国家层面对电影制度的制定、推广、变革、废止等,也要关注电影检查制度之下的电影人、制片公司、观众的行为。

## （二）对民国电影传播史的研究

《联华画报》1934年第4卷19期2页。图片来源于全国报刊索引（BSK）。

传统电影史研究以电影文本为核心，对具体的影片文本进行分析和阐释，包括文本自身的意义，文本与作者、语境关系等一系列课题。近几年来，泛文本研究引起电影史学学者的关注和重视。根据报刊杂志的规模、形式、内容的不同，民国报刊杂志大体可以分为三大类：一是以《申报》、《晨报》、《大公报》等为代表的大报，这些大报也开办了关于电影的副刊、专刊等，如《申报》的《电影专刊》。二是与大报相对的小报，民国小报主要刊载社会黑幕、暴力凶杀、名人轶闻、花边色情、奇谈掌故等，电影明星的绯闻更是小报殚精竭虑搜罗的对象。20年代中后期，小报总数达700多种，《晶报》、《金刚钻》、《福尔摩斯》、《罗宾汉》被称为小报"四大金刚"，尤其是《罗宾汉》被小报界奉为"戏报始祖"，以掌故轶闻和新闻的形式，介绍电影界和戏曲界的动态。三是专门的电影刊物，这些专门的电影又可以分为三大类：由电影制片公司创办的旨在自我宣传的特刊或画报，如《明星特刊》、《联华画报》等；由剧作家和影评人主办，着重中外影片评述、影界动态追踪、电影美学及艺术技术知识普及的专业刊物，如《影戏杂志》、《中国电影杂志》等；专门刊登影坛生活和明星绯闻逸事的通俗类刊物，如《青青电影》、《银影》、《电声》等。

北京大学艺术学院李道新教授就借助报刊杂志、电影海报等媒体对电影、电影人的报道、宣传，对民国电影进行了研究，其"《申报》与中国电影"的研究思路也带动了民国报纸与中国早期电影的研究实践。李道新教授认为，迄今为止，在中国早期电影研究领域，在积累原始资料、引述民国报纸方面还没有真正超越《中国电影发展史》的新研究成果。但《中国电影发展史》在引述民国报纸方面也存在着很多问题：在地域上，重点引述了上海的报纸信息而很少或忽略其他地区，这就导致了长期以来中国电影史只以上海为中心的叙述格局的形成；在时间上，主要引述了1932—1937年间的报纸信息，对于20世纪20年代和"孤岛"时期以至40年代的电影，并未给予认真的对待；在对象上，只引述了新闻版的电影消息和电影副刊版的影评,对报纸里的广告并没有予以重视。其实,利用民国报刊杂志对电影史进行研究,还存在一个方法上的严谨性问题。李道新曾以 1928 年 6 月 5 日同一天分别在上海、北京、天津和广州等四地出版的《申报》《中央日报》《民国日报》《晨报》、《大公报》《广州民国日报》六种报纸里各类电影信息为例,试图阐释民国报纸如何深化对中国早期电影史的研究。可以肯定的是,这种方式引入了新的理论话语,得出了创新观点,但是对于为什么选取 1928 年 6 月 5 日这一天作为研究对象,他并没有给予解释,从而让人产生个案是否具有普遍性的疑问。

相对于李道新教授对于民国报纸与中国早期电影史书写关系的研究,同济大学艺术与传播学院青年学者闫凯蕾则是直接研究了民国大众媒体(当时主要是报纸杂志)与明星制之间的互动关系,她认为民国时期"大众媒体是明星制的基础,由舆论带动起来的广大的影迷市场是真正的造星之手。在共同的利益驱使下,影片公司与大众媒体越来越靠拢,由两个主体蜕变为一个主体(即明星制造系统)的两块功能"。还有一些学者对具体的电影刊物进行了个案研究,如将明星公司创办的《明星特刊》作为早期电影印刷文化标本,挖掘其内在的社会伦理、通俗美学、市场意识以及某些现代性实践,为研究和探索明星影片公司创作理念和生产策略提供参照;把抗战时期重庆《中央日报》"每周电影"视为大后方电影的信息通道,认为其所传达出的制作路线、经济策略和市场营销,对抗战电影的短暂繁荣起着重要作用和影响;认为《影戏杂志》是中国电影杂志的开路先锋,以视觉和话语文本刺激培养了读者的"明星消费",用巧妙的方式在民族影业缺席的情况下激发起了民众对"民族影业"的想象,并肩负起了启蒙现代思想和传播影戏知识的双重任务;对 20 世纪 30 年代上海销量最高的电影刊物《电声》的办刊理念、批评话语及其所反映出的社会思潮等方面进行了考察,揭示这本电影类期刊独有的"公共空间"属性,等等。

总体来看,无论是民国报纸与中国早期电影关系的总体研究,还是对专门电影刊物的个案研究,都已经引起了学术界的关注,但是目前的研究仍然处于起步阶段,无论从何种研究角度来说都还没有形成全面、系统的学术框架,很多电影杂志如《联华画报》仍没得到认真的关注。除了电影刊物,民国电影海报、电影广告也引起了广泛的兴趣,然而当时的电影海报、广告其实都是依附于电影刊物而存在的,所以对民国电影海报与广告的研究可以看作是电影刊物研究的一个细化与分支。

### (三) 对民国电影接受史的研究

电影传播的历史,其实也是一部观众接受的历史。一方面,每一次观影活动的结束,才是电影真正意义上的完成;另一方面,观众以无形的力量规约着电影作为一门产业的走向和形态。在 1949 年以前,对观众描述通常是"庸众"、"彼辈"等带有歧视性的词汇,而在新中国成立以后到改革开放的那段时间里,电影观众又与政治紧密联系在一起,他们作为自然人所应有的文化兴趣、理解力和信息需求却被湮没了。改革开放后,由于经济体制的市场化改革,电影行业也发生了一场从生存方式到思维方式的变革,对作为"衣食父母"的观众的研究重新出现在中国电影的视野中,一系列从经济学、社会学、心理学、艺术学、美学、符号学等多学科视角研究电影观众的学术成果诞生。

通常我们从两种角度对电影观众进行研究,一是把电影观众作为消费者市场,此时往往关注的是电影观众的人数和购买力;二是将电影观众视为实际传播过程中的一端,此时重点考虑的是观众的构成、观众与电影制作者以及电影内容之间的关系,观众的反馈表现,观众忠诚度、参与程度和持久性,等等。第一种角度如中国农业大学人文与发展学院青年学者陈刚著《上海南京路电影文化消费史》(中国电影出版社,2011),作者从南京路这一区域的电影消费者入手,将1886—1937年的南京路的百货公司、弄堂、地产、影剧娱乐场所发生的与电影人有关的事件在时间和空间上作了社会学与经济学的分析,在社会史的层面上,还原和剖析了这个地方的文化消费全貌,修复和呈现了早期中国电影的文化生态和历史细节。第二种角度像陈一愚《中国早期电影观众史(1896—1949)》(中国艺术研究院博士学位论文,2013),作者主要考察了观众观影习惯的演变轨迹。从最初与京戏、杂耍、曲艺等传统娱乐项目紧密联系在一起的随意交流、走动不受约束的观影习惯,到现代影院出现后那种"柏拉图洞穴"再演般自觉受到约束的观影习惯,在这个过程中,观众对电影的认识也随之发生天翻地覆的变化。作者除了梳理了中国早期电影观众在城市、乡镇、农村文化版图中的诞生、发展、转变、成熟等环节之外,也力图从观影行为的流变中寻求社会经济、政治、文化环境对电影工业中生产、制作、发行、放映环节的影响。

但是从目前来看,学术界仍缺乏在特定的历史语境下的电影观众研究。观众如何选择电影、观众如何自我认知、观众如何建构公众舆论、观众如何影响电影业的发展等,这些研究都需要依据特定的社会环境、历史语境而进行。

### (四) 对电影创作人员的群体和个案研究

《电影史:理论与实践》中提到"电影明星就是电影史的社会维度之一"。把电影明星作为研究对象,事实上就是把明星作为一个文本,但这个文本往往要复杂得多,对其的研究要包含很多层面,比如明星本身、明星扮演的角色、各种媒体叙述中的明星、接受视野(观众视野)中的明星形象等等。目前,对民国明星的研究主要有以下几方面:

民国时期著名的电影明星,自左至右依此为:金焰、龚稼农、袁牧之、高占非、赵丹、杨耐梅、胡蝶、阮玲玉、王人美、黎莉莉、陈云裳、白杨、李香兰、周璇、王丹凤。

首先,"明星研究"本身并非一个新的研究方法,这点在西方电影史学界尤其是在美国好莱坞电影的研究中早已被多次使用,然而用"明星研究"的方法来梳理中国电影史的学者尚属少数。对历史分期的划分其实是历史观念在历史研究中的具体体现,例如受政治的影响。程季华主编的《中国电影发展史》将中国早期电影划分为三个时期:中国电影的萌芽和发展(1896—1931年)、党领导下中国电影文化运动(1931—1937年)、进步电影运动的新阶段和人民电影的兴起(1937—1949年)。闫凯蕾的《明星和他的时代:民国电影史新探》(北京大学出版社,2010)一书采用西方史学界常用的"明星研究"方法,从明星的角度把民国电影史分为六个阶段,可以说是书写中国电影史的一次有益尝试,但是该书对很多明星的论述仍然是介绍性的,还不能算得上严格意义上的学术研究,从而显得深度和广度不够。其次,符号学、身体政治是当下文艺学和文化研究的热点,一批学者亦将此理论运用到了他们对明星的分析当中,如张彩虹《身体政治:百年中国电影女明星研究》(中国广播电视出版社,2011)、李启军《中国影视明星符号研究》(四川大学博士学位论文,2005)等。第三,对民国电影明星的研究,也有学者从都市想象、消费文化关系的泛文化角度进行分析,如王晓倩《摩登魅力与都市质感——都市消费语境下的上海早期电影明星》(《电影艺术》,2006年第4期)等。最后,中国早期电影明星制度研究。对明星制的研究从以下几个方面展开:电影公司与明星的关系,观众、影迷与明星的关系,媒体环境与明星的关系,编剧导演与明星的关系。闫凯蕾指出,从1923年到1926年是中国电影产业的第一个阶段,也是中国第一个制片高峰,很多电影公司在这个阶段对明星制造和控制进行了摸索和尝试。但是当时电影公司对明星的控制却是比较松散的,演员与公司之间的合同关系并非是完全受法制约束的合同关系,明星与老板的交情占了很大的分量,所以演员的转移与公司的争聘是时常发生的。到30年代,各种关系走向制度化,各影片公司通过一系列机制对明星进行了控制。吴徐君根据演员与制片企业的关系,将电影演员分为专职演员和兼职演员,并对其分别进行了薪酬机制的研究。除了薪酬机制,很多制片公司还建立了一套系统的明星级别制,这不仅表现在明星的薪酬方面,而且影片排名等方面也有所体现。闫凯蕾分析,在明星级别系统定位下,电影的制片、发行、放映三个环节被连接得更为紧密,有效地保障了电影产业有秩序地良性运转。

总体来看,对明星的研究是群体研究与个案分析相结合,对男明星的研究比较少,对女明星的研究占绝大多数,主流话语之外的明星也开始受到关注。不过明星或明星事件背后的商业运作、历史意义、社会影响还有待继续挖掘。

### (五)对民国电影产业发展情况的总体性研究和个案研究

对电影产业的界定有多种表达,尚未形成完全的统一。目前,学术界对民国电影产业的研究主要倾向于电影的产业链,即制片—发行—放映三大板块,研究的对象主要是电影制片公司、发行商、电影院。

对电影制片公司的研究主要是从电影公司的运作策略、民族主义立场、商业性、市场发展等方面展开。20世纪20年代,中国电影业迅猛发展,进入第一个"繁盛"期。最显著的例证莫过于电影公司的数量,到1926年,达到170多家,仅上海就有140多家。中国电影的制片业在"民十以来,犹如春笋之怒发,诚极一时之盛"。而这一局面得以形成的原因,与上海近代经济史上的"信交风潮"不无关系。第一次世界大战以后,一部分民族资本家转而从事投机行业,由此成立了大量的交易所。不过,由于投机不当,交易所纷纷倒闭,如此以来,社会上出现了大量的闲散资金,急需寻找出口。

明星影片公司的创始人张石川最初准备成立的就是大同交易所,在等待发执照的过程中风暴袭来,他转而创立了电影公司。从1922年创立到1937年覆灭,明星影片公司是经营时间最长、出品数量最多的独立电影公司,它凭借制片业绩奠定了在中国制片业最高水准的地位,进而扩展了宣传发行与放映机制,对中国早期电影的发展走向产生了深远的影响。所以,对明星影片公司的研究越来越引起学术界的兴趣。孙蕾在《机制与风格:明星影片公司早期运作策略初探》(《当代电影》,2004年第3期)中重点考察了公司机制与影片整体风格之间的相互作用。对团体单位的研究中,过去学者往往多关注时代背景、团体单位本身,而忽略了团体中主要人物对团体的影响。孙蕾对明星公司的研究不是只局限于对公司运作机制、市场策略、发展流变的梳理,而是开始关注到公司领导人的性格、经历对公司发展走向的影响,这一点是非常难能可贵的。作为民国电影业的翘楚,明星公司为什么似乎在一夜之间就走向了覆亡,对于明星公司倒闭的时间和原因,学界并没有形成一个统一的结论。以往一些文章和回忆录多记载日本占领军对明星公司枫林桥制片厂的纵火直接导致了明星公司的倒闭。付永春在《昨夜星辰:明星影片公司覆亡原因分析(1936—1940)》(《电影艺术》,2013年第1期)中认为明星公司的覆亡另有原因。通过对明星公司向上海交通银行借款的档案资料、明星公司来往信件、律师函等的研究,作者发现了"各座房屋均非毗连火焰不致蔓延余屋,得以保全无恙"的记录。另外,作为押产的枫林制片厂被毁,交通银行必然会要求明星公司增加担保物或归还借款,而档案中并没有任何交通银行要求明星公司追加担保的证据,张石川与交通银行的来往书信中也没有提及此事。可见,枫林桥大火并没有后来一些文章中记载的那么严重。所以,作者认为,明星公司倒闭归根结底还是在于明星公司自身经营不善而造成的巨额贷款难以还清,这一观点在电影史研究中较为新颖。

天一影片公司在1925年成立后不久便掀起了一阵"古装片"热潮,其影片在国内和南洋等地皆获得了良好的收益,更重要的是,当中国电影史上一些重要的电影公司诸如"明星"、"联华"都早已成为"历史的陈迹",唯有天一公司几经灾难,仍余脉未断,成为中国早期影坛迄今仅存的一家影片公司(今邵氏公司)。正是在这个意义上,天一公司是中国电影史乃至当代商业电影不可多得的研究对象。目前关于20世纪20年代的中国电影史的书写,"六合围剿天一"占据了重要的位置,甚至已成为"历史定论"。刘琨、孙晓天在《"六合影片公司"与"天一影片公司"关系考》(《北京电影学院学报》,2012年第6期)一文中对这种"历史定论"产生质疑,据他们考据,电影史中"围剿"的说法最早始于台湾学者杜云之1972年出版的《中国电影史》一书,其后任何具体关于"六合围剿"的论述多援引于他的说法,而此之前出版的《民国十六年中华影业年鉴》(1927)、《中国影戏大观》(1927)、《中国电影年鉴》(1934)、《中国现代电影史略》(1936)、《中国电影发展史》(1963)均未提到"六合围剿",刘琨、孙晓天指出杜云之"六合围剿"论述的很多方面都有失于历史事实。"六合围剿"之所以会在中国电影史中占据如此重要的位置,正如香港学者叶月瑜的分析:"从天一到邵氏,历经五十年,邵氏家族愈打压愈强大,终于跃升为全世界最大的华人电影机构。在这个邵氏立业的神话中需要有个历史角色,担任迫害的对手。天一时期的对手先有明星,再有六合;改名南洋后,又遭遇日本军方的压迫;迁移至香港,变成邵氏,又面临强手国泰的竞争。在这一连串的斗争中,标准史论所谓的六合'围剿'正好作为邵氏家族开拓史的序曲。"[1]

图为邵氏三兄弟,左起邵邨人、邵仁枚、邵逸夫。

"六合围剿天一"事件:天一公司自从推出"古装片"后就占据了巨大市场份额。1926年7月,经明星公司的周剑云亲自联络,明星影片公司、上海影戏公司等六家电影制片公司成立了六合公司,他们建立联合的发行网,任何发行商如与"六合"签了合同,就绝对不准购买"天一"出品的影片。在六合与天一的"斗法"中,六合还利用以毒攻毒的"双包案",即打探天一正在拍摄的影片,以同样片名和内容另行制作,赶在天一完成之前放映,挤压天一的生存空间。面对"六合围剿",天一公司一边联合其他非六合的公司建立发行网,一边派邵仁枚、邵逸夫去南洋开辟市场,结果连闯数关,突出重围,进而引出了关于天一在南洋突围的"神话"。

经过20世纪20年代各大小电影公司的混战,许多小公司或是破产倒闭或是被兼并重组,电影市场竞争开始从无序走向有序,在30年代基本形成了"明星"、"天一"、"联华"三大巨头。学术界对"联华"的研究中,其"独立制片"管理模式一直是一个热点。刘丽芸在《试论"联华模式"及其分裂原因探析》(《当代电影》,2014年第10期)一文中认为经营理念的失误和权力博弈导致了联华内部的分裂。独立制片管理体系下的"联华"结构松散,形成了不同的派别山头,其中以罗明佑、黎民伟为代表的北派与以吴邦藩、陆洁、陶伯逊为代表的南派权力斗争最为激烈。1934年罗明佑对制片厂进行改革,激化了"联华"内部的派系矛盾,这种内部的分裂、分化最终导致了联华的衰落。郭海燕在《企业理想与经营理念的冲突——试论联华影业公司衰落的主观原因》(《当代电影》,2011年第6期)一文中认为,"联华"的衰落固然有客观方面的原因,但主要负责人罗佑明好大喜功的经营理念更直接地阻碍了"联华"本可以取得的更大的辉煌。作者指出,罗明佑没有看到中国在迈向现代化的过程中民族资本家文化资本的先天不足,而是急于求成,未使"联华"形成有效的内部竞争市场,未有效利用适应当时中国国情的、发挥中国人积极性的经济伦理;同时又固执己见,唯我独尊,不再能心平气和地高扬"国片复兴"期的人文主义精神以领导公司的影片制作,这些都造成公司的效率降低,利润减少,人心背离。

---

[1] 叶月瑜主编:《华语电影工业,方法与历史的新探索》,北京大学出版社,2011年,第8页。

周仲谋《中国早期电影的重要一翼——艺华影业公司研究》(复旦大学博士学位论文,2013)梳理了艺华影业公司的发展过程、经营特点和影片生产、发行、放映情况。20世纪30年代,曾发生国民党特务组织捣毁艺华公司并散发署名"中国电影界铲共同志会"传单的事件,可见"艺华"当时是左翼电影的阵地,但是"艺华"到中期后却成为"软性电影"的大本营,再到后来"孤岛"时期娱乐电影的重镇,可以说,"艺华"见证并体现了中国早期电影发展的多样形态和复杂局面。然而长期以来,由于电影史观的局限,也由于胶片资料大量湮灭造成的研究资料的匮乏,学术界对"艺华"的研究相对薄弱,除周仲谋的博士毕业论文以外,迄今尚未见到专门的研究著作,只有一些中国电影史著作中的部分章节涉及而已。

在中国电影史上,长城画片公司的特殊性在于,公司的所有骨干都是美国华侨,而且,该公司首先在美国纽约发起、招股、注册、成立,几年后才迁移回国。对"长城"的研究中,陈墨、萧知纬的视点较为前沿,围绕"在传统农业文明向现代化工业文明的转换过程中,中国式的小农经济的投机心理、经营策略、价值观念及其行为方式,会形成一种怎样的文化氛围和经济、社会环境,进而怎样影响到某个行业及其整个社会的工业体系的现代化进程"这一核心主题展开。在《跨海的"长城"从建立到倒塌——长城画片公司历史初探》(《当代电影》,2004年第3期)一文中,两位学者从电影企业史和华侨研究的角度,深刻思考了由一群具有社会责任感和远大抱负的爱国华侨组成的"长城",占据了器械优势、技术优势、人才优势、资金优势且理念先进、经营规范、出品精良的"长城"为什么会在以快好省为目标而以粗制滥造为结果的电影生产环境中走向了末路。褚亚男《昆仑影业公司发展研究(1945—1952)》(上海大学博士学位论文,2011)从产业体制、文化事件、影人命运对昆仑影业公司进行了系统性的思考。在阶级史观统领电影史研究的阶段中,"昆仑"的商业特征几乎被抹去,取而代之的是将昆仑作为为左翼政治话语代言的文化机构来进行意识形态化的描述,其电影的生产、发行、放映和接受层面的叙述自然而然也停留在阶级分析的层面。进入新时期以来,能够对"昆仑"历史命运转变给予理性、客观、深入的学术研究,这是难能可贵的。

当代社会学理论的"社会空间"转向,不仅为社会史研究开启了一种新的路径与方法,也为电影学的研究提供了一种崭新的思路。长期以来一直孤立地被视为映演场的电影院在"社会空间"理论下得到了关注。与此同时,历史学界对"公共空间"的研究成果也引起了电影学界的注意,像美国约翰霍普金斯大学历史学博士、得克萨斯A&M大学历史系教授王笛的《茶馆:成都的公共生活和微观世界,1900—1950》(社会科学文献出版社,2010)、《街头文化:成都公共空间、下层民众与地方政治(1870—1930)》(商务印书馆,2013)将研究视角对准了颇具中国地方性色彩的

电影《渔光曲》(1934)剧照
导演：蔡楚生，主演：王人美等。该片获 1935 年莫斯科国际电影节荣誉奖，是第一部在国际电影节上获奖的中国影片。

"社会空间"——茶馆和街头，力图发掘围绕茶馆、街头所产生的各式权力话语，尤其是下层民众与国家、地方政治、社会改良者之间在大众文化问题上的合作、斗争与反抗的关系。这些中国城市社会空间的研究，为电影史研究提供了一种可资借鉴的思路。

刘思羽《百年中国影院史》(中国艺术研究院博士论文，2012)从社会空间理论角度出发，对电影院作出了新的阐释与界定，指出"电影院作为电影放映与传播的空间，恰恰是影院媒介机制同中国社会政治、经济、文化实践共同作用下的产物"，刘思羽这种政治、经济、文化阐释恰为中国电影院史研究提供了一个范式：从政治角度看，电影院是国家意志和价值观念的重要载体和传播阵地，具体实践包括特定时代国家对本土影院业的保护、资助和奖励等；从经济角度看，电影院是资本流动、运作的重要平台，具体实践包括资本作用下的影院建设与改造、影院产业格局形成与重组、影院产业链建构与完善等；从文化的角度看，电影院是观众观影活动中感情、趣味、心态得以充分展现的场所，具体实践包括影院为适应观众观影而进行的建设改造、技术革新，以及观众围绕影院文化符号的生产与传播而生成的一系列关于社会文化的记忆与想象等。这三种角度中的每一方面都可以作为研究的对象，事实上目前电影院史研究也是围绕或选取其中一方面进行的。例如，进入 30 年代以来，国民政府对影院的控制不断升级，由官方主导的以"文明礼仪改革"为中心的影院建设，也逐渐向体制化过渡，萧知纬曾就这段电影院"文明礼仪改革"进行了详细的研究。也有学者以"大光明"电影院为例，指出近代上海社会的民族主义、族群意识甚至政治风云也影响人们对电影的评价和对影院空间的态度。大抵而言，中国电影院史研究虽然引起了学术界的关注，但整体起步较晚，受种种研究条件和研究思维的限制，现阶段研究成果主要集中于局部时期和局部地区的影院，长时段、整体性的影院研究著述较少。

### （六）对民国时期中外电影文化交流的研究

从 1896 年电影第一次在中国放映到第一次世界大战爆发之前，欧洲电影一直占据中国电影市场，之后是美国电影统领了中国市场，这种垄断地位直到1950 年才告一段落。在民国时期中外电影交流研究方面,美国电影对中国电影的影响一直是学术研究的重中之重。萧知纬、尹鸿通过量化研究法对中美两国在20世纪前半期的电影因缘做了一个详细的描述,考察了中国政府、中国电影市场、知识分子与好莱坞电影之间的冲突和依存关系。汪朝光也发表了一系列关于民国时期美国电影在华境遇的论文,他认为美国电影在华的境遇依据地域和时间的不同是有所区别的。秦喜清著《欧美电影与中国早期电影(1920—1930)》(中国电影出版社,2008)从国体观念、民族身份认同的角度,探索了欧美电影与中国早期电影的关系。也有学者通过"辱华"电影事件来分析美国电影与中国的关系,不过以往对"辱华片"的研究,大多着眼于电检会的作用,宫浩宇在《20世纪30年代抵制"辱华片"运动——以〈大地〉事件为例》(《北京电影学院学报》,2011年第5期)中,转换研究视角,通过研究媒体在当时所扮演的角色,动态考察了从"《不怕死》事件"到"《大地》事件",国人在应对"辱华片"问题上态度、应对能力等方面的变化。值得我们思考的是,正是由于电影类媒体在抵制"辱华片"之类的公共事件中的"在场",才使事件不断升级、扩大,形成巨大的社会影响力,同时民族主义话语才得以在20世纪30年代迅速向电影界渗透,从而影响了国产电影的演进轨迹。

  整体来看,对民国时期中外电影文化交流的研究存在严重的不平衡性,这种不平衡性主要体现在两方面:一是民国时期在中外电影交流中,西方电影在中国市场占据了主要优势,所以目前在学术界我们大多看到的是西方电影在华境遇的研究,很少看见早期中国电影在境外的情况。但早期中国电影毕竟是通过私人携带、公开发行、影展的途径走出过国门的,如果缺少对这方面的研究,那么中外电影交流史的研究就是不平衡、不完整的。孙晓天《早期中国电影在美国1913—1949》(《当代电影》,2013年第4期)是少数研究早期中国电影在西方境遇的文章之一。另外,在谈及中外电影文化交流时,我们往往关注中西之间,却忽视了中国与非西方之间的交流互动,中国影片在民国时期曾占据南洋地区大部分市场份额,也有华人在南洋建立制片、发行公司,直接促进了南洋地区电影业的发展。南洋地区电影发展与中国有着千丝万缕的联系,理应引起足够的重视。二是中西交流中,往往重视美国好莱坞对中国的影响,而忽视其他国家的影片。不过孙绍谊《叙述的政治:左翼电影与好莱坞的上海想象》(《当代电影》,2005年第6期)一文,通过对《都会的早晨》、《女神》、《新女性》以及《马路天使》等的具体分析,论证了30年代左翼电影在技术资源上主要受苏联蒙太奇方法的影响,即多个快速连接的摩天大楼、百老汇大厦、海关大楼等现代大都市的空镜头组合以及贫富对比并置和强调冲突的影片结构方法,当然,孙绍谊并没有否认好莱坞技术对中国早期电影的影响,他认为这主要体现在利用柔光和感性光源对女性形象的情色化、性感化处理方面。在考察民国电影发展时,不能只研究好莱坞影片与中国电影的关系,还应注意到法国电影、德国电影、苏联电影,甚至日本电影在华情况及对中国本土电影的影响。

## 三

在民国电影史研究中,学术界还出现了几个值得注意的新趋势:

一是以往只关注上海地区的电影研究,而忽视非上海地区电影发展情况,近十年来沪外电影逐渐引起学术界的关注。像陈山教授提出的用地方志研究电影史的新思路,为研究以往被忽视的沪外电影提供了新的途径。他的博士生刘小磊继续通过对各地地方志的研究实践,考察了电影在不同地区的第一次放映活动,勾勒出电影传入中国的历史轨迹。[1] 这一趋势主要涉及到两大学术领域——中国电影传入史和地方电影史。以往的电影史研究中存在一个误区,那就是认为电影在其他地方的传入、发展都是从上海辐射过去的,刘小磊认为事实并不尽然,她指出,电影在中国各地的传入史呈现出一种多元化的发散状态,而不是由一个地区波及辐射的,上海作为早期电影产业中心地位的形成也不是一蹴而就的,而是经过了一个逐渐形成的过程。与沿海城市相比,东北三省的电影发展几乎是在"偏安一隅"的独立支系中完成的。从最初俄国人对东三省电影的控制到日本占领东三省后株式会社满洲映画协会成立,电影的发展在东北自始至终呈现的是相对独立的状态。另外,像抗日战争中陪都重庆的电影及电影业发展在中国电影史上也占据着重要的地位,抗日战争中内迁重庆的中国电影制片厂、陪都的好莱坞电影市场、陪都时期的电影宣传等方面,都有战争时期的特殊性质。总之,无论是对华北、东北还是重庆的电影研究,近几年都成为各自地域研究的热点。

二是以往只注重"圈地"研究,只研究某个固定区域、特定时期,从而造成区域之间、时间段之间的断裂。从时间上,由于政治的特殊原因,往往以 1949 年为分割点,只关注这个分割点以前或者分割点以后,但是事实上电影发展的联系性、演变性不会因为一个时间点而戛然而止,必然有它的一致性。例如,目前电影史学界大部分研究以"昆仑"公司 1945—1949 年的发展为主要对象,而对 1949—1952 年的"昆仑"则略而不谈,或只做极其简单的史述。在这一研究现状下,1949 年新中国成立之前的作品如《一江春水向东流》、《八千里路云和月》等被纳入中国经典电影之列,而 1949 年之后的作品如《武训传》、《我们夫妇之间》至今仍不断引起学术界的争论。因此,《昆仑影业公司发展研究(1945—1952)》能够完整地叙述 1945—1952

---

[1] 刘小磊:《中国电影方志研究——探寻中国电影史的新视点》,《当代电影》,2006 年第 6 期。

年"昆仑"的发展过程本身就是一种新的学术尝试。刘宇清《上海电影传统的分化与裂变(1945—1965)》(上海大学博士学位论文,2007)从体制、人脉、文化等方面考察沪、港、台三地电影的渊源与发展,不仅突破了时间上的鸿沟,跨越了1949年这个断裂点,而且关注到了上海、香港、台湾三个地域电影发展的互动性、继承性、联系性等,基本打破了学术界在时间、地域上井水不犯河水的分裂格局式研究。这种地域上的互动性研究还有傅葆石的《双城故事:中国早期电影的文化政治》(北京大学出版社,2008),该书探讨了日本占领区和英国殖民地的中国电影文化、在战争流散的困境下中国电影人的惶惑抉择、沪港电影之间的关系等等,以及由此牵涉到的种种争议,如谁是"汉奸"、什

电影《啼笑姻缘》(1932)广告
该片是明星影片公司根据蝴蝶鸳鸯派小说家张恨水的长篇小说《啼笑因缘》改编而成,后与大中国影片公司因版权问题发生"双包案",并引发了中国电影史上第一场官司。

么是"汉奸电影"、国语片和粤语片的纠缠互动等问题。

三是以往对左翼进步电影给予很多的关注,而武侠片、蝴蝶鸳鸯派电影因其"非进步性"而遭到遗忘,近十年来,对武侠片、蝴蝶鸳鸯派电影等的研究逐渐出现在学术界。北京电影学院青年学者梅雯的《破碎的影像与失忆的历史——从旧派鸳蝴电影的衰落看中国知识范型的转变》(中国电影出版社,2007)一书,详细考察了早期电影界、鸳蝴文人、南社、新剧(文明戏)四个圈子彼此之间所交叉、重叠的关系,在此基础上,挖掘了中国早期电影文化现象背后的整个社会空间和文化机制大变动、思想和知识范型大裂变的深层原因。知识范型的转变不仅影响了知识体系、学术体制、社会组织的构建问题,而且也关涉到了个体的生活方式,重新塑造了个体的思维方式、认知方式、交流方式等等。颇为有趣的是,该书以早期电影的当红影后胡蝶和左翼影评人舒湮之间一封很寻常的书信作为引子楔入知识范型转变这一大命题,分析了民国时期的错综复杂的话语情境如何在当时人们的日常人际交往方式中展现,以及不同的话语在某些特定的情境下是如何影响、左右主体的价值评判和情感偏向。通常武侠神怪片的传统研究认为,武侠神怪片之所以在20世纪30年代以后退出了电影市场,是因为随着国家内忧外患凸显、时代思潮的变化,武侠神怪片遭到了普通观众的厌倦。宫浩宇在《武侠神怪片的兴衰及其对早期上海

电影业的影响》(《电影艺术》,2011年第2期)一文中认为此种观点是有悖于历史事实的,他指出,武侠神怪片尽管遭遇舆论和官方查禁的危机,但并未失去普通观众的喜爱,即便在它成为"禁片"之后,也依然活跃于地下市场,并且由上海转向粤港,最终在南京政府电影检查制度鞭长莫及的香港落地生根。之所以传统研究中认为武侠片失宠于普通观众,是因为没有考虑到观众的分化问题。那些喜爱武侠神怪的观众因为文化水平不高,而不具有话语权,成为了"沉默的大多数",但是那些占据各类媒体不断发出声音的观众则属于受过一定教育的知识群体,他们一般对包括武侠神怪片在内的通俗文化不屑一顾。这种从"失语"的"他者"角度进行研究的方法具有明显的"微观史学"的特点。宫浩宇强调,对武侠神怪片取而代之的"新兴电影",或许可以让知识群体稍感欣慰,但很难获得市场份额,更难以在海外市场(南洋)有所作为。这一点梅雯在研究蝴蝶鸳鸯派影片的时候也提到,"新兴电影"在30年代之前所制作的艺术电影是典型的非生产性耗费的异质性电影,对大多数观众的审美趣味和价值判断的挑战性很大、陌生感也过强。

四是海外"感官文化学派"[1]的兴起及其对中国电影史研究的影响。在一批海外学者的努力下,民国电影研究尤其是上海早期电影研究已成为一个国际性话题,而其中"感官文化"研究则是一股正在兴起的学术思潮。芝加哥大学人文学院的米莲姆·汉森及其学生张真、包卫红,圣地亚哥加州大学的张英进,曾任教于哈佛大学、芝加哥大学、加州大学的李欧梵,南加州大学的孙绍谊以及澳籍华人学者马宁等则成为这一学术趋势的引领者。"感官文化学派"的研究方法不同于之前单纯的解读式影片分析,而注重电影对感官、身体及一切相关的视觉反应的研究,把研究视野引向了由视觉活动所触发的物质文化生活的变革等一系列问题的思考。米莲姆.汉森提出的"白话现代主义"和"感官反应场"两个概念曾在美国电影学界引起广泛重视。"白话现代主义"试图把感官和物质方面的经验带入"现代主义"一词的解释中,考察现代技术与日常物质生活和感官经验等多方面的联系及其在文化上的对应性;"感官反应场"主要指由视听媒体或者纸质媒体的传播所营造的一个公共空间以及个人在这个公共空间中所得到的对现代性正负两方面的体验。在这两个理论框架下,汉森探讨了上海早期电影与现代城市文化、电影明星与时尚文化的关系等。她的学生张真沿着这条思路作了更加细致和具体的研究,在其《〈银幕艳史〉——女明星作为中国早期电影文化的现代性体现》[《上海大学学报》(社会科学版),2006年第1期]一文中,通过对明星公司出品的《银幕艳史》中女演员

---

[1] 曲春景:《中国电影史研究中的"感官文化学派"——以美国学者为主的上海早期电影研究》,《文艺研究》,2006年第10期。

的个案研究,以及对同时期其他几位女演员的补充分析,把明星的身体研究从银幕拉到文本之外的一系列生存体验之中,分析了中国早期电影所传递出来的有关妇女身体体验的各种信息,论述了第一代女明星的源起及其各自不同的私人生活和电影所给予她们的共同命运,探讨了电影、女性与现代性之间的复杂关系。汉森用"白话现代主义"打开的日常审美空间与李欧梵对"上海摩登"的关注有着共同之处。李欧梵《上海电影的都会语境》[《上海摩登:一种新都市文化在中国(1930—1945)》,人民文学出版社,2010]则从上海的日常生活和消遣方式入手,寻找电影与现代性的关系,通过对电影院、电影广告、电影说明书、电影杂志的介绍,展现出那个时代电影及其出版物如何打造和影响这个国际大都市的文化氛围,视觉艺术如何创造和引领都市的时尚文化和新兴的消费世界等。"感官文化学派"的兴起与美国史学界两次值得关注的学术转向有关,即从思想史到社会史再到文化史,而电影史学研究也经历从思想话语向社会经验再向感官层面的、由"精英"到"通俗"的学术转移。因此,汉森与李欧梵等人的研究可以放在近十几年西方史学界的方法论转向这一大的语境中来理解。尽管"感官文化学派"研究方式提出了一些新的洞见,但有时也不可避免地陷入"理论先行"的误区,过分描述感官表面的东西,而缺乏对中国电影发生语境和历史现场的深入了解。

综上所述,进入新世纪以来,民国电影史研究主要是在历史研究特别民国史研究的促发下展开,在"整体化"与"微观化"的研究过程中呈现较为明确的考据意识和史料追求,并涌现了一批较有实力的青年学者。他们从电影检查制度、电影传播与接受、电影人物生存境遇等方面考察了民国电影的复杂面貌,从影片进口与输出、产业竞争与重组、院线建立与发展等层面分析了民国电影的生存环境和策略,从上海电影、陪都电影、东北电影、香港电影、台湾电影等多地或互动或独立的格局中,以及粤语影片禁与缓禁的纠缠中再现了民国电影的地理景观和政治斗争,从"战争"与"沦陷"、"孤岛"与"大后方"的背景下探究了民国电影的殖民性与抗争性、妥协性与进步性。

[编辑 张荣波]

# 一个平淡年份的大历史

## ——《万历十五年》评价集成

傅璇琮、商传等　景凯东*整理

图为《万历十五年》第一个中文版,中华书局1982年5月版。书名由著名作家廖沫沙先生题写。黄仁宇原本请廖先生为本书作序,但廖先生由于健康原因,最后只写了书名。这一版的另外一个特殊之处是封面遗漏了作者的名字。

【导言】《万历十五年》是美籍华裔历史学家黄仁宇研究明代历史的一部专著。这本书虽不是他最重要的学术著作,却是他在中国影响最大的作品。该书的英文版1979年在耶鲁大学出版社出版,书名为 *1587, a Year of No Significance*(1587,无关紧要的一年)。中文版由黄仁宇亲自译写,经中华书局编辑部润色和黄仁宇本人审定后,于1982年5月以"万历十五年"之名在中华书局出版。该书尚有台湾食货出版社版、内蒙古人民出版社1995年版及生活·读书·新知三联书店1997年版等版本,其中三联书店版在国内产生的影响更大一些。

《万历十五年》是黄仁宇在其所提倡的"大历史观"指导下写成的。之所以选择看似没有重大历史事件发生的万历十五年(1587年)为切入点,是因为这一年发生的若干不被重视的事件,"实质上却是以前发生大事的症结,也是将来以后掀起波澜的机缘"。黄仁宇以《明神宗实录》为主,参用其他史料,采取传记体的铺叙方式和新闻报道体的聚焦方式,通过对万历皇帝、张居正、申时行、海瑞、戚继光、李贽六人人生际遇的叙述,表达他对明朝史乃至整部中国史的思考。这也使得该书的"书写方式"与一般的史学专著颇为不同。该书的历史观点也颇独特,不同于传统明史研究将明朝灭亡归因于"税重民穷"的说法,黄仁宇指出,文官集团的僵

---

\* 景凯东,山东大学历史文化学院2011级本科生。

化和腐败才是明朝灭亡的主因,"中国两千年来,以道德代替法制,至明代而极,这就是一切问题的症结"。

这样一部作品在改革开放之初在中华书局出版,对封闭已久的中国历史学界的冲击可想而知。三联书店版的热销则把该书的影响力由学界推向了大众。黄仁宇关于明代历史的论述,他的"大历史观"的研究方法,还有介于学术与大众间的历史书写方式,对大陆文史学界产生了深刻的影响。此书于1997年在三联书店再次出版后,又经过多次再版重印,中华书局2006年增订版至2012年3月已经印刷15次,三联书店1997年版也于2006年再版,一直畅销不衰,堪称改革开放以来对中国社会影响最大的社会科学类图书之一,它影响了中国人的阅读习惯。仅在中国知网全文检索《万历十五年》得到的相关结果就达2万余条,百度搜索相关词条的结果竟高达190余万条(数据统计时间截至2015年4月),可见其为一个炙手可热的话题。本文分专题选取国内文史学界对其人其书的评论,以求尽可能展现国人对该书的思考。

【一】 黄仁宇其人其书
【二】 《万历十五年》的出版情况
【三】 在明史研究上的贡献
【四】 《万历十五年》与黄仁宇的大历史观
【五】 引人入胜的叙事手法
【六】 质疑与批评
【七】 世间已无黄仁宇:余韵与影响

## 一、黄仁宇其人其书

黄仁宇还是青少年时,梦想成为拿破仑,在蒋介石的军队中担任下级军官。他之后去过缅甸和印度。抗战胜利后,黄仁宇前往东北,见识到林彪的"人海战术"。麦克阿瑟七十大寿时,黄仁宇代表蒋介石去送上寿礼——一件象征长寿的盆栽。但在下一趟的台北之行中,黄仁宇和长官陆军中将朱世明却差一点被监禁,因为谣传朱受到共产主义的影响。不过直到去世,黄仁宇对蒋介石仍然有一定的仰慕。他也以自己的特殊方式对毛泽东有一定的敬重。

黄仁宇毕业于美国堪萨斯州雷温乌兹要塞陆军参谋大学(U. S. Army Staff College at Fort Leavenworth, Kansas),从国民党陆军退伍后,到安亚堡(Ann Arbor)边做按日计酬的工作,边攻读密西根大学的博士学位。三十年来,他毫不间断地研究历史。他在数所重要学府做过博士后研究,其中包括哈佛及剑桥。他还出版过

黄仁宇(1918—2000),湖南长沙人,美国密歇根大学历史学博士,以历史学家、明史专家、"大历史观"(macro-history)的倡导者为世人所知。他的代表作有《万历十五年》《中国大历史》等,《万历十五年》是他在中国影响最大的作品。

数本著作,发表过无数的文章。于一番逼仄煎熬之中提出大历史观,主张要"从技术上的角度看历史",而不能简单以道德评价笼罩一切。他的《万历十五年》两度提名美国国家书卷奖(American Book Awards),已被译为中文,在中国出版。中国少了一个拿破仑,却多了一个以睿智打开人们视野的历史学家。(《黄河青山——黄仁宇回忆录》前附《本书和作者》,生活·读书·新知三联书店 2001 年 6 月版)

**皮野**(山东大学外国语学院副教授):黄仁宇为群氓大众留下颇富传奇色彩的人生轨迹:1918 年生于湖南长沙,天津南开大学肄业,成都中央陆军军官学校、美国陆军参谋大学毕业。他长期献身军旅,历任排长、连长、参谋长等各级军官。1950 年退伍后,进入密歇根大学攻读历史,1964 年获博士学位。后在南伊利诺大学及纽约州立大学任教,1970 年任哈佛大学东亚研究所研究员,1972 年去英国剑桥,参加李约瑟博士主持的《中国科学技术史》,1976 年任哥伦比亚大学访问副教授。

他也为蒙昧世人留下堪称精神食粮的史学文字——《万历十五年》、《中国大历史》、《赫逊河畔谈历史》、《资本主义与二十一世纪》。这里贯穿了黄仁宇的宏愿:必须有国际性,希望以四海为家的精神,增进东方与西方的了解,化除成见。他更希望把中国历史开诚布公地写好,"其内部还有很多不能在数目上管理的原因,历史家虽不能解决问题,从侧面分析,至少可以逐渐窥测这些问题的真貌"。(《世间已无黄仁宇》,《山东文学》2010 年第 12 期)

**林载爵**(台湾联经书店总编辑):黄仁宇身临其境般地如此述说着万历皇帝的最后结局,愤怒与哀怨在地下陵寝中回荡。1990 年我参观过定陵后,就经常向他提及这段描述出神入化,精彩之至。谈多了,终于有一次,在赫逊河畔的一家餐厅中,他结束了一段闲谈,正经地话锋一转:"Linden,我告诉你一个秘密,你不要告诉别人,我从来没去过定陵。"说完,表情中有点抱歉,又有点得意。河畔的火车疾驰而过,我们再转入别的话题。

黄仁宇以充满魅力的笔调、独特的措辞和丰富的想象力掳获了广大读者的注目,他是 20 世纪中国历史学家中的一个异数。他的一生颠沛困顿,出身军旅,经历大小战役,远及滇缅边境。中年退伍,重拾文史,奋力有成。教授生涯却因任教大学之历史系解散而告终止,从此避居赫逊河畔,在拮据的生活中,专门著述,他说:"这样也好,我可以有比较多的时间写书。"在信中也提到:"我对自己做'野史'的身份非常心安理得。"(《〈万历十五年〉背后的黄仁宇》,《人物》2000年第4期)

1946年在美国雷温乌兹要塞陆军参谋大学学习时的黄仁宇。

**黄仁宇**:这本《万历十五年》,意在说明十六世纪中国社会的传统的历史背景,也就是尚未与世界潮流冲突的侧面形态。有了这样一个大历史的大失败,就可以保证冲突既开,绝无恢复的可能,因之而能给中国留下一个翻天覆地、彻底创造历史的机缘。

中国两千年来,以道德代替法制,至明代而极,这就是一切问题的症结。写作本书的目的,也重在说明这一看法。这一看法,在拙著《财政史》中已肇其端。本书力图使历史专题的研究大众化,因而采用了传记体的铺叙方式。书中所叙,不妨称为一个大失败的总记录,其中叙及人物,有万历皇帝朱翊钧,大学士张居正、申时行,南京都察院都御史海瑞,蓟州总兵戚继光,以知府身份挂冠而去的名士李贽,他们或身败,或名裂,没有一个人功德圆满。即便是侧面提及的人物,如冯保、高拱、张鲸、郑贵妃、福王常洵、俞大猷、卢镗、刘綎,也统统没有好结果。这种情形,断非个人原因所得以解释,而是当日的制度已至山穷水尽,上至天子,下至庶民,无不成为牺牲品而遭殃受祸。〔黄仁宇《〈万历十五年〉自序》,《万历十五年》(增订本)中华书局2007年版〕

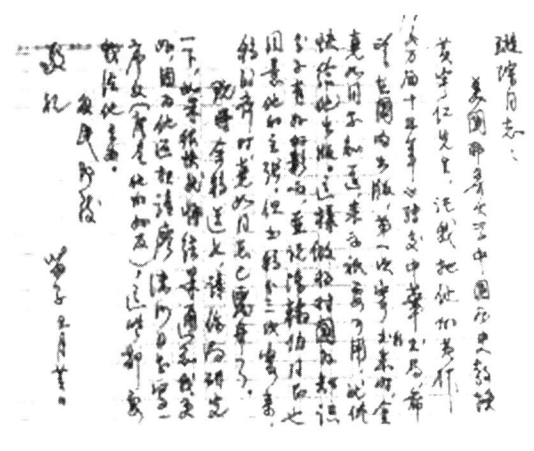

黄苗子先生致傅璇琮函

## 二、《万历十五年》的出版情况

**黄仁宇**:此书初稿完成于1976年夏季,仍在"四人帮"执政时代,当然不能盼望在中国出版。即使是英文版,也经过无数挫折。美国出版界,对商业性和学术性分野极为严格。

所以兹后于1979年耶鲁大学出版社毅然排除成见答应出版,北京中华书局在"四人帮"虽倒而国内情况仍在青黄不接的期间接受中文版,都要有相当的识见和度量,值得作者钦仰。[黄仁宇:《〈万历十五年〉和我的大历史观》,《万历十五年》(增订本),中华书局2007年版,附录二]

**傅璇琮**(原中华书局总编辑):这部书稿,最初是由黄苗子先生与我联系的。1979年5月23日,黄先生给我一信,说:"美国耶鲁大学中国历史教授黄仁宇先生,托我把他的著作《万历十五年》转交中华书局,希望在国内出版。"在此之前,金尧如同志仍在北京,他在商务印书馆任过职(后调往香港三联集团),陈翰伯同志则在出版局当领导,黄苗子先生信中特别提到这两位同志对在国内出版此书的看法:"第一次寄书稿来时,金尧如同志知道,表示只要可用,就尽快给他出版。这样做将对国外知识分子有好的影响,并说陈翰伯同志也同意他的主张。但书稿分三次寄来,稿到齐时,尧如同志已离开了。"

图左为《万历十五年》英文版,耶鲁大学出版社1982年版;图右为《万历十五年》的法文译本,法国大学出版社1985年版。

黄苗子先生是希望中华书局早日接受的,他在信中还说:"现将全稿送上,请你局研究一下,如果很快就将结果通知我更好,因为他还想请廖沫沙同志写一序文(廖是他的好友),这些都要我给他去办。"《万历十五年》在中国的出版,便是由黄先生这封信开始的。他希望快一些把"结果通知"他,但在那一时期,实在快不了。

我当时在中华书局任古代史编辑室副主任,接到稿件后,倒是马上通读,并于6月16日写了一份审稿意见。

我提出几点意见,一是"作者因为长期居住在国外,受外国历史研究的影响,因此写作的布局与文字,和国内现在写法很不一样","有些地方对外国人可能是必要的,但对中国人就显得累赘有余";二是"据序言说,作者先是用英文写成,后来作者自己又译成中文,但看来作者现代汉语的修养不行",有些地方"辞不达意";三是"序言的后半部分涉及我国现在搞现代化建设的,不好"。这些意见,不是没有道理,但事后回想,还是有鸡蛋里挑骨头的意味。最后还是说:"鉴于作者系美籍学者,出不出此稿,可能有政治影响,因此要慎重考虑。"并提出建议,请别的同志"再审阅一遍,共同商量一下"。

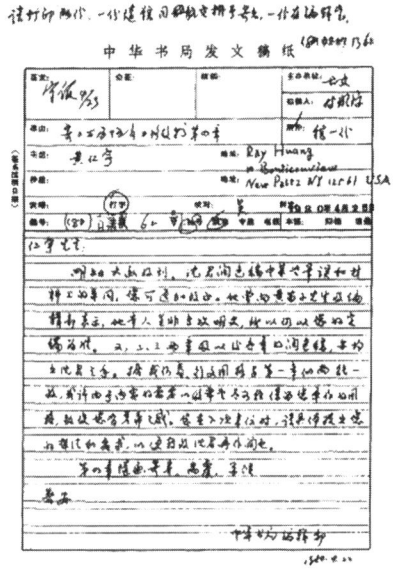

由赵守俨先生签发的致黄仁宇的信函。

这样,就由古代史编辑室另一副主任魏连科同志(当时该编辑室未有正主任)再审一次,他于9月22日写出审稿意见,邀我联名向上报告。我们倒是明确提出"原则上接受出版"的,当然认为在某些提法及文字上还须作编辑加工。当时中华书局的一位领导,批为"不宜接受","可与介绍人婉言退却",他还在口头上对我说,我们何必要出国外人的书。幸亏其时副总编赵守俨先生明确表示同意出版,而且他还提出,稿中"涉及现实问题之处似乎在提法上并没有什么大问题",至于以后作文字上的加工,他还认为,"这种润饰,可限于非改不可的地方,不必改变原来写法和风格"。

正因有这样的表态。这部书稿终于通过了。

原稿在遣词造句上有不少难懂之处,因此在征得黄苗子先生同意后,由我请北大求学时同窗好友沈玉成同志(时在中国社会科学院文学所)对全书作一次全面的文字加工。

1980年1月,玉成同志将第一章修改完毕,我复阅一过,就由我起草,以中华书局编辑部名义,给在美国的黄仁宇先生写一封信,并将修改稿寄他,信中说明改稿时的几条原则:

一、保持原作的论点和材料;

二、尽可能保持您原有的文字风格,即文言白话交融、具有某些幽默感的语言,同时又希望在一定程度上保持有译文的意味;

三、对某些语意不甚明了的,或并非必要的词句稍作删节;

四、个别段落稍作调整。

这样，我们就把沈玉成同志修改后的稿件，逐章寄给黄仁宇先生，每一次寄时都由我拟写一封信，而这些信函都经当时副总编赵守俨先生阅改，可见当时的中华书局对此书稿很认真。我们既充分尊重著者的意见，同时也不回避我们的看法。

这样，书稿来回修改、寄递，一直到1981年6月间才大致定稿，并发排，中华书局编辑部于1981年6月7日致黄仁宇先生一信，告知此事。

接下来就是出书，出书就涉及稿酬问题。黄仁宇先生于上述1982年3月5日信中即已表示："杀青之日，仍遵原议，著者不受金钱报酬。"……他表示，他不收钱，只要书，希望中华书局多寄他一些，以便他分送海外学人，但同时又说，数量不必过多，怕"印数不敷分配"。他明确提出，将稿酬的三分之一交给沈玉成先生，还说，再有一部分给黄苗子、廖沫沙两位先生，作为联系此事的"车马费"。

这一本不到二十万字的书，从编辑部审稿，修改，看校样，直至出书，竟花了三年有余的时间，这当然有当时的客观环境，但书籍总是一种文化产品，作为一种文化成果，当时中华书局编辑部与著者合作，还有黄苗子先生周旋，用三年时间出这一精品，从时间观念放开来看，还是值得的。出版社能如此投入，反复阅改，这恐怕在那时才能做得到。（《〈万历十五年〉出版始末》，《出版史料·名家书信》2001年第一辑）

黄仁宇先生致中华书局的答函

**张弘**（《新京报》记者）、**王梦菁**（《新京报》实习生）：虽然中华书局版的《万历十五年》在史学界引起了很大震动，但是，这本书在80年代谈不上特别畅销。直到90年代后期，三联书店版的《万历十五年》出版以后，才真正成为了畅销书，而黄仁宇的声誉才开始更大范围传播。

当年，时任三联书店总经理的沈昌文访问美国，和黄仁宇相见甚欢，两人谈到了出版其系列著作的事宜。但是，这里有一个版权的问题，因为三联也想做《万历十五年》。而中华书局为这本书的出版投入了很大的力量。

其后，董秀玉成为了三联书店的总经理，此时的潘振平已经成为总经理助理。中华书局副总编辑顾青记得，"董总找到了中华书局领导邓经元先生商量，说三联要出版黄仁宇的系列著作,希望中华书局同意三联同时出版《万历十五年》,因为两家关系素来不错,中华书局就同意了"。

1997年,三联书店版的《万历十五年》正式出版,三联书店没有为这本书做任何营销。从初版到现在,《万历十五年》销售了42万册。(《黄仁宇〈万历十五年〉国内出版的版本故事》,《新京报》2008年11月22日)

## 三、在明史研究上的贡献

**李侃**(著名历史学家,原中华书局总编辑):诚如作者所说:"在历史上,万历十五年(公元1587年)实为平平淡淡的一年。"而本书正是从这平淡的一年所发生的"平淡"的事情着手,步步挖掘、层层展开,把万历一朝,乃至整个有明一代的重大历史课题,纵横剖析,夹叙夹议,不但绘色绘声地描述了万历时期政局的变幻、宫廷的纠纷、政治的腐败、财经的困窘、法律的无力、军事的废弛、思想的沉闷种种

**张居正画像**

张居正(1525—1582),字叔大,明朝中后期政治家,改革家,万历初年内阁首辅。黄仁宇如此评价"世间已无张居正"的大明帝国:"张居正的不在人间,使我们这个庞大的帝国失去重心,步伐不稳,最终失足而坠入深渊。"

**明神宗朱翊钧画像**

明神宗朱翊钧(1563—1620),年号万历,明朝第十三个皇帝,1573—1620年在位,在位48年,为明朝在位时间最长的皇帝。黄氏称其为"活着的祖宗",并评论说:"万历在他御宇的后期,已经清楚地看到了自己不能避免历史的职责。他与臣僚不和,同时又是一个不负责任的君主,这已成为定案。既然无意于做积极为的君主,现实又无可逃避,他只能消极无为。然而由于他的聪明敏感,他又不甘心充当衬料的工具,所以即使消极,他仍然顽强地保持着自己的性格。"

明神宗定陵地宫

事实,而且进一步探究了这些历史现象之所以发生的社会原因和历史原因。尽管这种分析探讨,还是"一家之言",但确属"持之有故"。

作者提出了一个颇为新颖而独到的见解,这就是从明代开国之初以迄万历时期的200多年中,逐步形成一个"文官集团"。这个实际上统治中国的"文官集团",以孔孟之道,"三纲五伦"为思想纽带,以传统道德礼法为统治的武器,而他们又多是口是心非、言行不一、趋炎附势、利欲熏心的官僚。他们从中央朝廷到各级地方牢固地掌握着政治、经济、军事、文化的统治权力,结成了一股强大的势力。尽管他们内部也充满了排挤、倾轧和纠纷,但作为一种势力,却牢不可破。不但少数不容于这个集团的有识之士,奈何不得,甚至要碰得粉碎,就是有无上权威的皇帝,也只能把他们中间的个别人免职或杀头,而无法改变这股势力。社会的新事物、新的生机、新的人才,被他们窒息、扼杀、抑压,国计民生,被他们冷漠忽视。整个封建王朝的统治机器,就只靠惰性转动。因此,一旦发生剧烈的震动,这部腐朽的机器也就要立刻停止转动,一个王朝的灭亡也就势难避免了。当然,这也只是作者的一个历史见解,可是不失为一个颇为深刻的见解。(《把历史写活了的〈万历十五年〉》,载《芳古集》,广西人民出版社1999年版)

**商传**(中国社科院历史研究所研究员,明史学会会长):事实上作者选出的这六位举足轻重的人物虽然包括有皇帝、政治家、军事家和思想家,但他们显然都对当时的政治有着极其深刻的影响,不仅如此,他们当中的大多数都是带有悲剧色彩的人物。选择这些历史人物,就不仅要能够表现万历朝的历史,而且要能够表现出万历朝的那种英雄气短的末世之态。

张居正的悲剧源于他以个人权威所进行的改革触动了整个文官集团;申时行的悲剧在于他不得不降低张居正的标准而被视作"首鼠两端";海瑞则以个人对于制度的遵循去对抗全社会的腐败风气,当他再次提出用太祖时代的"剥皮实草"去对付那些贪污的官员时,大多数人自然也对他敬而远之了。戚继光作为一代军事天才,却由于受知于张居正,而在居正死后遭到政治上的打击。他所进行的军事改革也因此而付之东流。最后一个人物是哲学家李贽。万历十五年是李贽出家的前一年。黄仁宇先生认为李贽在王阳明哲学的影响下"存在着鼓励各人以自己的良心指导行动、而不顾习惯的道德标准这一趋向。1587年李贽就走到了这条道路的交叉点"。

这一切都可以归咎于庞大而无效的官僚体制,尤其是缺乏财政能力。黄仁宇在《〈万历十五年〉和我的"大"历史观》一文中说道:"从大历史的眼光观察,应该在读我书时,看出中国传统社会晚期的结构,有如今日美国的'潜水艇夹肉面包',上面是一块长面包,大而无当,此乃文官集团;下面也是一块长面包,也没有有效的组织,此乃成千上万的农民。其中三个基本的组织原则,此即——尊卑、男女、老幼,没有一个涉及经济、法治和人权,也没有一个可以改造利用。"这样的看法在《万历十五年》一书中几乎随处可见。他甚至认为:万历十五年"去鸦片战争尚有二百五十三年,但是中央集权,技术不能展开,财政无法核实,军备只能以效能最低的因素作标准,则前后相同。如我们今日读英人魏黎所作《中国人眼里的鸦片战争》,可见1840年的情形仍与1587年相去无几。"(《〈万历十五年〉与晚明时代》,《光明日报》2000年11月10日)

**傅璇琮**:万历十五年为公元1587年,约当明代中期偏后。这一年并无什么突出事件,稿中记这一年事情的也极少。稿中主要写了几个历史人物,即万历皇帝、张居正、申时行(此二人是宰相)、海瑞、戚继光、李贽。以这几个人为中心,叙述明朝中期的政治(如内阁组织、皇位继承、建皇陵、地方吏治)、经济(如漕运、赋税)、军事(如防倭寇、蒙古人)、思想等情况,作者企图从这些方面说明中国封建社会的某些特点,正是这些特点导致明朝灭亡,而这些封建社会的固有弊病也影响后代甚至现代。因此书名虽为万历十五年,实际是论述明代中期的社会情况,着眼点是较广的。(1979年傅璇琮为《万历十五年》写的审稿意见)

**赵克生**(东北师范大学教授):在《万历十五年》一书中,黄仁宇以六个重要人物(即万历皇帝、申时行、张居正、海瑞、戚继光、李贽)为线索,并侧面提及了冯保、高拱、张鲸、郑贵妃、俞大猷、卢镗、刘綎等诸多人物。作者力图以诸人的活动再现一个大时代,来思考中国两千年来诸多问题的症结之所在。在黄仁宇看来:"中国两千年来,以道德代替法制,至明代而极,这就是一切问题的症结。"到了万历年间,"当日的制度已至山穷水尽,上自天子,下至庶民,无不成为牺牲品而遭殃受祸"。这正是黄仁宇"大历史观"重结构、重技术,忽视短时间一事一物的必然结论。(《黄仁宇的"大历史观"及其明史研究》,2001年《明史研究第》7辑"谢国桢先生百年诞辰纪念专辑")

**L. 卡林顿·富路特**(Dr. L. Carrington Goodrich,哥伦比亚大学教授):黄仁宇先生对明朝末期一个年份的聚焦,使读者深切感受到了那时中国官僚阶层的运作方

*海瑞画像*

海瑞(1514—1587)字汝贤,明代著名清官。黄氏称其为"古怪的模范官僚",并评价说:"海瑞的一生经历,就是这种制度(重道德而轻技术的制度)的产物。其结果是,个人道德之长,仍不能补救组织与技术之短。"

式。但是,本书的叙述并不是要我们相信:中国人民从那时及其以后所普遍遭受的苦难一直是个巨大的错误;从现在开始,中国必须抛弃过去的全部经验,并尽可能地效仿西方来弥补失去的时间。这不是作者所要表达的意思。谴责中国的官僚制度,并不是要否认全部的中国文化。需要保护的东西很多,因此有必要采取理性的观点。历史学家重新检讨过去的错误,以期为将来提供前车之鉴;但同时也提醒读者,要保存有价值的事物。由此推测,中国应当利用东西两方的经验。历史学家因此有必要将所有的材料,和盘托出。这正是黄仁宇先生所做的事情。(《万历十五年》英文版序言)

**约翰·厄普代克**(John Updike,美国小说家、诗人):黄先生描述了明代衰落的一个瞬间,注重于对六个历史人物的批评。于是本书相当于一纸诉状。简而言之,帝国的官僚们一意保持传统与稳定,从而丧失了主动性,甚至不惜行事不公。这个说法显示出,作者赞赏并熟知美国宪法以及其他西方国家文献里所包含的个人自由与合法程序的理想。[《万历:漫长的怠政时代》,《万历十五年》(增订本)中华书局2007年版附录三,原载《纽约客》1981年10月号]

## 四、《万历十五年》与黄仁宇的大历史观

**陈乐民**(中国社科院研究员,欧洲学会原会长):"大历史"之"大",自然非关细节,而在于规律。黄先生自己解释就是"用长时间远距离视界的条件重新检讨历史"。我想略近于司马迁之"穷天人之际,通古今之变"。

这里的"大",黄氏是根据英文的"macro",非单纯言其包罗面之宽、之大,而更言其纵贯性之深、之远。如中华帝国中央集权及其官僚结构,从秦汉,历经隋唐宋,而及于明清这三个历史阶段,几乎系于一根脉络,它是破除了先秦封建制而建立起来的。这三个阶段的经济财政情况基本上是"内向的"、"非竞争性的";商业间有繁

荣,政策举措间有改动,但都不曾形成突破性的、使社会结构发生变化的进展;即使有王安石新法一类,只因缺乏"低层机构"的支撑而不果行,并非只因政治上反对派作梗之故。

黄先生提倡"大历史"观念,自有其深层的现实意义在,即着眼于外界对中国之认识和中国对外界之认识。(《坐视世界如恒沙——谈黄仁宇的"大历史"观念》,《陈乐民集》,中国社会科学出版社2002年版)

**赵克生**:"大历史"首先有"宏观"之意。"大历史"的第二个层面为"长时间"。历史的纵深既增长,历史家视野也会同时扩大。过去很多事变,以前不合理,现在从长时间、远距离、宽视界的条件下看来则为合理,因果关系也会前后连贯。"大历史"的第三个层面是指"大环节"。列入"大历史"中的因果关系,以在长期历史上的合理性为主,对其他细端末节,不过分重视。

"大历史观"下的历史研究,黄仁宇有两个重要的方法,成为"大历史"理论不可或缺的中心概念。其一为综合归纳。其二为技术的角度。与中国传统史学善恶褒贬的路径不同,黄仁宇偏好从技术的角度,而不从道德的立场检讨历史。

黄仁宇通过对明代的财政与税收进行研究之后开始形成了其"大历史观",那么七十年代末期完成的《万历十五年》一书则初步采取这种作法。这本书"叙事不妨细致,但是结论却看远不顾近。例如郑贵妃是否掩袖工谗,她到底是否国家妖孽,和今人的关系至微。明代人之所以要在这些地方做文章,可见他们道德的观念过窄狭,技术无法开展"。(《黄仁宇的"大历史观"及其明史研究》,《明史研究》2001年第7辑"谢国桢先生百年诞辰纪念专辑")

**商传**:黄仁宇先生是华裔美籍史学家,也是华裔学者中比较突出的法国年鉴派学术代表人物。他的学术特点在于对历史的宏观把握,虽然从一人一事入手,从一个年份说起,所要说明的却是一个时代的历史,甚至是整个中国历史的关键所在。在对人物历史活动的叙述中,他强调人物与历史大背景结合起来,且不放过人物的个性特征,从而使那些本来被史学界研究得很深的人物得以以新面孔再现于读者面前。这大概也正是《万历十五年》获得众多读者的原因所在。

这与我们过去传统的治史方法是有明显不同的。明明是要写一个相对宏观的历史时代,但是却似乎只是在写这一年的历史,而不是像我们常见的那样去论述一个时段,如某朝初或者某朝末,或某个盛世、乱世等。明明是要以16世纪的历史为论述的目标,却从一些表面上看来是"末端小节"而"为历史学家所易于忽视的事件"入手。更为与众不同的是黄仁宇教授选择了万历朝一个通常被看作是绝非重要的年份开始了他对于"大历史"的勾画。

万历十五年虽然有海瑞、戚继光的去世,但终究只能算作是一个无足轻重的年

**戚继光画像**

戚继光(1528—1588),字元敬,明代军事家,抗倭名将,民族英雄。黄仁宇把戚继光称为"孤独的将领",他如是评价戚继光的军事改革和人生遭际:"戚继光的不幸遭遇是因为他在一镇中推行的整套措施业已在事实上打破了文官集团所力图保持的平衡。既然如此,他就必须付出代价。"

份,也即如其英文版的书名:无关紧要的1587年(1587, A Year of No Significance)。但是作者却偏偏选择这样一个年份入手,这也恰恰体现出了其用心所在。这不仅因为那些通常被当作历史上重要的年份其实恰恰是作者所说的那种"小历史"的重点,只有摆脱这些具体的历史事件的束缚,才能够去找寻更为准确的历史时代特征。而且对于这个所谓"无关紧要"的年份,作者也有他的独到见解。

谈"大历史"从历史的细微末节谈起,从不大为史家们通常注意的史实谈起,这应该算得上是黄仁宇著《万历十五年》一书的一个突出特色。例如他并不像人们通常的那样去批评万历皇帝的荒怠,而是将其联系到万历皇帝与文官群体在立储之争观念上的对抗。怠政则是万历皇帝对文官集团强迫他立太子的一种报复。黄仁宇由此而提出了一个看法:"他(即万历皇帝)身上的巨大变化发生在什么时候,没有人可以做出确切的答复。但是追溯皇位继承问题的发生以及一连串使皇帝感到大为不快的问题的出现,那么1587年丁亥,即万历十五年,可以作为一条界线。这一年表面上并无重大的动荡,但是对本朝的历史却有它特别重要之处。"(《〈万历十五年〉与晚明时代》,《光明日报》2000年11月10日)

**李席**(时为华东师范大学博士研究生):黄仁宇的"大历史"观是一种经验历史哲学,形成于20世纪70年代,深受法国年鉴学派尤其是布罗代尔"整体史"与"长时段"理论的影响。黄仁宇学术思想受其影响主要来自纽约、哈佛与剑桥;其中,哈佛学派给了黄仁宇反面的激励,而剑桥学派则让他受益匪浅;另外,其独特的叙事方式也与这一时期年鉴新史学的转型有关。具体而言,这种影响可归为两点:一是宏观视野和整体思维融入历史之中,二是关于资本主义的研究。

一方面,作为一种历史观念的"大历史"是指黄仁宇对人类社会历史展开过程的认识,强调"从技术的角度看历史,不是从道德的角度检讨历史",分析因果关系及其历史的合理性是主要的。其具体内容则是,一个旧式的农业社会要改造成一个现代的新型商业社会,必然要通过"技术"层面沟通国家和社会的上下层之间的联系,最终要造成一个可以在"数目上管理"的局面。另一方面,作为一种历史研究方法的"大历史"是指对历史进行宏观考察、综合归纳的研究方法,这种方法强调问题意识,提倡的是归纳法而不是演绎法,不斤斤计较人物的贤愚得失和一言一事,而强调对经济社会和制度效用的重视。很显然,黄仁宇的"大历史"观是以经济社会的结构变化作为认识历史的切入点,并以现代商业社会的历史功效作为评判历史的核心观念的。

黄仁宇先生曾多次申明其哲学立场受康德的影响,而其史学理念则深受年鉴学派尤其是布罗代尔"整体史"与"长时段"的影响。

当然,黄仁宇先生也重视具有宏观信息的历史细节,擅长从细节入手做开拓性的研究,从而体现了宏观与微观的结合,其《万历十五年》、《赫逊河畔谈中国历史》与《中国大历史》即是这方面的优秀之作。其中《万历十五年》融故事、传记为一炉。(《"大历史"与"整体史"——黄仁宇学术思想的一个渊源问题》,《学术探索》,2008年第3期)

申时行画像

申时行(1535—1614),字汝默,明代官员。万历年间曾任内阁首辅。黄仁宇评价申时行:"生当末世而身居首辅,他的困难带有时代性,其中情形特别,不是从组织上和技术上可以解决的。他没有法律条文可资遵循,只能依靠道德习惯和人事的手腕来应付一切。"

## 五、引人入胜的叙事手法

**李侃**:明朝后期是一个社会动乱、政治昏暗的时代,已往记述明末史事、评论明末历史人物的论著也并不少见。然而像黄仁宇先生的新著《万历十五年》那样,用不长的篇幅,新颖的体裁,流畅的语言,把明代晚期的历史,写得既具体又概括,既深入又浅出的著作,确实不可多得。由于本书在写法上既坚持了从历史事实出发,又跳出了就事论事、就人说人的狭窄天地,而力求做到综观全局,贯通前后,再加上文笔的生动,因而能够引人入胜,一口气读完。作者是美籍华裔学者,但通读全书,却感觉不到有什么"洋气"。虽然书中有些议论颇为独特,写作方法也别具风格,但都不失中国历史的特色。

在探讨万历一朝和明代历史的时候,作者没有像通常的历史论著那样,按时间先后,把事件、人物等等依次排列,平铺直叙。而是抓住了几个影响全局的关键人物,从这几个人物的经历和命运说起,进而剖析明朝的政治、经济、法律、军事制度,政权结构,以及思想文化等各个方面的症结所在。(《把历史写活了的〈万历十五年〉》,载《芳古集》,广西人民出版社1999年版)

**杨乃乔**(复旦大学教授):作者以1587年极为平常的一天为起笔,讲述了一个宛如传奇的历史事件,一次讹传的"午朝大典",带出万历皇帝这十五年所一一经历过的繁琐而令人窒息的典章制度,描写了整个朝廷就是一个主要由文人管理的机构,这个机构刻板地按照祖宗不变的法则运转着,是那么的疲惫与乏味。黄仁宇以万历皇帝朱翊钧、大学士张居正、首辅申时行、官僚海瑞、将领戚继光和哲学家李贽这几个重要的历史人物为线索,形成了全书的历史故事叙述结构,作者让这些人物围绕着1587年前后的历史,随着万历江山的奠基与倾覆,在这个叙述结构的平台上出演着自己的历史角色。《万》整部叙事文本充溢着文学性与小说性的形式主义色彩。可以说,文学性的语言与结构的形式主义在这里盈溢着光彩。不必讳言,历史与文学的杂混体及其小说性的形式主义叙事结构,恰恰是《万》的成功之处。作者的声音在依凭历史的本体叙事时,使其意义、出场的语言与叙事结构被笼罩在文学的形式主义色彩之中。

香港的艺术团体"进念·二十面体"已经通过法律获取《万》戏剧改编的版权,据说该剧已在香港演出了五场。这一事实本身也证明了,《万》具有不可或缺的小说性、戏剧性、文学性与审美性。

黄仁宇在一个个历史故事的叙事中对当时的文人治国固执一种批评的态度,竭力以史家的呼声宣扬以法治国,从而倡导发展经济、商业与科技。在黄仁宇看来,按照文人治国的方略来运行这个岌岌可危的王朝已经很困难了,因为明代一直不重视商业与法律,这使得文官治理朝政日渐捉襟见肘。黄仁宇把大将戚继光之死作为一个暗示——缺乏雄厚的武力和健全的法律,缺乏繁荣的经济,单凭祖宗传下来的人文典章制度,已经无法支撑起这个残阳暮日的帝国。

黄仁宇在这部读本中不仅在叙事历史故事,也更在叙事历史中深化他对历史评价的思考。(《文学性的叙事与通俗化的经典——论黄仁宇〈万历十五年〉的书写策略》,《学术月刊》,2007年12月,总第39卷)

**李剑鸣**(北京大学教授):第一本我很爱读的书,是黄仁宇的《万历十五年》。据研究明史的人说,这本书从学术的角度说并不是黄仁宇的代表作,其中不少东西是可以商榷的。我最初读的时候是在上世纪80年代中期,那时最欣赏的是它的写法。用生动、流畅和优雅的叙事方式,来讲述在正史当中不被注意的小事,从这些小事来看整个明朝历史的症结,这是很有意思的路子。这本书文辞也特别好,可以说达到了庄重优雅的境界。文章的句式变化很多,遣词造句多有出人意表的地方。总之,把历史写得这么引人入胜,这么好读,真是难能可贵。《万历十五年》也不纯粹是黄仁宇个人的作品,它得益于各种机缘:黄仁宇是中国人,到美国去求学,在美国用英文写成这部书,既有中国文化的底子,又有美国学术的路子;然后自己译成中文,他自己说翻译等于是改写,把中文、英文的优长结合起来,把美国学术和中国文化熔铸成一个整体;最后又请了社科院文学所的沈玉成先生润色文字。这么多优势,是可遇不可求的。(《南方周末》2007年10月18日)

**于晓宁**(高等教育出版社编辑):总的来看,这本书是才、学、识三者皆备。作者带着现代的问题,深入研读古典文献,站在古人的立场和处境来理解古人,发掘出独到的史识,进而通过生动的"史笔"传达给读者,因而广受欢迎。具体来说,可从以下几点分析:一、或做中西历史的比较,或以西方历史为展开论述的重大背景;二、所指涉的主题大,但论域小而精,焦点集中;三、"结论却要看远不顾近",用综合的方法凸现独特的大历史观;四、"叙事不妨细致",用故事化或传记体的语言,刻画鲜明的历史人物形象和场景。(《现代史学教育的普及如何可能——试析黄仁宇〈万历十五年〉的写作范式》,《历史教学问题》,2008年第2期)

**陆源**(书评人):它不同于艰深枯燥的史学论文,不同于意识形态笼罩的历史教科书,亦不同于如今大行其道的通俗演义式的历史读物。

黄仁宇的文章不仅避免了以上三者的短处,更吸收它们的长处,从而形成了作者自己的独特风格。如果要探讨历史学家的想象力,那么这种轻快跳跃于不同意识层面之间、游走于不同维度的精神世界之间,而又时时能用某种稳定的视野,对它们加以统观的能力,正是他们非凡想象力的真实内涵。黄仁宇并不指望将历史定于一尊:那不是修撰历史的使命所在。

黄仁宇不轻易外露其激情。他的文章厚重之余,还不时透着淡淡的反讽、出人意表的含蓄幽默,我们仿佛在观看唐·吉诃德向风车怪物发起冲锋,体会了那些比无奈、艰辛或荒唐更深刻的东西,进而触摸到历史的立体形象。笔者相信,这种风格与黄氏锐意磨练的技艺密不可分,同时又跟他的生平遭遇、他的个性和世界观有着关联,跟他如何看待历史,尤其是中国历史有着

*李贽画像*

李贽(1527—1602),字卓吾,明代思想家,文学家。黄仁宇称他为"自相冲突的哲学家",并评论说:"他的学说破坏性强而建设性弱。他没有能创造一种思想体系去代替正统的教条,原因不在于他缺乏决心和能力,而在于当时的社会不具备接受改造的条件。"

关联。(《黄仁宇的史家技巧》,《中国图书商报》2011年5月17日)

**李竞恒**(四川师范大学巴蜀文化研究中心):黄仁宇写作的方式既不同于一般意义上的"学术专著",也不是娱乐性的通俗读物。或者正如他人所评价的那样"他的作品不守学院规律。所以次级资料也欠详尽。但是书评人没有道出,这些缺点,不是无心之错,或一时松懈,而是存心有意如此。他希望替中国学人开创一条新的道路。"(黄仁宇《如何修订他的历史观》,载黄仁宇《放宽历史的视界》附录,中国社会科学出版社1998年版,第451页)从这个意义上讲,黄仁宇显然自觉,并有意识地在进行一种"成一家之言"的书写尝试。学院式的繁琐考据,显然不是他的目的。(《帝国残阳——黄仁宇的"天问"》,《社会学家茶座》,2014年01期)

**郝莉**(中央党校图书馆副馆长):黄先生有自己独特的视角独特的叙述历史的方法。作者从各式人物命运的起伏中梳理出当朝的政治、经济和文化脉络,以一种小中见大的方式,以历史上著名人物的悲剧结局来指出当时的政治、经济、文化等体制所存在的问题,从而得出这个朝代灭亡的原因。

在黄仁宇先生"大历史"的范畴内分析因果关系及其历史的合理性是主要的,对其他细端末节不过分重视甚至每个历史人物的贤愚得失都认作次要。他抱着"天地不为尧舜而存也不因桀纣而亡"的客观态度放宽历史的视界探寻事件的前因后果。(《史书贵在真实——读〈万历十五年〉有感》,《新远见》,2012年第8期)

**王春敏**(时为南开大学博士研究生):黄仁宇不仅在治史方法上偏离通行的研究范式,而且在历史表述方式上也另辟蹊径,以叙事史学的手法,在学院派历史书写主流之外,探求更具阅读亲和力的历史表述的另一种可能。或许他的史学积淀不够,或许他的见解未必深刻,但我们从他的文本中可以感受到历史的血肉和肌理,体验到一种新鲜的史学语式。这也是他颇受争议的主要原因。(《历史与现实:黄仁宇史学研究》,南开大学博士学位论文,2012年)

## 六、质疑与批评

**赵世瑜**(北京大学教授):他的诠释方法,是以时事为出发点讨论长时段的历史,他认为,尴尬局面的原因就在于此。这终于使我们明白,黄仁宇的作品、特别是他的"大历史观"在美国的影响甚微、所谓"墙内开花墙外香"的症结,在于他过于强烈的"有我"。

《万历十五年》则分析了若干人物的命运,认为他们的不同结局不过是一个大的历史过程的必然结果,这些都符合他的个人体验,也可以有史料的证明。但是由于不可能对史料做竭泽而渔的工作,因此过于强调某种既定的思路逻辑,也会带来明显的缺欠。……出于对制度的批判,因而对像正德皇帝或万历皇帝这样的个人采取了同情的态度,认为他们的声色犬马是对传统官僚政治的不近人情的消极抵抗,也有矫枉过正之嫌。(《三读黄仁宇》,《中华读书报》2001年9月5日)

**商传**:从晚明到晚清,中国社会到底有没有变化,这确是一个值得探讨的问题。但是黄仁宇因此而对晚明时代作出的结论却有一定的片面性。目前国外学者,包括部分中国学者(尤其是台湾学者)都将晚明时代作为中国近代社会的开端。而大多数的中国学者也认为晚明时代是中国历史上的一个社会转型时期。

所谓社会转型时代的一大特征是旧体制的日渐没落与复杂难解的社会问题的不断出现。就晚

著名艺术家黄苗子先生为中华书局第一版《万历十五年》所作的题跋。

明时代而论,它一方面表现出了政治上的腐朽,另一方面却表现出了中国历史上空前的经济活跃。而这恰恰也正是社会转型的特征。这个问题在今天更加引起学界重视。其中至少有几点是可以肯定的:中国在西方列强进入之前也有一个自身近代化的过程;中国在晚明时代社会转型期表现出了自身发展特征;晚明时代的中国在经济、科技、思想文化诸方面,尤其是士大夫阶层对于外来文化的接受程度都达到了新的高度,可以说晚明时代的中国并未落后于当时的西方世界。

倘若一定就西方近代化的道路来看待中国历史,那么晚明可以说是一团混乱;但是若以中国自身的发展来看晚明,仍不失为一个尚具生机的时代。(《〈万历十五年〉与晚明时代》,《光明日报》2000年11月10日)

**吴思**(作家、历史学者,《炎黄春秋》总编辑):我读过四遍《万历十五年》。1986年初读的时候,只觉得写得好,说到了要害,而要害究竟何在却说不出来,但觉汪洋恣肆,犹如神龙见首不见尾。经过潜心研究,我发现黄仁宇在潜规则这个角度上,他绕来绕去一直想说明白却没有说明白的,正是这个潜规则。

黄仁宇很清楚,明代社会绝不是按照那些公开宣称的正式规范运行的,冠冕堂皇的道德法令大体只是说说而已,于是他努力描绘这种情景。至于那个社会到底是按照什么规则运行的,他却没能点透,更没有对其形成机制进行分析追究。也就是说,黄仁宇确实抓住了要害,却未能把这个要害揪到亮处,研究透彻。他把水烧

到了九十多度,但差一把火没到沸点。

我这儿所说的沸点就是真正支配游戏的规则。比如海瑞和张居正,一个一身正气,一个不择手段,但结果都失败了,因为二位从不同的方向压缩了官吏集团的既得利益边界,破坏了根深蒂固的官场规矩。他们的失败或倒台,不过是违规者必然要遭遇的惩罚。其实,黄仁宇已经在故事里透露出了这些意思,他的问题是没有点透。

忽视农民集团与官僚集团的关系正是我对《万历十五年》整体布局的最大批评。黄仁宇用浓墨重彩描绘了皇帝与官僚集团之间关系、官僚集团内部的关系、直至文官集团与军人集团之间的关系,偏偏没有以专门笔墨描绘官吏集团与农民集团的关系。这就好比描绘山大王们如何大碗喝酒,大块分肉,如何拜把子排座次,却不讲他们如何剪径绑票,如何打家劫舍一样,而那才是决定命运的基本关系。官僚集团内部分肥所分的油水,最终都来自老百姓;张居正和海瑞企图解决的问题,例如推行一条鞭法等,也是试图调整官僚集团与百姓的利益关系,不谈这个最基本的关系,就像谈公司只谈内部管理,却不提市场和消费者一样。(《〈万历十五年〉有什么缺陷》,《北京日报》2001年3月16日)

**陈梧桐**(中央民族大学教授):《万历十五年》存在两方面的问题,黄仁宇的《万历十五年》在历史观和史学研究程序原则方面存在严重问题。

在《万历十五年》写作之前,作者已先有结论即《财政与税收》书中根据马克斯·韦伯的理论所得的有关明史的若干论断。此书就是用这些论断来剪裁历史,挑选符合自己观点的材料加以印证而写成的。也就是说,《财政与税收》的论断,既是《万历十五年》的出发点,也是它的归宿地。这是一种典型的以论带史的做法。

这种以论带史的做法,不可避免地要带来两个弊端。一是以偏概全,二是对史料各取所需,搞"六经注我"。

总之,黄仁宇的《万历十五年》,由于作者错误的史观,加之违反史学研究的规范,对史料采用各取所需甚至歪曲、篡改的手段,对具体历史事实的叙述并非全部真实、可靠,得出的结论也失之于偏颇、片面,作为学术著作尚不够格,作为大众读物传播的是错误的明史知识,实在不值得肯定和热捧。(《〈万历十五年〉质疑》,《北京日报》2007年3月5日)

黄仁宇的历史著作近年风靡台湾,造成"黄仁宇"现象,但也引发诸多争议。台湾报界认为黄仁宇不仅开创了雅俗共赏的历史书写方式,他的"大历史观"用宏观观点来诠释历史也是独特的。他的着眼点在用归纳法看历史如何发生,更重视历史长期的合理性,不论断一历史事件的意义。他写史书的文笔精彩生动,特别喜欢加入自传式的插曲,以提醒读者他不是一个典型读书、关在象牙塔里冥想的史家。这种写法"提供了历史课本上学不到的历史感"。但在台湾,黄仁宇的史学论著在史学界目前也引起相当程度的争议。批评他的人说他的书太通俗,不够严谨,是"史学界的三毛",又说他的大历史观以五百年为考量,无法看待只有四百年的台湾史。总括而言,主要争议出在学术与通俗之辩,统一与独立史观之争。(《黄仁宇现象》,《读书》,1993年第2期)

**徐卫东**(中华书局编辑):从学界到普通读者,对《万历十五年》喝倒彩的,虽然不如欢呼多,但也大有人在。

上海师大教授萧功秦回忆,《万历十五年》"出版后不久,我曾求教于一位史学前辈如何评价此书,那位师长淡淡地说,那个人不过是个解放前的记者而已"。黄仁宇1964年密歇根大学历史系博士毕业,这位前辈却视而不见。

不以学术研讨为依归,而拿出身背景来褒贬,大概是大陆史学界的某种特色。社科院历史所研究员王春瑜所撰《琐忆黄仁宇》一文便是因此而引来多位网友的反驳。王、黄二人的分歧,与其说是二人脾性的不同,毋宁说是两种社会特质的冲突——一个提倡敦厚温柔,论资排辈习惯浓厚;另一个崇尚个性至上,儿子可以直呼父名。(《历史的面目从未如此亲和》,《南方都市报》2009年1月11日)

## 七、世间已无黄仁宇:余韵和影响

**刘志琴**(中国社会科学院近代史研究所研究员):《理论信息报》在80年代曾经刊载,在作家中进行"最近读什么书"的调查,有五位作家列出近期阅读的书目,各人都不相同,连当时在文学界最走红的作品,也只有一个人读过;唯一例外的是《万历十五年》,同时出现在两位作家的书目中,其概率是三分之一,比起其他作品每种只占五分之一来说,高出了一倍。而且是跨了学科。

改革开放促进了民众自我意识的觉醒,对《万历十五年》倾注的热情,反映了民众渴望史学变革的愿望,而圈内的史学工作者却滞后民众的需要,造成"墙里开花墙外香",这可称为"黄仁宇现象",这一现象又是在特定的条件下产生的社会文化现象。

"黄仁宇现象"实际上是对史学界的警示,学术研究应该走出狭小天地,从面向上层和少数精英到面向非专业化的读者,实现为社会服务功能的转化。(《黄仁宇现象》,《中国审计报》2002年6月26日)

**杨乃乔**:不少国家级出版社为了追寻经济效益,在把经典通俗化时,一不留神跌过了底线,沦落到了经典媚俗化的泥沼;所以大家不约而同地把可效仿的唯一性典范文本作为一顶桂冠置放给黄仁宇及其《万》,并且强调:一定要做得比《万》更具有通俗性与可读性,这样在发行的码洋上才可能打拼和超过《万》。就此看来,我不知道,这是黄仁宇教授及其《万》的幸运还是不幸?

严格地讲,黄仁宇教授的《万》是一部不失学术性与严肃性的通俗历史读本,当下吵嚷在学界的超男超女们于其学养和功底并非厚重的准备下,把经典在频繁的误读中通俗化以至于媚俗化,这与《万》是截然两种不同品质的学术概念与学术感觉。(《文学性的叙事与通俗化的经典——论黄仁宇〈万历十五年〉的书写策略》,《学术月刊》,2007 年 12 月,总第 39 卷)

**徐卫东**:1982 年 5 月,《万历十五年》面世。人们初读之下,可谓有惊艳之感。读者群从一开始就显示出广泛性:从学者到学生,从作家到企业家,都从《万历十五年》中读出了味道。

在一般人的印象里,《万历十五年》问世之初没有在大陆史学界引起什么积极的反响。这不太准确。社科院研究员刘志琴(1960 年复旦历史系毕业)说,这本书"在中华书局出版不久,我就读了这本著作,并深深地为这新颖的题材和写法而吸引","这本书像是闯出来的一匹黑马,不容得人们不正视。怎样评价这本书一度成为明史学界颇有争议的话题"。能在学界成为一个话题,可见是引起了多大的关注,内中必有一些肯定性的意见。日本就实大学教授李开元回忆:"八十年代,我初读《万历十五年》时,惊异于历史还可以这样表现,俯心低首引为模范表率,与诸位致力于新史学的同道相互激励,有意一起来开创新的史学的未来。"这是一群活跃在北京高校的青年学者,其中有李零、阎步克、刘北成、高王凌等人,他们在八十年代中期"史学危机"的呼声中曾试图在史学研究方法和思路上有所突破。随着时间流逝,越来越多的历史学者公开谈论《万历十五年》,如商传、萧功秦、赵世瑜、樊树志、毛佩琦等,很多人还不止一次推荐。可以说,《万历十五年》在大陆史学界逐渐得到认同。

八十年代高校里的学生,尤其是研究生,很多人对《万历十五年》"一见钟情"。上海交通大学教授江晓原曾回忆:"1982 年我正在读硕士研究生。我读了许多前人的论文,不幸的是它们经常令我昏昏欲睡。'难道我也要以写这样的东西为业吗?'我多次暗暗自问,感到有些沮丧。就在这彷徨犹豫之际,《万历十五年》出现了,它像一盏指路明灯,让我看到,学术文本其实还可以这样写!这坚定了我选择学术生涯的信心。"华东师范大学教授许纪霖曾对媒体坦言,他在读政治思想史研究生时读到《万历十五年》,"就在我从事学术研究刚刚起步的时候,黄仁宇的《万历十五年》对我的影响非常大。我几乎是模仿着这本书来写自己的处女作"。一直以来,黄仁宇的书往往是大学课堂上的推荐读物。

实际上,这本书对学者的影响所及并不限于历史专业。中国艺术研究院研究员梁治平总结自己的学术之路时谈《万历十五年》:"他的书绝没有大陆一些历史著作中常见的那种傲慢、自负,甚至张牙舞爪、盛气凌人。我欣赏黄氏的学者风范,因此,当我在1987年夏天着手写《寻求自然秩序中的和谐》一书时,有意将我在《万历十五年》中感受到的那种史学精神贯彻到自己的历史叙述中去。"北大中文系教授谢冕在其学术叙录中也谈到《万历十五年》启发了他心中中国百年文学的构想,并不止一次介绍给学生读。(《历史的面目从未如此亲和》,《南方都市报》2009年1月11日)

**王小波**(著名作家):我说《万历十五年》是本好书,但又这样鸡蛋里挑骨头式地找它的毛病,这是因为此书不会因我的歪批而贬值,它的好处是显而易见的。它是一面镜子,照见了我们的前辈——古时候的读书人,或者叫做儒生们——是怎样做人做事的。古往今来的读书人,从经典里学到了一些粗浅的原则,觉得自己懂了春秋大义,站出来管理国家,妄断天下的是非曲直,结果把一切都管得一团糟。大明帝国是他们交的学费,大清帝国又是他们交的学费。老百姓说:罐子里养王八,养也养不大。儒学的罐子里长不出现代国家来。万历十五年是今日之鉴,尤其是人文知识分子之鉴,我希望他们读过此书之后,收拾起胸中的狂妄之气,在书斋里发现粗浅原则的热情会有所降低,把这些原则套在国家头上的热情也会降低。少了一些造罐子的,大家的日子就会好过了。(《不新的〈万历十五年〉》,《华人文化世界》,1997年第5期)

**中华书局编辑**:《万历十五年》是对当代中国人来说具有重要意义的一部经典之作。它的重要在于,这本书提供了一种对当时的中国人来说,具有颠覆意义的叙述历史的新方式。在此之前,国人的历史写作,是意识形态的一部分,是政治宣传的一部分。几乎所有的历史书都是一种模式,一种口吻,一种角度,只提供了一种画面。黄仁宇的这本书,简直是给我们开放了另一个世界,每一位阅读这本书的大陆人都会震惊,原来历史可以这样写,原来历史是如此的有趣、复杂、丰富,原来历史人物并不像我们的教科书上讲的那样单调、格式化。从某种意义上说,这本书就像一道匕首,撕了由意识形态统治历史写作的铁幕。

在《万历十五年》出版之后,"中国历史学界的精神面貌就焕然一新了",中国人的历史阅读翻了新的篇章。不夸张地说,在《万历十五年》之后,中国大陆进入了一个历史书写作和阅读的黄仁宇时代。[《万历十五年》(增订纪念本),中华书局2006年版前附编者推荐]

**李亚平**(旅美学者):我很乐于承认《万历十五年》对我的影响。曾经有一位朋友对我说:要是没有《万历十五年》的话,你这本书就厉害了。我立即回答:要是有

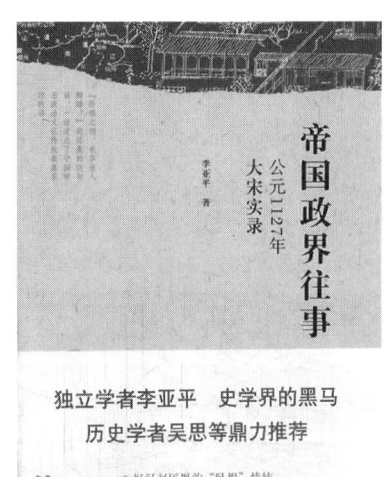

《帝国政界往事——公元1127年大宋政坛实录》,李亚平著,北京出版社2007年版。这是独立学者李亚平最著名的历史著作,其内容结构和书写方式都受到黄仁宇的影响。

人认为我模仿《万历十五年》很像的话,那是我的光荣。因为对于我来说,黄仁宇是一位值得尊敬的有大智慧的人,而不是到处可以看到的两脚书橱,更不是骗读者口袋里钞票的文字混混。遗憾的是,这两种人在我们身边到处都是。(《〈万历十五年〉与中国历史写作的变化——关于〈帝国政界往事——公元1127年大宋实录〉的对谈》,《博览群书》,2005年1期)

**房新印**(福建73115部队):什么才是社会科学研究的灵魂呢?思想。不论是一本书,一篇文章,一个讲座,哪怕是一段话,之所以能够被流传,被尊重,被认可,就在于它揭示了一个真相,阐明了一个道理,发现了一个规律,说出了前人没有说出或者是不敢说出的话,引起了别人心里的共鸣,带给人一种心灵的震撼。所以,我们在写文章做研究的时候,最应该注重的就是文章的思想性,即使不能做到有所开拓,至少也要言之有物。写一些无病呻吟的东西不仅自己很难得到提高,也是对读者的一种犯罪。《万历十五年》一书的思想性就在于揭示明朝"以道德代替法律"统治模式的巨大弊端和危害。(《对社会科学研究的一点看法——读黄仁宇先生〈万历十五年〉有感》,《社会科学家》,2007年11月增刊)

**李勇**(笔名"十年砍柴",作家,语文出版社编辑):我觉得大家对黄仁宇的评价还是有些过高。因为《万历十五年》是海外史学家的书引进大陆比较早的一本,对当时官方倡导多年的历史观,如"五朵金花"、五个社会阶段为主是一个冲击,所以很多人认为这本书的观点很新奇。但我觉得黄仁宇的"大历史观",在梁启超提出"新史学"时已见端倪,梁先生就说过要研究历史"因缘"之类的话。

对我影响之所以大,是因为在我那么多年深受历史教科书影响的时候,第一次看到这本书,就像开启了一扇窗户,这个影响是不能改变的。但《万历十五年》是个标杆,是不可翻越的一座山,这个不可否认。(《〈万历十五年〉是我对历史的初恋》,《珠江晚报》2008年11月30日)

**周迅**(中国作家协会会员):中国中央电视台《读书时间》的一位编导曾感慨:几年前流行学者散文。读时颇感心情偷快。噢,散文原可以这样写,除了学术味,还有厚重的历史感。后来又看到《万历十五年》,才知道把历史著作写得散文味,比把散文写得历史味更难。

# 一个平淡年份的大历史

《明朝那些事儿》,当年明月著,北京联合出版公司 2011 年图文增订本。该书主要讲述的是从 1344 年到 1644 年这三百年间关于明朝的一些故事。以史料为基础,以年代和具体人物为主线,并加入了小说的笔法,语言幽默风趣。对明朝十七帝及其他王公权贵和小人物的命运进行全景展示,尤其对官场政治、战争、帝王心术着墨最多,并加入对当时政治经济制度、人伦道德的演义。

该书自 2006 年出版后,迅速荣登"新浪图书风云榜"最佳图书、当当网"终身五星级最佳图书";多次斩获"卓越亚马逊畅销书大奖";被评为全国十大畅销书之一、全国中小学生必读十本好书之一、2007—2011 年度系列畅销书第一名;连续多年被读者推荐为印象最深之书。为众多名人、明星、名流的枕边书,无数人口口相传的最有阅读价值读物。

"那么,世间已无黄仁宇吗?有人说,写作《明朝那些事儿》的当年明月即深受黄仁宇的启发,甚至借用其写史的文风和态度。于是,这个问题,也有了答案。"(祖佳:《世间已无黄仁宇》,《优品》2011 年第 7 期)

十多年前读黄仁宇,是从封闭、僵化、失真的历史堆中迈出一只右脚,探寻到一小片原真的绿地,正如读费正清教授主编的"剑桥历史系列",终于看到一点历史的真相。而今天又读黄仁宇,更深地感受先生的"大历史观",得到的启示似乎更多。

在黄先生的大历史里,总是在考量中国历史"何以如是",即为什么近代西方可以数目字管理整个国家而中国不能?在他看来,问题的症结在于中国"以道德代替法制"。

试想,一个人有如此复杂丰富的经历,又经常在政治、经济、历史、学术等领域与一拨拨"高人"相处,加之独特的思维方式,不出一点思想成果,可能吗?

又读黄仁宇,觉得历史大可亲近。而现实的浮躁实在该要冷却一点了。(《中国石油化工》,2007 年第 2 期)

**李辉**(《人民日报》文艺部副主任,作家):在近三十年来中国的出版物中,《万历十五年》无疑占据着一个显赫位置。虽是一部史学著作,影响力却早已超出史学界。大历史视野、叙述风格、篇章结构。黄仁宇先生呈现出的另类史学写作方式,受到不少写作者和读者青睐与追捧。撇开其学术价值暂且不论,仅将之称为一部写作经典,恐怕也不为过。(《结缘万历十五年》,《南方都市报》2011 年 6 月 12 日)

**陆新之**(商业观察家):黄仁宇被汉文化知识界重视首先是因为他的《万历十五年》。至今年新年为止,国内三联、中国社科等多家严肃出版社已出版他的学术著作近 10 种,其中最多人提及的还是这本《万历十五年》,但这多少有些令黄仁宇失望吧。因为这本书是黄仁宇 1976 年时开始的"大历史观"著作的第一部,虽然已具雏形,但是很多地方只是刚刚开了个头,未有深入阐述,是不足以代表黄仁宇的学术水准的。而在汉文化圈内包括一些商人与行政官员也对此颇感兴趣,想来大约是因为一方面行文流畅,另一方面所叙事实多与大家感兴趣又知之不详的明季政治事件有关。(《大是大非黄仁宇》,《中国对外服务》,1999 年第 3 期)

**聂作平**（著名作家，《四川文学》编辑）：历史远不像美丽的白银那样纯洁无辜，在历史白银的表面，总是蒙受了过多的污物和阴影，只有那些睿智而又深明易数的思想者，才能从一点一滴的历史碎片上，洗净岁月积淀的尘埃，让它们重放本质的光彩。

这样的思想者肯定不是太多，几乎称得上是屈指可数。资深的美籍华裔学者黄仁宇无疑就是这为数不多者之一。他的《万历十五年》，正是一本从历史散落的碎片上还原历史白银地的杰出之作。（《历史的碎片——重读〈万历十五年〉》，《红岩》，1999年第6期）

**网民"xia"**：网上有人评价说，希望黄仁宇有一百只脚，太多的历史匠只配给他擦鞋。我第一遍读来有些吃力。很多人评价"此书可堪二遍读"，我想再读读。

记得当时跟一个好友讨论，她回复道："我也是从《万历十五年》才开始抛开教科书的说教，真实地理解当时的历史的。一直在思考一个问题：这个国家的这片土壤，是不是注定了只能诞生这样一种制度？这种制度曾经一度被我们打倒，被我们唾弃，但是却在不引人注目角落里保存下来，一直显示着它的勃勃生机。这种制度来自我们这个辽阔的农耕国，历经千年，在我们的老祖先手中修修补补，融合了各种民间习俗和潜规则，和我们血肉相连。我们一度彻底地否定它，失落之后又疯狂地寻找它。我们无法取其精华弃其糟粕——那只是人们一厢情愿的想象，它是一个整体，利弊根本无法截然分开。于是，在各种时髦的舶来货和我们自己的幌子之下，它作为一个社会的根本制度在悄悄地运行，它就是那条喧嚣河流底下的宽阔河床。"（摘自豆瓣读书评论《抛开教科书，原来历史可以这样看》，网址 http://book.douban.com/review/1000954/）

《万历十五年》舞台剧海报

**网民"长江中游的瘦鱼"**：这是一部奇书。没想过历史可以这样写。习惯了编年体的我们认为历史只有那么一种固定写法，突然面对这样以点带面，用某一年事件点破朝代命运的写法时，开始竟然会不习惯。粗线条描述历史并不难，能从小事着手讲述历史并引申出高人一等的论点则属难得。（摘自豆瓣读书评论《窥一管而知豹身——浅析〈万历十五年〉》，网址 http://book.douban.com/review/1343349/）

**章隽**：黄仁宇历史著作《万历十五年》在华人世界广为阅读。现在又香港艺术团体把这本书改变成舞台剧。历史类书籍在舞台上表演，究竟行不行？没错,香港艺术团体"进念二十面体"正在排练这部舞台剧,五月即将在香港上演。

"进念二十面体"是香港著名演艺团体之一。此次演出,由胡恩威编导和设计。《走向共和》的编剧张建伟对原书作改编。胡恩威说,之所以选择把《万历十五年》推上舞台,是因为对中国和香港历史的反思。虽然演出内容是明朝历史,但中国历史本身就是在不断重复,不断破坏和重建,那么典型的一个时代,对于我们思考今天的中国和香港,也有很大启发。(《亦有可闻:〈万历十五年〉搬上舞台》,《香港文汇报》2006年4月28日)

[编辑 解玉军]

# 岁月褶皱中的历史：
# 评侯仰军《历史真相与文化反思》

孙天胜[*]

【内容提要】《历史真相与文化反思》不是一本体系完备的专著，而是一部论文集。但全书所给予我们的历史文化价值、学术信息量以及精神的振奋和文化的启迪，或许远远超出了现代某些皇皇巨著。书中的话题涉及了对尧舜故里的考辨，对大禹治水真相的洞察，讨论了当年孔子看到的"麒麟"究竟是什么，从文化上反思了齐国灭亡的历史教训，由纪信的"诳楚安汉"谈到了中国的忠义文化，汉代的吏治和唐朝的致仕制度对今天我们的人事制度的影响，还有对微山湖西岸移民历史的考察。种种问题，有三个方面给我们以鲜明的印象：一是作者举重若轻的驾驭史料和文献的能力；二是不拘泥于史料，注重以发展变化的眼光来看待历史事件；三是溢于言表的故乡情结。

【关键词】 鲁西南；侯仰军；历史真相；文化反思。

自古以来，人类一直没有停止过对过往岁月的追问，可因为时代太久远，记忆太有限，史料太欠缺……那些曾经的岁月总有些如迷雾般隐现，漫漶不清，于是我们惆怅，我们迷茫，我们坐卧不宁：究竟该如何面对祖先的遗泽和年轻的后来者？

由这样的心绪出发来看问题，《历史真相与文化反思》（侯仰军著，中国社会科学出版社2013年5月版）一书就显得弥足珍贵。本书是作者侯仰军二十多年来致力于历史学、考古学与中国传统文化的学习、研究、出版、教学工作的小结。《历史真相与文化反思》不是一部体系完备的专著，而是一部有着14篇文章的论文集。但全书所给予我们的历史文化价值、给予我们的学术信息量，以及更重要的，给予我们的精神的振奋和文化的启迪，或许远远超出了现代某些皇皇巨著。书中的话题涉及了对尧舜故里的考辨，对大禹治水真相的洞察，讨论了当年孔子看到的"麒

---

[*] 孙天胜，江苏师范大学历史文化与旅游学院教授。

# 岁月褶皱中的历史:评侯仰军《历史真相与文化反思》

麟"究竟是什么,从文化上反思了齐国灭亡的历史教训,由纪信的"诳楚安汉"谈到了中国的忠义文化,汉代的吏治和唐朝的致仕制度对今天我们的人事制度的影响,还有对微山湖西岸移民历史的考察,种种问题,读来无不令人击节叹赏。

自古以来,关于尧舜的传说、记载便异说纷呈,他们的出生地和主要活动区域,更是迷雾重重。于是如盲人摸象,各执一端。近些年来旅游业大兴,各地纷纷翻箱倒柜地寻找可以开发的旅游资源,国人历来有重名的传统,历史名人成了互相争抢的稀缺资源,于是从三皇五帝到当代名流,几乎没有一位名人能够幸免。像尧舜这样的千古明君更是不知有多少地方在争夺。《尧舜故里考辨》一文在前人大量研究的基础上,综合近年不断涌出的考古成果,力排众议,提出"尧舜故里就在山东菏泽"的掷地有声的观点。众所周知,今天的菏泽,是山东省最贫困的地区,可历史上的菏泽,美丽富饶,交通便利,商贾云集,曾数度成为中原地区的经济文化中心,有"天下之中"的美誉。远古时代,雷泽、巨野泽、济水、菏水、氾水等河湖遍布于区内,水草丰美,鱼虾丰盛,非常适宜人类生活居住。所以尧舜虽然一生迁徙不定,其主要活动区域却与菏泽密切相关。如史书记载,尧曾居于陶丘,后崩于成阳,葬于谷林。不管是《尚书·禹贡》还是《史记·夏本纪》乃至今天的《定陶县志》,都足证尧所居之"陶丘"即今定陶县西北5公里处之"仿山"。至于尧都的位置,历来众说纷纭,王守春先生曾从历史地理环境变迁的角度,引用论据,为其豫东、鲁西南是尧舜禹一脉相承的活动地域的主张提供佐证,但侯仰军不赞成王守春"尧都原在今鲁西南的定陶,后迁移到山西省临汾地区的陶寺遗址"的观点,他从大量史料和现代考古材料中,提出了"成阳"、"谷林"皆在今鲁西南地区的看法。

据司马迁的说法,舜的主要活动区域有历山、雷泽、河滨、寿邱、负夏。历山在何处?一直争议较大,有山东菏泽说、山东济南说、山西永济说、浙江余姚说、山西垣曲说、浙江永康说和湖南桑植说等几种主要观点。作者通过史料考证,认为诸说多为附会。他认为,既然是"舜耕历山",那么这个历山首先要有可耕种的土壤,还能在此制造陶器,必定位于当时土丘遍布、河湖交错、林木茂密的豫东、鲁西南地区。而位于菏泽的鄄城县西南的历山遗址,经其实地考察,参照1980年的考古发掘成果,并与《濮州志》和郦道元的《水经·瓠子河注》两部文献对应,认为就是舜耕之

213

历山。作者还提出一个观点：在当时的交通条件下，舜活动的区域相距不会太远，舜也没有必要非得一会儿去山西，一会儿到浙江，一会儿来山东，这样东奔西跑地去"耕"、"渔"、"陶"，所以，雷泽、河滨、寿邱、负夏也距历山不远。舜的籍贯不一，应该是其后裔迁徙，把原住地的地名和传说带走造成的，这是自古以来民族或部族迁徙中常见的现象。综合文献与考古发现，可知尧舜一生的主要活动，都与菏泽结下了不解之缘。而由大汶口文化发展而来的海岱龙山文化，就是帝舜等东夷部落所创造的物质文化。公元前2600—前2000年之间，正是尧舜所处的中华文明的形成时期。

大禹治水的事情尽人皆知，他"三过家门而不入"的人格光耀千古。可大禹治水的真相是什么？囿于生计的忙碌和与学术的隔阂，很少有人去探个究竟。《大禹治水真相》一文告诉我们，世界各地的古老民族几乎都有大洪水的传说，多数的传说最后都是万物毁灭，而唯有中国的洪水传说中只有洪水治理，而没有洪水毁灭。当初"居住在三海平原高台地带的尧舜禹部落，只看到了洪水，而无法感受到海啸般洪水毁灭家园的末世苍凉，为我们留下了治水的千载传说"。与以前人们惯常说大禹疏导的是黄河所不同的是，作者认为，"所谓大禹治水不过是把济、濮流域的水排出去而已。而要疏导积水，唯一的办法就只有开挖沟洫，所以后来孔子论大禹的功绩，说大禹'尽力乎沟洫'。由于大禹治水卓有成效，加上人类有一种对自己崇拜的人或事物喜欢拔高的本性，代代相传，越拔越高，大禹开掘沟洫便被夸大成开掘江河，大禹也就从人变成了神"。[1] 从作者的叙述中，似乎看到一个活生生的大禹穿过历史的迷雾向我们走来。

关于商族的起源，历来有东方说、西方说、北方辽河流域说、燕山地区说和山西说。那么商族到底起源于何处？商族又是一个常常迁徙的民族，史上经历了怎样的民族迁徙？由于史籍记载不详，后世地名又变化很大，这些问题遂成千古之谜。《商族起源考》一文结合文献记载和近年考古发掘，认为商族起源于东方说最为合理，他提出的证据有二：一是东方民族对他们祖先的来源有一种共同的传说，就是卵生。而商朝人也说他们的祖先是卵生的，简狄吞了一个鸟蛋，生了他们的祖先契。二是商人对于酒的嗜好与大汶口和龙山文化的考古发现一脉相承。商人重酒，在商代遗址出土的器物中，酒器占了极大的比例。而在早于商代的原始文化中，对酒情有独钟的是大汶口文化的先民。从距今五六千年的大汶口（出土在东方）时代到距今三千多年的商代，黄河下游地区的原始文化经历了"龙山文化"和"岳石文化"两个阶段后，直接进入了商的时代，原始文化近三千年没有间断。由此

---

[1] 侯仰军：《历史真相与文化反思》，中国社会科学院出版社，2013年版，第43页。

作者认为,商族最早的族居地在今豫东、鲁西南地区,后来一度迁到河北省的中南部和河南省的北部,不久又迁回豫东、鲁西南地区,在商汤灭夏前,商族以今天的曹县一带为中心,积聚力量,终于一举灭夏,建立了商王朝。

麒麟是中国文化中的"瑞兽"。那么它是幻想中的神性动物,还是一种曾经的真实存在?孔子当年真的看到麒麟了么?麒麟传说的背后,到底反映出一种怎样的历史真实?《"西狩获麟",孔子究竟看到了什么?》一文认为,说麒麟"只是古代传说中的一种动物","现实中并不存在",是站不住脚的,我们不能因为现在见不到麒麟就否认它曾经的存在,这不是历史唯物主义的态度。因为在我国最早的诗歌总集《诗经》中,就有关于麒麟的记载,而殷墟发现的甲骨卜辞中,也多次出现麒麟。西汉至北宋时也有麒麟的活动。真实的麒麟不是獐,不是牛,也不可能是印度犀牛,而是一种与麋鹿相似的鹿科动物,只不过由于后世气候变化和人类的猎杀而消失了。就像麋鹿一样,3000年前曾相当繁盛,汉朝末年在中原就近乎绝种,只有少量生活于长江中下游的沼泽地带,到距今150多年前野生的麋鹿就消失了。所以,像麋鹿和扬子鳄的命运可以看作麒麟命运的一个旁证。很有意思的是,现实世界中麒麟的消失为麒麟传说留下了广阔的想象空间,后来麒麟被进一步神话,其形象日益丰满,其德行日益完美。自先秦以来,民间产生了数不尽的有关麒麟的传说,如《麒麟送子的传说》、《梦麟而生孔子的传说》、《西狩获麟的传说》等等,这些传说恰恰在历史上麒麟频现的山东省的西南部特别是巨野县和嘉祥县尤其盛行。因此换个角度看问题,如果说麒麟在现实中的消失是人类社会的一大损失,由麒麟传说引发出的麒麟崇拜和相关习俗,对我国民间文学、民间文艺的贡献则是意想不到的弥补。麒麟传说的背后,是地理环境变迁的历史真实,给我们认识历史事件提供了历史唯物主义的视角。由此我也联想到,在我国历史学界,还有不少学者缺乏有关环境变迁的思维,他们缺乏宽阔的学术胸襟,在他们的论著中,古人的生活环境与我们今天是完全一样的,山未移,水未改,阴晴冷暖千古如一。其实在我国地理学界,有关历史地理环境变迁的研究已经成果卓著,得出的结论早已令人信服,并得到众多海外学者的采信,但他们拘泥于本学科的理论范式之中,不愿意对相邻学科的学术成果进行积极的借鉴,从这样一个角度来看侯仰军先生的论述,尤觉其学术眼光之敏锐,学术胸襟之开阔。

《齐国灭亡的文化反思》一文,是典型的文化反思之作。春秋战国时期,齐国曾几次称霸于诸侯,可后来却在短短的时间里被秦国一举吞并,千秋而后,曾引起一代又一代士人的深刻思考和反复追问。每个人都从不同角度给出自己的解释和回答。二十年前,复旦大学的周振鹤先生曾独辟蹊径,写出《假如齐国统一了天下》的长篇学术随笔,也属于对齐国灭亡的另一种反思。侯仰军认为,齐国的灭亡固然有策略上的错误、军事上的失当、政治上的腐败等多种原因,但其深层原因还是在文化方面,是齐文化中的消极因素决定了齐国的必然灭亡。齐文化当然有其光辉灿烂的一面,如务实性、开放性、兼容性等等,但其局限性同时亦非常明显,如齐文化本质上是一种人治文化,带有随意性,缺少法制保障。其次,黄老之学与阴阳学派在齐国文化中渐成主流,严重危害了齐国的发展。第三是齐俗尚奢。第四是崇物利,卑义理。还有就是齐人"怯于众斗,勇于持刺"的习气。这些都是导致齐国灭亡的文化因素。今天我们探讨齐文化的灭亡,目的不在于仅仅是找出其原因,最关键的是它曾经是先秦文化的重要组成部分,其影响一直贯穿于整个中国封建社会,直到今天,对我们的思想观念和行为方式仍有很大的影响,吸取其精华,剔除其糟粕,将对我们的社会建设有着十分重要的意义。

忠义文化是中华文化的重要组成部分。千百年来,成为一代代士人立身行事的准则。对社会稳定和发展起到了极其重要的作用。本书的《纪信"诳楚安汉"与中国忠义文化》一文,由纪信一事作为引子,引发出了对中国忠义文化的反思。首先,文章分析了纪信之所以能够做到"诳楚安汉",乃是因为三大原因:先秦时期深入人心的"忠"、"义"观念,是纪信"诳楚安汉"的思想基础;刘邦顺应民心、善于用人,激发了广大将士灭楚兴汉的积极性,是纪信"诳楚安汉"的精神动力;"忠信敬上"被写入秦律,对于生活在秦汉之际的人们势必产生巨大影响。宋明以后,由于《水浒传》和《三国演义》的家喻户晓,忠义思想更是深入人心。然而忠与义有时又是有矛盾的,现实生活中,当二者发生冲突时,如何选择,成了考验人智慧的一道难题,这也是忠义文化留给我们后人的一道难解的结吧?

《汉代的吏治与文化反思》与《唐代致仕制度新论》是两篇史鉴类文章。尤其是《汉代的吏治》一文,作者竟以46页的篇幅,讨论了汉代吏治清明的表现与影响、汉代吏治清明的原因分析、对汉代吏治的文化反思,旁征博引,条分缕析,以大量的事实和案例反复深入地论证了"治国就是治吏"的英明论断,全文高屋建瓴,切中要害,充分表现了作者对当代吏治清明的殷殷期待。

在我看来,《微山湖西岸移民史略》,是一篇填补中国移民史空白的力作。有关中国移民史的研究,国内已有多种专著,但这些专著很难观察入微,探讨到如此细小的局部。本书认为,尽管国人数千年来就形成安土重迁、思念故乡的心理情结,但有时又不得不屈从于战乱、灾荒等严酷的现实,致使大规模的集体移民史不绝书:闯关东、下南洋、走西口、填四川……所以,现有的移民史著作往往是皇皇巨著。可就在我国北方最大的淡水湖微山湖西岸,却有一处鲜为人知、史书未载的1500多平方公里的移民区。在这里,宋元之后新移民的到来,曾经对苏北和鲁南的政治、经济和文化产生过重大影响,甚至直到今天还余韵未尽。可由于种种原因,对这一重要的移民事件,迄今竟未引起史学界的注意。作者揭示了造成这一移民活动的时代背景——黄河泛滥,分析了移出地和移入地当时的土地和社会经济状况,并详细解析了移民与土著之间旷达多年的利益之争,对曾国藩对土、客之争的处理给予了历史的回顾和评判,最后,从文化反思的角度对微山湖西岸移民的作用及其影响给出了自己的价值判断:几万贫苦农民从鲁西南迁往微山湖西岸,虽曾给两地的政治和社会生活带来一些动荡,但它所产生的积极作用和影响也不能低估。首先是给微山湖西岸带去大批劳动力;其次是加快了微山湖西岸社会经济的恢复与发展;三是解决了鲁西南无地或少地农民的升级困难,缓和了社会矛盾;四是促进了苏北与鲁西南的经济文化交流;五是对铜山、沛县的风俗习惯、社会生活产生了种种深层次影响。这些历史的经验和教训,仍然值得我们现代人记取。

所谓"历史真相",不论是历史人物、历史事件,都可能存在三种情况:一是历史上真实存在过的,即历史真实,或者叫真实的历史;二是古今中外典籍上的"历史真相";三是人们心目中的"历史真相"。典籍中的"历史真相"和人们心目中的"历史真相"有的与"真实的历史"一致,有的不一致,历史学家的责任,就是通过研究还原历史,告诉人们"历史真相",进而从中吸取经验教训,是为"文化反思"。

要"还原历史真相",谈何容易!且不说由于年代久远,历史人物早已湮没在历史的长河中,即使发生在近现代的历史事件,即使当事人大多数都还在世,由于各种原因,我们也未必能够把它说清楚。比如"西安事变"中究竟是谁打响了第一枪?谁捉到的蒋介石?至今还众说纷纭。"还原历史真相"之不易,由此可见一斑。更何况,古往今来,人们出于各种各样的动机,或粉饰、或诋毁、或编造、或删改、或戏说、或"探源",常常把简单的历史搅成一潭浑水,把复杂的历史偷换成简单的概念,鱼目混珠,真假难辨,让后人无所适从。

只要是过去了的,不管是历史人物还是历史事件,我们都不可能让他起死回生或者重现,毕竟"人不能两次踏进同一条河流"。那么,生活在"今天"的我们靠什么来知道"历史真相"呢?无非是靠前人留下来的文献,或地下发掘的文物,近现代的历史还可以靠某些当事人的回忆,但这些东西几乎没有一个是"完备"的,都不可能没有主观性,或者换言之,很多"历史真相"实际上都是由后人"建构"的,从来就没有所谓"客观"的历史。历史研究除依靠历史文献和考古资料外,合理的推理分析仍不失为一种有效的手段。

探究"历史真相"之后,进行文化反思,吸取经验教训仍是我们的首要任务,这是人类有别于其他动物并能不断进步的原因之所在。所谓历史的反思,并不是要人们去纠缠于那些历史的陈年旧账,也不仅仅在于认真地去判清那些历史上的是是非非,而是要人们从中找寻出现在和未来前进的道路和方向,并根据现实进行新的探索和规划。

今天,当我们站在新的历史起跑线上对历史真相进行文化反思时,我们同时也要对一个世纪以来对历史真相的反思史进行反思,从中吸取应有的教训,重新调整我们审视、反省和批判传统文化的角度。当我们把传统文化看作是一个不断发展变化的丰富的多面体和一个许多分歧的文化特点的统一体时,也许它会向我们呈现出前所未有的面貌,为我们面临的抉择提供新的、并非是非此即彼的可能性。时代的发展,科学的进步,应该使我们的眼光比前人更敏锐、更开阔,因而能在历史真相中看到前人未曾见过的东西,否则,我们不是有负于先人的期冀吗?

综观全书,给我以最鲜明的印象有如下几点。

一是作者举重若轻的驾驭史料和文献的能力。毋庸讳言,史学类论著大多引经据典,层层论证,繁复错综,而打开本书,从第一篇文章到最后一篇文字,都给读者以阅读的轻松和愉悦。我一直觉得,历史论著完全可以写得更好看一些,可现实中就是极少见到理想的文字。究其原因,可能还是作者的学养不够,不足以驾驭宏大的叙事,只有靠史料的堆砌和繁复的论证来取胜。纵览此书则不然,史料条分缕析,论证环环相扣,语言简洁优美,考证令人信服,充分显示了作者深厚渊博的史学功底和高瞻远瞩的史家气魄。

二是不拘泥于史料,注重以发展变化的眼光来看待历史事件。众所周知,自然环境一刻也没有停止它的变化,远的不说,单就地质史上距今一万年以来的全新世(考古学上谓之新石器时代)而论,就发生了多次气候冷暖干湿的大变化。许多人讨论这一时段的历史时,几乎从不考虑这一气候变迁所带来的社会经济文化影响,显示了作者对历史地理或曰环境变迁之学的无知。反观《历史真相与文化反思》一书,不管是对尧舜故里的考辨,还是对大禹治水真相的揭示;不管是对商族起源的考据,还是对"西狩获麟"的历史事件的质疑,无不以环境变迁的思路来看问题,因而给出的结论也更能令人信服。

三是溢于言表的故乡情结与广阔博大的爱国情怀。民俗学理论一直认为,一个人爱国首先是从热爱自己的家乡开始的,一个从不热爱家乡的人,你怎能奢望他会热爱自己的国家?这里说的故乡情结,并非说书中的文字对作者家乡有溢美之词,那样的史料考证是不足凭信的。我是说作者对鲁西南这片历史上曾经为"天下之中"的区域,投注了全身心的热情。前已述及,今天的菏泽地区还比较落后和贫困,但历史上曾经的那些辉煌岁月却让我们无比神往。既然如此,彼时这里为什么那般昌盛?成为尧舜禹和商人活动的主要区域?后来又是怎样的环境变迁成了今日之模样?三十年河东三十年河西,明天的菏泽会是怎样一幅面貌,我从字里行间看到了作者的深情期待。再者,对齐国灭亡所进行的文化反思,对忠义文化的源与流的追索,对汉代吏治的梳理与检讨,对唐代致仕制度与今天的退休制度间的联系,在在均透露出作者忧国忧民的高尚情怀。与时下许多人的研究往往仅仅围绕个人的功名利禄打转转相比,更显其先忧后乐的士君子襟怀。

历史如果是一块无边的幕布,岁月的风霜早已留给它重重的褶皱,愿意从这些褶皱中去寻觅和爬梳真实的过去者,值得我们送上一份真诚的敬意。也正因为此,我们愿意打心眼里相信这些从岁月的褶皱中寻觅而来的历史真实。

# "西狩获麟",孔子究竟看到了什么?

——《历史真相与文化反思》中的一节

侯仰军[*]

## 一、"西狩获麟",孔子究竟看到了什么?

春秋末年,麒麟现身巨野泽。《春秋·哀公十四年》载:"十有四年春,西狩获麟。"《左传·哀公十四年》载:"十四年春,西狩于大野,叔孙氏之车子鉏商获麟,以为不祥,以赐虞人。仲尼观之,曰'麟也',然后取之。"这两段史料说明,鲁哀公十四年即公元前481年,也就是孔子去世的前两年,一代学问大师孔子看到了实实在在的、当时一般人已经难以见到的"麒麟"。这在当时本不是什么惊天动地的事情,但由于麒麟在先秦时期就是"四灵"[1]之一,是华夏民族特有的带有神性的动物,加上后世文人的渲染,"西狩获麟"竟成为中国文化史上带有里程碑意义的大事。

有人认为,孔子因为麒麟在乱世出现,悲叹自己生不逢时,把正在写作的《春秋》打住,《春秋》记事到此为止;也有学者认为,孔子是因为见到麒麟,深恐自己的事业后继无人,才动手写作《春秋》。《公羊传》说:"春,西狩获麟。何以书?记异也。何异尔?非中国之兽也。然则孰狩之?薪采者也。薪采者则微者也,曷为以狩言之?大之也。曷为大之?为获麟大之也。曷为为获麟大之?麟者,仁兽也。有王者则至,无王者则不至。有以告者曰:'有麕而角者。'孔子曰:'孰为来哉!孰为来哉!'反袂拭面涕沾袍。……西狩获麟,孔子曰:'吾道穷矣。'"《史记·孔子世家》则记载:"鲁哀公十四年春,狩大野。叔孙氏车子鉏商获兽,以为不祥。仲尼视之,曰:'麟也。'取之。曰:'河不出图,雒不出书,吾已矣夫!'颜渊死,孔子曰:'天

---

[*] 侯仰军,中国民间文艺家协会办公室主任。本文选自其著作《历史真相与文化反思》,中国社会科学出版社,2013年。本刊编辑时对文字略有调整。
[1]《孔子家语·礼运》:"麟、凤、龟、龙谓之四灵。"

丧予!'及西狩见麟,曰:'吾道穷矣!'喟然叹曰:'莫知我夫!'……子曰:'弗乎弗乎,君子病没世而名不称焉。吾道不行矣,吾何以自见于后世哉?'乃因史记作春秋,上至隐公,下讫哀公十四年,十二公。"不论是因麒麟出现写《春秋》还是因麒麟出现不再写《春秋》,麒麟的出现不同凡响是确定无疑的。

《公羊传》还只是说麒麟"非中国[1]之兽也",而到了后世,多数学者认为麒麟只是传说中的一种动物,在现实生活中并不存在;也有一些学者认为麒麟在古代确实存在,至于是哪一种动物,有不同的说法:有的学者认为麒麟是獐,所以古书上说麒麟是"麇身",有的学者认为麒麟就是现实中的牛,还有的学者认为是印度犀牛。

那么,麒麟在现实生活中是否真的存在过? 如果麒麟是真实存在过的动物,"西狩获麟"时,孔子究竟看到了什么?

笔者认为,说麒麟"只是古代传说中的一种动物","现实中并不存在",是站不住脚的。其一,在我国最早的成熟文字甲骨文和最早的诗歌总集《诗经》中,就有关于麒麟的记载。殷墟发现的可识别的甲骨卜辞中,多次出现麒麟,如"又(侑)白麐于大乙"(《甲骨文合集》36481正),"庚戌卜贞,王□……于麋、驳、駇"(《甲骨文合集》36836)……其中"又(侑)白麐于大乙"出自甲骨卜辞中一片非常著名的"小臣墙刻辞":"小臣墙比伐,禽(擒)危、美……人廿人四……又(侑)白麐于大乙"(《甲骨文合集》36481正)。这是一次战争俘获与赏赐的记录,是出土文献中最早而且是目前仅见的关于"白麟"的记录。值得注意的是,用"白麟"祭祀大乙即商朝开国君主商汤[2],在"国之大事,唯祀与戎"、鬼神信仰十分盛行的商代,显示出人们对"白麟"的高度重视。

这两片卜辞都是帝乙、帝辛时代(公元前1101—公元前1046年)的,证明在商朝后期,麒麟的地位已经很高,但并不难见到。

殷墟甲骨文是商王室用于占卜记事而刻(或写)在龟甲、兽骨上的文字,商代臣民对鬼神信仰十分虔诚,"国之大事,唯祀与戎",人们不大可能欺骗鬼神;商朝灭亡后,甲骨文被深埋地下三千年,不大可能存在后人造假的问题,还是很可信的。

《诗经》中,也有对麒麟的歌颂和褒扬:"麟之趾,振振公子,于嗟麟兮。麟之定,振振公姓,于嗟麟兮。麟之角,振振公族,于嗟麟兮!"[3] 赞美贵族公子,而以"麟"起兴,说明麒麟在当时人的心目中地位之高,同时也反映出麒麟的真实存在。

---

[1] 先秦文献中的"中国"指当时的中原一带,即黄河中下游地区,包括今河南省的大部、山东省西南部、河北省南部、山西省南部。
[2] 商汤,名履,又称成汤、武汤、武王、天乙。在殷墟甲骨文中称成或唐,亦称大乙。西周甲骨文与金文中称成唐。
[3] 《诗经·国风·周南·麟之趾》。

其二,《春秋》和《孔子家语》中关于"西狩获麟"的记载,为我们提供了生动的例证。孔子非常严谨,《论语》说他不谈论怪异、勇力、悖乱、鬼神。[1] 他对于《春秋》的写作高度重视。在写作《春秋》时,"笔则笔,削则削,子夏之徒不能赞一辞。弟子受《春秋》,孔子曰:'后世知丘者以《春秋》,而罪丘者亦以《春秋》。'"[2] 因此,《春秋》记载的内容,应该是可信的。《春秋·哀公十四年》载:"十有四年春,西狩获麟。"由此可知,孔子当时看到了实实在在的、一般人已经难以见到的"麒麟"。近年来被学者称为"孔子研究第一书"的《孔子家语》对"西狩获麟"的记载更为详细:"叔孙氏之车士曰子鉏商,采薪于大野,获麟焉,折其前左足,载以归。叔孙以为不祥,弃之于郭外。使人告孔子曰:'有麕而角者,何也?'孔子往观之,曰:'麟也,胡为来哉?'反袂拭面,涕泣沾襟。叔孙闻之,然后取之。子贡问曰:'夫子何泣尔?'孔子曰:'麟之至,为明王也。出非其时而见害,吾是以伤哉。'"[3]

其三,从古文献看,麒麟在商代之前的中原时常出现,西汉至北宋时也有麒麟的活动,如汉武帝元狩元年(公元前122年)往雍郊祀而获一角兽麒麟[4];汉明帝永平十一年(公元68年)麒麟出现[5];汉章帝元和二年至章和元年(公元85—87年)"麒麟五十一见郡国"[6];汉安帝延光三年(公元124年)"麒麟见阳翟",同年八月"颍川上言麒麟一、白虎二见阳翟",延光四年(公元125年)正月东郡上言"麒麟一见濮阳";[7] 汉献帝延康元年(公元220年)"麒麟十见郡国"[8]……

由此看来,麒麟怎么能只是古代传说中的一种动物,现实中并不存在呢?!

那么,麒麟到底是什么呢?笔者认为,真实的"麒麟"或者说"西狩获麟"时孔子见到的"麒麟",不是獐,不是牛,也不可能是印度犀牛,麒麟就是麒麟,它是一种与麋鹿相似的鹿科动物,只不过到了后世由于气候变化和人类的猎杀而消失了。麒麟的模样也不像后世描述的那样:龙头、鹿角、狮眼、虎背、熊腰、蛇鳞、马蹄、牛尾。

我们从现存的汉碑上还能看到汉代人心目中的麒麟形象,如东汉山阳太守碑上的麒麟就像一头鹿。成书于秦汉之际的《尔雅》[9]则说:"麟,麕,麇身,牛尾,一

---

[1]《论语·述而第七》:"子不语怪、力、乱、神。"
[2]《史记·孔子世家》。
[3]《孔子家语·辨物第十六》。
[4]《史记·孝武本纪》。
[5]《后汉书·明帝本纪》。
[6]《宋书·符瑞志》。
[7]《后汉书·孝安帝纪》。
[8]《宋书·符瑞志》。
[9] 多数学者认为,《尔雅》成书的上限不会早于战国时期,因为书中所用的资料,有的来自《楚辞》、《庄子》、《吕氏春秋》等书;成书的下限不会晚于西汉初年,因为汉文帝时已经设置了《尔雅》博士。

角。"也就是说,孔子见到的麒麟,是一头长得很像麋鹿的动物。

明朝时期的人曾把长颈鹿误认为是麒麟,足以说明麒麟是一种与麋鹿相似的鹿科动物。曾随郑和在1413年、1421年、1431年三次下西洋的马欢,在其所著《瀛涯胜览》中提到了"阿丹国麒麟":"阿丹国麒麟,前足高九尺余,后足六尺余,项长,头昂,至一丈六尺,傍耳生二短肉角,牛尾,鹿身,食粟豆饼饵。"阿丹国就是亚丁国,在今天的亚丁湾一带。马欢所说的"阿丹国麒麟",其实就是长颈鹿。

汉碑上的麒麟

麋鹿是中国特有的珍稀动物,体长约2米。雄性肩高0.8—0.85米,雌性0.7—0.75米。初生仔12公斤左右,一般成年雄麋鹿体重可达250公斤,角较长,每年12月份脱角一次。雌麋鹿没有角,体型也较小。善游泳,喜群居,因面似马、角似鹿、蹄似牛、尾似驴而俗称"四不像"。由于它有宽大的四蹄,非常适合在泥泞的树林沼泽地带寻觅青草、树叶和水生植物等。麋鹿在3000年以前相当繁盛,主要分布在中国的中、东部,日本也有,东海、黄海及其附近海域也曾发现麋鹿的化石。由于气候变化和人类的猎杀,汉朝末年麋鹿在中原就近乎绝种,只有少量存在于长江中下游沼泽地带。大约在150多年前野生麋鹿就消失了。

汉碑上的麒麟

比麒麟、麋鹿幸运一些的是扬子鳄。扬子鳄是短吻鳄的一种,古称鼍或鼍龙。它生活在地球上已六千万年,比人类的历史长得多。扬子鳄性格凶猛,寿命可达一两百年,体长可达两米。背面覆有六列坚硬角质鳞板,这就是传说的龙身上的鳞甲。背部多为暗褐色,即青色,故多称青龙或苍龙;腹面为灰色,有黄灰色横条;尾巴有灰黑相间的环纹。现今扬子鳄分布在长江下游的有限地段中,但在公元前4000—公元前3000年,在北纬36度附近却有鳄的存在。山东兖州王因遗址发现了至少分属于20个个体的扬子鳄残骨,与其他水生动物如鱼、龟、鳖、蚌等的遗骸混杂在灰坑中。这些鳄大的有1.5米以上,小的不到1米。骨板深黑,被火烧过。显然,灰坑中的残骸都是六千多年前的王因人熟食了这些水产品后弃置而成。烧黑的骨板是他们烧吃鳄肉的铁证。泰安、泗水、兖州、滕县各地发现的商代及以前的鳄皮制品也应该是就地取材、当地制作的。

笔者认为,麋鹿、扬子鳄的命运可以看做麒麟命运的一个旁证。由于商代之前鲁西南地区气候比较温暖湿润,又有大野泽、菏泽、雷夏泽及黄河、济水等广阔的水域,这里自然成了麒麟、麋鹿、扬子鳄等动物生长繁殖的乐园。西周之后,由于人类的滥捕滥杀,加上该地区的气候变得干旱,水域大面积减少,麒麟、野生麋鹿逐渐消失在人们的视野中。

## 二、进入民间传说的麒麟

现实世界中麒麟的消失为麒麟在传说中留下了广阔的想象空间,借由人们的想象,麒麟无论在形象上,还是在德行上都发生了巨大的变化。

麒麟的形象,在汉代人的眼里,还是和麋鹿一样的动物,汉代之后,日益丰满。唐宋时期,麒麟已成为集众多动物特点于一身的神兽、仁兽:龙头、鹿角、狮眼、虎背、熊腰、蛇鳞、马蹄、牛尾。

"西狩获麟"之前,麒麟已经带有神性。如前所述,商朝人用"白麟"祭祀大乙即商朝开国君主商汤,其地位不仅高于人牲,甚至高于用方伯做的人牲。[1] "西狩获麟"之后,随着儒家思想的传播,进而被定为一尊,麒麟被进一步神化,其形象日益丰满,其德行日益完美。被当今学者誉为"保存了某些独一无二的文献资料,是研究孔子、孔子弟子及先秦两汉文化典籍的重要依据"[2]的《孔子家语》,在提到麒麟时,已经把她作为神性动物来记述了:"何谓四灵?麟、凤、龟、龙,谓之四灵";如果君主遵循礼制,则"天降甘露,地出醴泉,山出器车,河出马图,凤凰、麒麟皆在郊薮",等等。

宋代学者罗愿著《尔雅翼》,对于后世神化麒麟的现象作了一番总结,可谓代表之作:"麟,麇,麕身,牛尾,一角,《春秋》之书麟亦曰有麇而角者耳。盖古之所谓麐者止于此,是以其物可得而有,其性能避患,不妄食集,故其游于郊薮也,则以为万物得其性,太平之验,是不亦简易而自然乎!至其后世论麐者,始曰马足,黄色,圆蹄,五角,角端有肉,有翼,能飞,含仁怀义,音中律吕,行步周旋中规,折旋中矩,游

---

[1] 王晖:《古文字中"麐"字与麒麟原型考——兼论麒麟圣化为灵兽的原因》,《北京师范大学学报》(社会科学版),2009年第2期。
[2] 王承略:《论〈孔子家语〉的真伪及其文献价值》,《烟台师范学院学报》,2001年第3期。

必择土,翔必后处,不履生虫,不折生草,不群居,不旅行,不犯陷阱,不罹罘网,牡鸣曰游圣,牝鸣曰归和,夏鸣曰扶幼,秋鸣曰养绥,呜呼,何取于麇之备也!"

先秦以来,民间产生了数不尽的有关麒麟的传说,如《麒麟送子的传说》、《梦麟而生孔子的传说》、《西狩获麟的传说》、《麒麟被获和孔子"见麟而死"的传说》、《麒麟冢、麒麟台的传说》、《获麟集的传说》、《麒麟兜肚的传说》、《麒麟锁的传说》、《牛生麒麟的传说》、《麒麟李的传说》等。这些传说,在山东省的西南部地区特别是巨野县(今属菏泽市)、嘉祥县(今属济宁市)尤其盛行。

明朝天启年间编写的《巨野县志》记载:"巨野东南金山下焦氏山产麒麟,孔子未生时,麟衔玉书至阙里,其文曰:'水精子继衰周而素王。'颜氏异之,以绣绂系麟角,信宿而去。怀妊十一月而生孔子。遂改焦氏山为麟山。"这段记载,既是当时民间麒麟送子传说的反映,又成为后世《麒麟送子的传说》的母本。

麒麟(2012年8月摄于山东泰安)    麒麟(2012年11月摄于四川江油)

《麒麟送子的传说》故事情节大略是这样的:在孔子的故乡曲阜,有一条阙里街,孔子的家就在这条街上。孔子的父亲孔纥(叔梁纥)与母亲颜徵在仅有孔孟皮一个男孩,但孟皮患有足疾,不能担当祀事。夫妇俩觉得太遗憾,就一起在尼山祈祷,盼望再有个儿子。一天夜里,忽有一头麒麟踱进阙里。麒麟举止优雅,不慌不忙地从嘴里吐出一方帛,上面还写着文字:"水精之子孙,衰周而素王,徵在贤明。"第二天,麒麟不见了,孔纥家传出一阵响亮的婴儿啼哭声。孔子诞生了[1]。

---

[1] 据巨野县文化局提供的资料(电子版)。

牛生麒麟的传说在巨野县也有多种版本，皆生动详细，活灵活现。在巨野县麒麟镇的传说是这样的：春秋时期，巨野泽畔有一宋姓老汉，日出而作，日没而息，过着安乐而平静的生活。他家中养的一头舐牛（母牛）怀犊了，可过了老长时候还迟迟不"将"（巨野方言，即分娩）。地里急需耕种，宋老汉只好再套上牛去耕地。到了地里，套牛耕地，犁到这头犁那头，犁到那头犁这头，一气犁到中午牛不走啦。宋老汉只好让它"歇子"（巨野方言，即休息）。歇子的时候，牛趴下开始"抱"（巨野方言，即分娩）犊。宋老汉大喜，急忙给它准备草料，在一旁照护着。不一会儿牛抱下一个犊子，宋老汉一看，大吃一惊。那个犊子长得太奇怪啦，啥都像又啥都不像，头上有角，身上有鳞，马蹄子，牛尾巴。更让宋老汉吃惊的是，那怪物一落地就活蹦乱跳，见风就长，还饥不择食，一转眼竟将宋老汉犁地用的犁铧片吃掉半拉。宋老汉心想：我这一辈子也没听说过这样的东西，别说见啦，它连生铁都能嚼动了，吃人不跟喝面条似的？老汉当是一头怪物，害怕连自己也吃了，惊慌忙乱，拿起打坷垃的榔头一下子就把它打死啦。这件事一传十、十传百，传到鲁国国都。国君听说了这回事，请孔子前去察看。孔子受国君之托，急急忙忙从曲阜赶到巨野泽。孔子一看是神兽麒麟，非常伤心，大哭一场。人们这才知道这头怪兽叫麒麟，是仁兽、瑞兽，给人们送福来啦。宋老汉后悔不及。孔子说："这事也不怨你，这是天意。您想想，既然麒麟是神兽，日行千里夜行八百，平时人见都见不到它，别说逮它啦。这是它主动现身，叫你打死的。预示天下将要大乱。"果然，不久天下大乱，各国征战开始了。[1]

这个故事，在清朝道光年间编写的《巨野县志》里有记载：雍正十年（公元1732年）六月初五日辰时，巨野新城农民李恩家母牛产一麒麟。《曹州府志·艺文》载有山东巡抚岳濬的《恭贺瑞麟表》，描述甚详。

这些传说，有一个共同的特点，即麒麟是神兽、仁兽、吉祥物，能预知未来，能给老百姓带来福气。正如唐代文学家韩愈所说："麟之为灵，昭昭也。咏于《诗》，书于《春秋》，杂出于传记百家之书，虽妇人小子皆知其为祥也。"[2]

由麒麟传说所引发出的麒麟崇拜和相关习俗以及由此派生出的戏曲、民谣、曲艺、舞蹈、建筑、雕刻、刺绣、剪纸、绘画等艺术更是经久不衰。巨野民间流行祈麟送子风俗，方式是由不育妇女扶着载有小孩的纸扎麒麟在庭院或堂屋里转一圈。也有学阙里人的样子，系彩于麟角。

如果说麒麟在现实中的消失是人类社会的一大损失，由麒麟传说引发出的麒

---

[1] 据巨野县文化局提供的资料（电子版）。
[2] （唐）韩愈：《获麟解》。

麟崇拜和相关习俗对我国民间文学、民间文艺的贡献则是人们意想不到的弥补。

## 三、麒麟传说的背后

从现实存在的动物到传说中的动物,到人们认为它只是传说中的动物,麒麟的故事反映出历史与传说之间的复杂关系。

众所周知,民间传说是围绕客观实在物,运用文学表现手法和历史表达方式构建出来的,具有审美意味的散文体口头叙事文学。在民间传说的创作中,客观实在物始终处于核心地位,因此人们又将它称为"传说核","传说核"可以是一个历史人物、历史事件,也可以是一个地方的古迹或风俗习惯等。因此,民间传说无不包含着历史真实的要素,我们从民间传说中还是可以找到历史的真实存在的。

殷墟甲骨出土地的安阳属于豫东,"西狩获麟"发生地的巨野属于鲁西南[1],反映出先秦时期豫东、鲁西南的地理环境适宜麒麟生存,这是该地产生并传播麒麟传说的基本要素。

地理环境是指一定社会所处的地理位置以及与此相联系的各种自然条件的总和,包括气候、土地、河流、湖泊、山脉、矿藏以及动植物资源等。地理环境对于人类的生存与发展影响甚大,也决定着文化、文明的产生与传播——特别是在人类社会的早期。先秦时期鲁西南地区优越的地理环境使麒麟传说具备了可能性,也使麒麟传说向四周传播并成为中华民族共同的特殊的记忆具备了必然性。依据近年来的考古调查发现,我们认为,鲁西南地区的地理环境在先秦时期是气候温暖、雨量丰沛、沼泽遍布、林木茂密,动植物资源丰富,一般人不易见到的珍稀动物在这里出现不足为奇。

考古发现证明,在距今8000—5000年期间,全球气候较今天温暖得多,被称为全新世中期或全新世大暖期。而据当代著名的地理学家和气象学家竺可桢先生研

---

[1] 狭义上的鲁西南专指位于山东省西南部的菏泽市(下属一区八县),有时也包括古大运河以西山东省济宁市的二区五县(市中区、任城区、金乡县、嘉祥县、鱼台县、梁山县、汶上县)。"鲁西南"的名称最早出现于抗日战争时期中国共产党在山东曹县建立的鲁西南地委,那时的鲁西南大体上包括山东省的曹县、定陶县、菏泽城区的西部与南部,当时属于河北省的东明以及长垣东部,河南省的兰考、民权、商丘与曹县接壤的部分地区,中心是曹县。新中国成立后,鲁西南的概念有所扩大,除了以前的鲁西南地区外,增加了运西地区(大运河以西,以郓城为中心)、湖西地区(微山湖以西,以单县为中心)。包括现在菏泽市的全部地区以及济宁的一小部分、河南省的一小部分。本书中所说的"鲁西南",指的是广义上的鲁西南,即泰沂山脉断裂带以西的地区,大体为今泰山以西的菏泽全部,济宁大部,枣庄、泰安、聊城的一小部分;重点或中心点是菏泽地区。

究，商代的气候温暖而潮湿，温度比今天要高出二三度。[1] 黄河流域史前及商代遗址里发现许多厚壳蚌及蚌制品：镰、刀、矛、镞、饰物等等，尤以河南、山东交界处为多。1975年在兖州王因遗址出土的蚌壳多达数十公斤；梁山青堌堆遗址发掘面积仅72平方米，蚌壳亦有十数公斤之多。其中以一种壳体甚厚、壳面多瘤的丽蚌最多，其次为壳体较扁平宽大的帆蚌。前者现仅存在于长江以南，后者适应性较强。1976年至1979年春，菏泽地区文物工作队对曹县莘冢集遗址进行了两次发掘，出土了陶网坠、陶纺轮、骨锥、骨凿、骨匕、骨棱形器、石铲等。另外，还有大量的鱼刺、螺壳和少量的兽骨等。这些遗物在别的堌堆遗址中也有大量发现，反映了商代先民的经济生活虽以农业生产为主，但渔猎和采集经济仍占有相当大的比重。1984年，北京大学考古系对菏泽市的安邱堌堆遗址进行发掘，发现了"有明显使用痕迹的蚌镰、蚌刀、尖锐锋利的骨针、骨锥、骨镞等"[2]。考古工作者在定陶县官堌堆遗址发现了蚌壳坑，发现和采集了新石器时代和商、周时期的大量遗物，计有鹿角化石、野生动物骨骼、牙齿、石刀、石斧、石镰、骨针、贝壳、陶斧等。

一般来说，气候变暖，导致气候带北移，华北大平原地区以及黄河流域的降水也相应有较大幅度增加。地处黄河下游华北大平原上的鲁西南地区，乃降水丰沛之地。根据成书于春秋、战国时的《禹贡》《左传》等书记载，鲁西南地区在先秦时期著名的湖泽有菏泽、大野泽、雷夏泽、孟诸泽，著名的河流有济水、濮水、沮水、灉水、菏水、泗水。菏泽、大野泽、雷夏泽、孟诸泽的主体水域都在今天的菏泽地区，其中以大野泽水域最为辽阔。

《水经·济水注》曰："巨野，湖泽广大，南通洙、泗，北连清、济。"《元和郡县志》说："大野泽在巨野东五里，南北三百里，东西百余里。"《大清一统志》说："（大野泽）在巨野县北五里，济水故渎所入也。自汉元光三年，河决濮阳瓠子，注巨野，下逮五代晋开运，宋咸平、天禧、熙宁，金明昌，元至正决入者凡六次，自涸为平陆，而岸畔不可复识矣。"

经多次文物普查发现，巨野县东北部，嘉祥县的西部，郓城县的东部，梁山县的东部，再北至今东平湖，基本上不见堌堆[3]遗址。这一南北长条状地带，应为大野泽的方位和范围。若以堌堆遗址为大野泽四至坐标的话，西岸自南至北的堌堆遗址为：巨野县田庄镇冯堌堆遗址→郓城县城东3公里的苏庄遗址→梁山县城西北

---

[1] 竺可桢：《中国近五千年来气候变迁的初步研究》，《考古学报》，1972年第1期。
[2] 北京大学考古系商周组：《菏泽安邱堌堆遗址发掘简报》，《文物》，1987年第11期。
[3] 古人为了躲避水患，常择高地而居。这种高地，古人称为"丘"（今或作"邱"），如"陶丘"、"楚丘"、"商丘"；或称"虚"（今多作"墟"），如"颛顼之虚"、"昆吾之虚"、"少皞之虚"；或称"陵"，如"桂陵"、"马陵"、"鄢陵"。今鲁西南、豫东、皖北一带称之为"堌堆"或"孤堆"。

方向的土山遗址→梁山县大路口乡贾堌堆遗址→再北至现东平湖西岸。东部一带的嘉祥县的老僧堂乡、梁宝寺乡和黄垓乡均无堌堆遗址,当为东岸以内的湖区范围。能够确定的是东岸中北部梁山县开河乡五里堡的吴堌堆遗址→梁山县李官屯乡的青堌堆遗址,再向北则为现东平湖东岸。大野泽北岸当年与现东平湖北岸相当。南岸则以巨野县麒麟镇的麒麟台遗址为界。若将这组堌堆遗址连起线来,则形成南北方向呈长条状的区域。若以此来推断,大野泽的水域面积约在2000平方公里左右(南北长约70公里,东西宽约30公里)。[1]

　　一系列的考古发现表明,鲁西南地区在先秦时期沼泽遍布、林木茂密,动植物资源丰富,麒麟在这里生存繁衍是非常自然的。

　　一直到金、元黄河泛滥之前,以菏泽为中心的鲁西南地区在中国社会发展史上都举足轻重。鲁西南地区是古代九州之一——"兖州"的中心区域,地理位置十分重要,交通发达,号称"天下之中",为当时的交通枢纽。在麒麟传说产生以后,鲁西南地区优越的地理环境又成为它得以迅速传播的必不可少的条件。

〔编辑　何昭旭〕

--------

〔1〕　参见张启龙《从鲁西南堌堆遗址看古泽薮地望》,《齐鲁文博》,齐鲁书社2002年版。

## 《悠悠长水：谭其骧传》（修订版）

葛剑雄著　广东人民出版社　2014年

葛剑雄，1945年出生于浙江湖州。曾任复旦大学中国历史地理研究所所长、历史地理研究中心主任、图书馆馆长。现任复旦大学资深教授、教育部社会科学委员会历史学部委员、上海市历史学会副会长。

谭其骧（1911—1992），是中国历史地理学的主要奠基人和开拓者。他曾经在《禹贡》发刊词中如此描述历史与地理的关系："历史好比演剧，地理就是舞台；如果找不到舞台，哪里看得到戏剧！"他一生恪守"锲而不舍，终身以之"的学术态度，打通传统考据学与现代地理学，将中国旧式的沿革地理发展成为现代历史地理学。他的主要论著收录于《长水集》中，之所以如此命名，是因为谭先生的祖籍嘉兴古称长水。

本书作者作为谭其骧先生的学生，也是他最后十余年的助手。书名"悠悠长水"，既暗合先师的书名所表达的意思，又以此缅怀恩师博学厚德。全书共分十八章，从谭其骧先生的家世与童年写起，随着时间的流逝，描述了他在不同时期经历的不同遭遇和最有代表性的事件：从"步入学术"、"登上大学讲堂"、"编写《禹贡》"，到身历抗战，奔向大后方以及抗战后的复员；从经历土改、肃反和思想改造运动，到"文革"期间编绘《中国历史地图集》；一直写到他生命的最后时刻。

在本书出版之前，作者曾于1997年10月、2000年2月分别出版了《悠悠长水·谭其骧前传》和《悠悠长水·谭其骧后传》。本书将前面两书合为一书，并根据大量资料对原有的错误进行订正，增添了近年出版的《顾颉刚日记》、《夏鼐日记》中一些新资料，使得一代学者的形象得到最真实的还原。

从历史学的观点看，一部成功的传记必须至少有三方面的条件：传主允许作者如实地叙述和自由地取舍，传主具备详尽丰富的资料，作者对传主有全面深入的了解。作者曾言自己很幸运，在为先师作传时，基本上具备了所有这些条件。

作者尊重历史事实,娓娓道来的是有关恩师一生客观的轨迹,语言深沉凝练,充满真实性又不失可读性。书中这样描绘谭其骧先生:"他的经历很简单,从6岁到82岁都没有离开学校。他的工作很单纯,从20岁登上讲台,就是上课和作研究。他16岁参加共青团,17岁以后就不想再问政治,但政治没有放过他。历史给他留下了风霜雨露的印记,他与中国一起度过了翻天覆地的82年。他60年的学术生涯像那长年的流水,滋润大地。而今,悠悠长水已汇入浩淼海洋,他与大自然共存。"可以说,本书已经不单单是一部学术评传,更是谭其骧人格与精神的真实写照。它既是个人的,又是一代中国知识分子的历史缩影。(张曦文)

## 《中国思想与宗教的奔流:宋朝》

[日]小岛毅著　何晓毅译　广西师范大学出版社 2014年

小岛毅,1962生。现为东京大学大学院人文社会系研究科教授。

他山之石,可以攻玉。日本史学家所著"中国的历史"丛书,从不同于中国人的角度,为中国大众以及历史学者提供了他们眼中的中国历史。本书是其中的宋代卷,在史学大众化潮流的推动下,这部通俗性读物却不失其学术的严谨性,语言诙谐又一丝不苟。

对于作者所理解的宋朝历史,由书名"思想与宗教"即可略窥一斑。然而本书一至四章并没有开门见山谈论思想,也未直截了当陈述宋代历史,而是首先上溯两百年,将宋王朝诞生前的唐玄宗时代作为开场戏,并且提出"唐宋变革"是中国历史的分水岭。而后进行了作者眼中宋代政治史的梳理。政治与思想的关系从来就是双向性的,在叙述宋代的政治史时,作者主要关注了王安石的"新法种种,特别是以前不太被人提到的科举改革和礼制改革",虽然观点未必能全部使人信服,但体现出作者长期从事思想史方面研究所带来的新颖视角。

当看到本书在五至八章突然由政治史转而谈论宋代的思想、文明时,读者似乎感到有些无所适从,但这正是作者别具匠心之处,作者想通过这样的叙述,让人们"了解一些这个时代的人们烦恼什么"。关于宋朝思想文化,首先令人想到的是理学的兴起与成熟,当然亦绕不开理学上"濂洛关闽"四大学派,《四库全书总目》在经部大序中对于宋学就有"洛闽继起,道学大昌"之评价。但作者却独把朱子提到了最高点,首推"朱子学被公认"为"宋王朝的象征性事件",并且肯定朱子的思想为"哲学"。作者并没有枯燥地列举朱熹的思想、朱子的年谱,而是论述了朱子学影响下的整个社会文化思想的变迁,涉及宗教、士大夫精神、技术变革、文学、艺术、交通、经济,甚至细微到社会生活的方方面面,不由得让人联想起描绘汴梁城市井风情的千古名作《清明上河图》,只不过一个见诸图画,一个见诸文字。

本书在日本国内是大众读物,文风平易近人,普通中国读者可以从中了解日本人的宋代情结,学者们可以从其中找寻新的研究观点。尽管其中有些史实性的历史事件需要商榷,但是作者传达出了宋代"中国思想与宗教的奔流"这一鲜明的特征,对今天的我们仍不乏启示。(张曦文)

## 《明代社会转型与文化变迁》

陈宝良著　重庆大学出版社　2014 年

陈宝良,西南大学历史文化学院教授,兼任北京大学明清研究中心研究员。主要代表作有《中国的社与会》、《中国流氓史》、《明代社会生活史》、《明代儒学生员与地方社会》等。

本书分为上、下两编,上编从社会史的角度,探讨明代社会转型;下编从文化史的角度,探讨明代文化变迁。作者从整个中国历史发展的动态进程出发考察明代社会与文化,得出明代社会与文化既是对汉唐传统的继承,同时又有诸多创新之处，如后妃不预政事、一朝只有一个年号等等。明代社会转型与文化变迁的基本轨迹为：明初保守、沉闷，到正德以后渐趋革新、活跃。单就文化而言，变迁轨迹更为明显：明代前期，由于专制主义中央集权政治的重新确立，对思想文化的钳制也极为严厉，思想文化上承袭元代，尊崇程朱理学；正德以后，随着商品经济的发展，城市生活日趋繁华，人文主义思潮开始兴起，这种思潮至万历中期达到全盛；万历三十年李贽离世后，人文主义思潮逐渐被"实学"与自我批判所取代。

相对以往的研究，本书的一个突破之处在于通过对明代社会流动的考察，揭示出明代的社会转型与文化变迁。通过对明代"科举社会"的向上、向下两部分纵向流动以及人口地域性横向流动的分析，说明随着明代社会经济的发展，社会流动日渐频繁与广泛，官方的社会控制日益松懈，从而对固有的礼法与等级形成冲击，最终促使明代社会与文化产生转型与变迁。

作者还着重探讨了晚明的社会与文化变革。这一时期，传统的儒家文化面临着转折，旧有的观念受到冲击。思想文化的最大变革与创新出现，即"经世致用"思潮的兴起。儒家学者们对诸如水利、农学和军事防御之类的有关经世事务的著作有着更为广泛的兴趣。此外，人的"私欲"与追求个性自由得到肯定，晚明思想解放的势头已深入到文化领域的各个层面，形成了一股冲击传统文化的思潮。

纵观明代社会与文化，处在一个转型与变迁过程中，举凡人口的持续增长、经济流动的加速、文化思潮的多样性以及政治秩序的系统化，无不显示出明代社会与文化的独特与新颖。作者长期从事明代社会文化史研究，本书可以说是对其研究成果的一个集中展示，为我们提供了一个宏观而清晰的明代社会转型与文化变迁路径，特别是将动态的转变运用到明代社会文化史重建中，这一论述的角度值得我们思考与借鉴。（董建民）

## 《权势转移:近代中国的思想与社会》(修订版)

罗志田著　北京师范大学出版社　2014 年

罗志田,1952 年生,四川大学、北京大学历史系教授、博士生导师。主要著作有《裂变中的传承:20 世纪前期的中国文化与学术》、《民族主义与近代中国思想》、《经典淡出之后:20 世纪中国史学的转变与延续》等。

本书为罗志田教授的成名作,1999 年第一版出版后引起了学术界的广泛关注。时隔十多年再版,罗志田先生对原著删旧增新,采用偏重通论的文字,以求从宏观的角度认识近代中国的权势转移。著作中的文章相互关联,但仍独立成篇。

何谓"近代中国的权势转移"? 作者认为:"中国士人面临西潮荡击,被迫做出反应,从而引起一系列文化、社会、思想、经济、政治以及军事的大变化,无疑是近代最重要的权势转移。"此书主要关注的是思想与社会方面的大变化。按作者的说法,中国社会结构变迁的主要特征为"正统衰落,异端突起"。

综观全书,有三点创新。

其一,视角创新。作者打破了单一从思想史或社会史角度研究中国近现思想史和社会史的藩篱,从广义的文化视角来考察近代中国思想与社会的权势转移,通过探讨近代大变局中传统的中断与传承,中西文化竞争与民族主义的特异,思想衍化与社会变迁的互动等各个侧面,揭示近代中国社会新中有旧、旧中有新的丰富特性。

其二,观点创新。如科举制度篇章中,以往学者往往关注废科举对清政府施政的影响。而作者则关注废科举对士阶层、城乡民众教育以及社会结构等的影响。他认为废科举使中国的士阶层消失,改变了中国社会上升性变动的取向。废科举,设学校,增加了普通民众的教育成本,乡村受教育者减少,同时导致城乡分离,乡村精英流向城市。这一观点非常具有启发性,有助于我们认识今天城乡差距的历史渊源。

其三,方法创新。葛兆光评论本书的前身《权势转移:近代中国的思想、社会与学术》是"重绘近代中国思想、社会与学术地图"。修订版也延续着这一特点,其核心思想之一是突出西潮冲击下的中国,传统与新潮是新中有旧、旧中有新的胶着状态。它打破了以往近代史理论上清晰界定和清晰预设的研究模式,力图还原或者说重现实际历史的复杂过程。

由于本书是多篇论文的集合,有些论述不免重复,但这并不妨碍本书具有较强的可读性。作者不是简单地堆积史料,而是注重与读者的交流互动,贴近现实,关怀当下,在严谨论述的同时又不失文字的灵动活泼,这也是本书广受好评的一个原因。(战海霞)

## 《教会大学与民族主义——以齐鲁大学学生群体为中心(1864—1937)》

徐保安著　南京大学出版社　2015年

徐保安,1979年生,历史学博士,齐鲁工业大学马克思主义理论教研室副教授。

齐鲁大学发源于登州文会馆,是中国最早的近代性高等教育机构,也是近代中国参与差会最多的教会大学。这样一所大学留给我们的遗产亟需认真梳理。就目前所见,除郭查理著、陶飞亚译《齐鲁大学》外,本书应为国内第一本系统性研究齐鲁大学史的专书,其对齐大管理机构、经费来源、校园文化、学生群体的讨论,以及对纷乱的齐大各级管理人员(尤其是文理学院院长)演变情况的考证,应能为齐鲁大学研究的进一步推进提供参考。

教育从来都不单单是教育问题,而是与政治、社会、文化、经济等各方面息息相关的一个问题。当前的大学史研究已经逐渐摆脱了纯粹校史研究范式,更加注重大学与国家社会的关系。那么,大学如何能影响国家、社会?国家、社会的发展又如何影响到了大学的内部治理?这是大学史研究必须要回答的问题。就大学而言,有没有一个与国家、社会互动的统一模式是值得怀疑的。最好的办法应该是从一个个大学个案开始,认真地解析每一所大学,达到一定量之后,我们或许才能够豁然开朗,真正把握住国家建构与大学治理之间的关系实质。

该书正是以齐鲁大学为切入点,深入探讨民族主义与教会大学的关系问题。按照一般说法,民族主义是近代的产物,但中国民族主义的形成、发展似有不同于西方的脉络。问题在于,这种近代性的中国式的民族主义在中国大地上形成、发展的步调是否一致?不同群体的认识、理解和表现有无差异?本书提出的这一问题并试图给出的回答,能让人感觉到作者的良苦用心。所谓"非民族情景",或许可以揭示近代民族主义在中国成长并发生作用的复杂面相。

该书作者一直以"中国教育变迁与社会转型"作为主攻方向。中国社会的转型简单来讲就是前现代社会向现代社会的转变。在这一过程中,各种物质生产方式、人与人之间发生关系的形式以及人群自身,都会出现或快或慢的变化,而"人"的变化应该是社会转型过程中最为重要的因素。不论是接受教育的官员群体,还是近代高等教育下的大学生群体,都在不自觉间见证并参与了近代社会转型的实践,本书作者在研究过程中对于"人"的因素的重视应该值得肯定。

但是,本书作者胆量还是小了一点,未能将"非民族情境"下民族主义表现问题推广至基督教大学的所有场域(不仅仅基督教大学,还有各类"洋行"等等),这让问题论证的力度打了折扣。当然,作者提到了大学各有特色的问题,在尚无力对所有类似场景逐一进行分析之前,不敢轻易"举一反三",这是作者的谨慎。但愿其能更进一步,早日将此问题推广开来,对近代特殊场域下的民族主义表现问题做个圆满解决,相信是有意义的。(赵兴胜)

【史学新著新译十种】

## 《红雨:一个中国县域七个世纪的暴力史》

[美]罗威廉著　李里峰等译　中国人民大学出版社
2013年

罗威廉(William T.Rowe),美国约翰霍普金斯大学历史系教授,东亚研究中心主任,当代最有影响的汉学家之一。主要研究方向为东亚史、城市社会史。

长期以来,暴力一直是西方思想传统中许多学者关注的对象,他们善于关注特殊的暴力现象并擅长于从本土经验——地域文化内部独特的历史过程——出发对暴力现象进行解读。本书以历史上长期处于全国暴力中心位置的麻城为研究对象,描述和分析了自14世纪蒙古人被驱逐到1938年日本人入侵的7个世纪里麻城的发展历程,认为是集体记忆、历史意识及其他日常文化实践等特殊社会背景因素的共同作用造就了麻城全面而持久的暴力性地方文化,也正是这种地方性的暴力文化,对共产主义运动在麻城的迅速扩散和持续成功提供了非同寻常的助益。

麻城位于湖北省大别山南麓,长期以来处于国家地缘政治上的战略中心位置。历史上的麻城,武术拳会异乎寻常地发达,土匪隐患、阶级矛盾等长期而持久地存在着,以山寨为核心的统治模式和反抗模式也极具地方军事化色彩。在这样的环境中,地方性暴动一触即发,偶尔还会发展成为超越地方规模,甚至要求改朝换代的叛乱或者民变。其中,很多间歇性爆发的大规模暴力冲突深深地卷入了中国宏大叙事中的许多至关重要的事件:元末红巾军起义、明末白莲教起义、满人的征服、清初三藩叛乱、19世纪中叶的太平军和捻军起义、20世纪20年代的国民革命以及20世纪30年代的国共内战,每次暴力冲突都似乎以一种顽强且时常令人困惑的方式混杂了三个主题——地方主义、效忠中央和阶级矛盾。可以说,在麻城,武压倒了文,就连"麻城"县名的由来也与民间的暴力传说有关。这一切使得麻城人习惯于接受暴力,从而形成一种普遍的暴力惯性思维和社会行动模式。

总之,本书将有着强烈地方自豪感与异乎寻常暴力倾向的麻城的变迁置于长时段的历史脉络中进行考察,将研究视角"下放"到乡村,时间横跨元、明、清直至民国长达7个世纪,充分运用了正史、档案、地方志、地方文书、报纸等资料,是一本兼具微观史、地方史以及乡村史特征的著作。读完此书,可以对中国历史上从元朝末年的红巾军起义直到国共内战这些大冲突的含义以及它们如何将当地人民联系起来,有一种全新的、根本的认识。(莫婉娟)

## 《叶:百年动荡中的一个中国家庭》

[美]周锡瑞著　史金金、孟繁之、朱琳菲译

山西人民出版社　2014年

周锡瑞(Joseph W.Esherick),1942年生,加州大学圣地亚哥分校教授。当今美国中国近代史研究领域中最有成就的学者之一。

本书是一部寻求历史真相,将口述史和家族史完美结合的著作,被2014"国家记忆·致敬历史记录者"盛典评为"年度历史图书",此后被凤凰读书、齐鲁晚报等多家媒体推荐上榜。华中师范大学的章开沅先生为其作序,柯文、史景迁、裴宜理等国外著名史学家均有荐语印在封底。

"叶"字作为本书的名称,一语双关。一指家族本身的姓氏为叶,另一层深意是叶氏的子孙像一片片来自同一棵大树的树叶,在百年动荡的洪流中漂流浮动,寻找着各自的生命归宿。

作者讲述了从晚清到民国、再到共和国长达一百多年的历史阶段中,叶氏家族中的个人和家庭是如何经历这段翻天覆地的历史进程的。全书以时间为主线划分三个部分:封建帝国时期、中华民国、1949年以后。三个时代政治、经济的变动带来了叶氏族人的思想观念变迁。从封建帝国时期的科举入仕到民国时期的实业科技再到1949年以后的科学救国,叶家人针对不同的时代潮流对自身作出了勇敢的新调试。最初叶氏子孙追求仕途;政治动荡时期转战天津,打造实业;建国后则呈现多元化发展。

在资料使用、叙事方法等方面,本书有着自己突出的特色。首先,作者对年谱、奏折、族谱、诗集、回忆录、口述史、档案、传记等多元化史料信手拈来,运用恰到好处,特别是诗集、日记、回忆录等史料很好地展现了人物的情感、个性,引人入胜,趣味无穷。其次,作者运用叙事性的手法,为我们勾勒出历史演进的人性化过程。正如柯文在《美国历史评论》中所说:"他向读者提供了解读重大历史事件必要的时间和空间的背景,不过与众不同的是,本书的核心部分是由一个中国精英大家庭的成员们坎坷的生活经历所组成的。"中国史学界往往关注重大的历史事件、历史过程、历史规律,而忽略了历史的重要参与者——人的研究。而本书正是以人为主体,将重大的历史事件作为背景,从个人和家庭的变迁来理解历史,使历史的人物栩栩如生,历史的内容更加丰富多彩。

叶氏家族只是中层社会精英的一个代表,但从叶家在百年动荡中的起起伏伏又可以折射出大历史过程中整个中层精英群体针对时代变迁的回应。如帝国晚期,叶家人深受太平天国运动的危害,也因镇压内乱而得到功名。他们关心的不是现代化,而是平定内乱,恢复和维持中国传统社会的秩序。叶坤厚等人的观念代表了19世纪中叶官员的思想,透露出他们对于现代化的冷漠和无知。

总之,本书是一部跨越百年的中国家庭变迁史。叶家是中国家庭的一个缩影,也是二十世纪中国社会的历史背影。(战海霞)

## 《民国时期济南同业公会研究》

马德坤著  人民出版社  2014年

马德坤,历史学博士,山东师范大学马克思主义学院副教授。

本书使笔者首先想起了此前黄德海先生讲过的明清时代山陕商界的一个故事:清顺治十一年(1654年),陕西韩城党家村党氏十一世二门族人党德佩手牵毛

驴,驮着两捆棉花,遵循着山陕商人"致富皆在数千里或万余里之外"的传统,沿着山陕商帮的南下古道,进入宛南商业重镇瓦店[1],开始了其创业之路。在经过近70年的努力后,到雍正初年已形成了以"恒兴桂"为中心的、拥有大量房产土地、在瓦店镇数一数二的大商家。在此过程中,党德佩以"掷银比富"的方式争得瓦店镇商界领袖地位,成为其发展的关键点:

> 按瓦店镇的习俗,商界的龙头老大常被称做"寨主"。据专家考证,康熙末年,党德佩曾凭借"桂"号雄厚的经济实力,决心向山西王家挑战,争夺"寨主"的位子。这一天,官府做裁判,并引得万民围观,党、王两家分别从瓦店镇城墙上向白河中掷银子,一决雌雄。山西王家年轻气盛:"100两。"党德佩沉稳老练:"跟进,100两。"赌注像滚雪球一般越滚越大:"1000两!""跟进,1000两!"最后,山西王家心疼银子,不得不低头认输,致使党德佩勇夺"寨主",成为瓦店镇的商业领袖。

由此,恒兴桂获得了当地木材等行业的市场垄断权,进而也造就了党家村"日进千两"的商业神话,并一直持续到清末民初。[2]

这种"拼实力"的权力更替与分配方式,具有鲜明的"以强凌弱"的特点,比后世所批评的资本主义更具有强权性,更直白甚至更残酷,其在传统中国社会具有多大的代表性,尚无法断言。但透过这个故事,我们可以看到传统时代工商同业组织内权力更替与及运行机制的一个鲜明特点,即其内生性与原始性。

与上述传统商业组织的特点不同,本书对民国时期济南同业公会的研究使我们看到,近代以后的同业组织,随着国内外政治经济形势的巨变,也发生了巨大变化,其中一个基本特点就是它们的生成与运作机制具有鲜明的外源性与外砺性。一方面,新的同业组织的出现,既是近代以来尤其是民国以来新兴工商业经济发展的结果,同时,也是为了适应这种新兴经济发展的需求,例如,银行公会、机器面粉公会、律师公会、报业公会、电料公会、卷烟公会、西药公会、照相公会、汽车公会、自行车公会、电影业公会、机器业公会、铁道转运业公会、火柴杆制造业公会、肥皂工业公会、印刷业公会、汽水厂公会、洋服业公会、保险公会,等等。另一方面,新兴同业公会组织的设立、组织架构、运转机制、功能设定,等等都是根据历届民国政府颁布的相关法律法规,如北京政府的《工商同业公会规则》和《工商同业公会施行办

---

[1] 明清时代河南民谚中的四大商业重镇为:金赊旗、银石桥、铜瓦店、铁安皋。
[2] 参阅黄德海《变迁:一个中国古村落的商业兴衰史》,人民出版社,2006年。

法》(1918年),南京政府的《工商同业公会法》及其"实施细则"(1929—1930年);与此相应,它们也深受政府的影响,特别是其严密监管,"从机构设置、人事任命、经费预算、章程审批,到办公地点的更换、印信的启用"等等,"可谓'无微不至''无孔不入'"。当然,由此所产生的负面影响也是可以想象的。

作者以丰富而详实的档案资料,梳理分析了上述转型的过程及其特点与影响,由此而产生的学术意义和现实意义值得关注。当然,受各种主客观因素的影响,该书也在基本概念的使用,资料的梳理与解读,宏观政治变迁及其特点的把握等方面,也存在某些值得商榷之处,这些问题的出现,同样也值得关注与思考。

(赵兴胜)

## 《姊妹革命:法国的闪电与美国的阳光》

[美]苏珊·邓恩著　杨小刚译　商务印书馆　2015年

苏珊·邓恩(Susan Dunn),美国威廉姆斯大学法国文学与思想史教授。

1775年4月,北美独立战争打响;1789年7月,法国爆发大革命。美国革命和法国大革命因诸多相似性而被后人称作"姊妹革命",而美国学者苏珊·邓恩在沿用这一概念的基础上另辟蹊径,从差异之处着眼,分析了"姊妹革命"内在的诸多不同。

全书共由七个章节构成,从多个角度剖析了两场革命的差异。首先,法国大革命的主要领导人是文人哲士,热情激进并富于想象;北美革命的领导人则是实业家和律师,沉稳谨慎而注重务实。其次,在对待传统方面,美国的建国者相信过往的经验并不会形成束缚或使人思想僵化,因此在制定宪法时,他们倾向于"回头看",尊重先行的法律和宪政传统。《权利法案》恰恰植根于英美的传统基础,是各州已存权利法案的总结。法国革命领袖却力争开创一个崭新的时代,因而彻底改变了整个国家的政治和社会结构,与千年的君主传统完全脱离。

另外,双方领导人对于"统一"这一概念的认知也存在分歧。在托马斯·杰斐逊看来,统一只意味着对民主价值核心的共同承诺。以此为基础,政府派别和意识形态分歧是可以存在的。但在法国,经受了几个世纪的僵硬社会等级制度的人民迫切渴望成为国家的平等公民;而平等公民就应该拥有相同的革命理想和目标,因此分歧和反对声是不允许存在的。换言之,任何形式的分化都是不可接受的。两种截然相反的关于国家地位和民主的观念进而影响了双方对个人权利和自由的看法:美国人强调个人权利,人们可以按照自己的意愿行事,用多种方式追求其所设想的利益与幸福;法国人则采纳并继承了卢梭在《社会契约论》中提出的"公意"观念,即民主社会应有一个公意,它相当于所有人的共同利益;公民必须认同并与反映共同利益的公意保持一致,如此才能获得真正的自由。法国的革命领袖也相信"革命的拯救最重要的是依靠人民绝对的统一和团结"。

上述的内在差异赋予了两场革命不同的外部特点。美国革命仅仅停留在政治层面,循序渐进,恰如阳光"温和而耐久",其所创立的政治体制也十分稳定,在美利坚两百多年的历史中鲜有大叛乱发生。而法国大革命却一发不可收拾,由政治革命到社会革命,最后扩展为"共和二年的文化革命",一如闪电,"爆发与黑暗,电闪雷鸣,暴雨如注,照亮并荡涤旧世界的角角落落"。其程度如此彻底,因而也只有法国革命才被史学界赋以"大革命"之称。但也正如闪电划过天空一般,片刻光明之后又迅速回归黑暗。法兰西并未从此走上平稳发展之路,而是先后历经五度共和。

在叙事方面,作者并未局限于陈述史实,而是再现了诸如三级会议召开、北美制宪会议、《权利法案》起草等众多历史场景,并通过大量引征杰斐逊、华盛顿、麦迪逊等众多革命领袖的通信、日记和私人谈话,生动描述了处在历史事件中的人们的心理活动及行为特征,使得字里行间增添了几分文学的修辞之美。另外,就研究方法而言,作者将史学分析与政治学理论相结合,引导读者从不同专业角度来审视18世纪后期发生在大西洋两岸的两场革命,因而具有"学科交叉"的特点。

不过,该书在引文方面还稍显不足。对于部分引述内容,作者只是将其作为一种渲染语境的手段。倘若能够从专业的角度进行较为深入的分析,相信将会给读者带来更有价值的启发。(王儒佳)

## 《多面普京》

郑建新著　南方日报出版社　2014 年

郑建新(笔名西蒙),法学硕士。曾供职于人民日报社和中国社会科学院苏联东欧研究所(现为"中国俄罗斯东欧中亚研究所"),后长期旅居俄罗斯,现居北京专职写作。主要作品有《达·芬奇传》(译作)、《俄罗斯证人——目击历史漩涡 20 年》、《俄罗斯森林——旅俄笔记》、《在历史祭坛上——戈尔巴乔夫的命运》、《老爸,陪你最后一程》(合著)等。

"给我二十年,我将还你一个强大的俄罗斯。"这是 2000 年普京首次竞选俄罗斯总统时发出的誓言。2012 年,在经过了四年任职总理的过渡之后,这位被称为"第二个彼得大帝"的俄罗斯强人迎来了他的第三个总统任期,其执政的传奇历史一直为世人津津乐道,也被无数的传记作者评说。本书是解读普京的华语著作中最新的一部。"我不会拔高,也不会贬低,力求做到公正客观地去描述。"作者如是说。

本书最大的特色是勾画了一个立体真实而又充满矛盾的普京。从大杂院调皮捣蛋的坏小子到信奉"柔道哲学"的追梦少年,从隐忍坚毅谨慎严格的克格勃上校到运筹帷幄的政坛领导人,普京的不凡经历为他两个辉煌的总统任期打下了基础。为了实现对选民的承诺,恢复俄罗斯大国的尊严地位,他殚精竭虑,运用自己的全部智慧、精力、热情、策略、方法,不知疲倦地工作着。就像他说的,"当一个人在实干的时候,他一点也不寂寞"。但隐藏在总统普京背后的,却是一个多面的普京:"铁腕普京、柔情普京、才艺普京、亲民普京、独裁普京、率性普京、撒谎普京、谦恭普京、奢华普京、神秘普京、恐怖普京。"作者展现出了一个丰富多彩的人物形象,就像放映一部全景拍摄的电影大片,让读者历历在目。

本书的另一个特色是大量使用了第一手材料。作者常年旅居俄罗斯,亲身见证了众多历史事件:普京当选,圣彼得堡 300 年庆典,卫国战争胜利 60 周年纪念日等等,在书中用第一人称"我"来叙述,画面感十足。大量的新闻报道还原了俄罗斯不同阶层对领导人的看法,其中不乏反对的声音,加深了读者对历史真实场景的体认。作者使用的小标题形式简洁凝练并带有些许幽默,使读者一目了然。比如用"寂寞的胜利"总结普京第二次当选的毫无悬念;以"2010 年,BBTT 不太爽"描述其政治生涯的低潮期;"竞选插曲和花絮"揭示了严肃竞选背后的神秘有趣;"才艺总统,百变普京"更是用大量图片塑造了"冷面普京"的不俗魅力;"大选获胜,含泪致谢"中深刻分析了俄罗斯的民族的特性:爱走极端又难以预料;等等。

  当然,本书对史实的把握也并不是十全十美,有时也有不准确或不到位之处。如在卷四"普京时代(上)"的改革篇谈到,9·11事件发生后,普京试图改善同美国的关系,作者用俄罗斯的"一厢情愿"和美国"未作出回应"来概括,并不完全符合当时的情况。实际上,9·11事件后,俄美就反恐合作签署了一系列文件,美国总统小布什也一度改变了对俄关系的基调,淡化双方分歧,公开宣称"美国和俄罗斯不再是战略对手",使俄美关系经历了一个短暂的"蜜月期"。之后作者提到美国指责普京改革,加大中亚驻军,大搞"颜色革命",那便是后话了。(齐　鸽)

[编辑　郑　群]